딱 한 번 읽고
평생 써먹는
찐식 공부

# 딱 한 번 읽고
## 평생 써먹는
# 주식 공부

★★★ 이재준 지음 ★★★

일인일북

# 처음 주식 투자를 하는
# 사람들에게

제가 주식을 처음 접하게 된 시기는 대학교에서 '투자론' 수업을 들을 때였습니다. 과제 중 종목에 대한 리서치 및 투자 전략을 세우고 발표를 하는 것이 있었습니다. 실무 경험과 투자 원칙이 없었기 때문에 분석이 어려웠습니다. 하지만 시행착오 속에서 투자에 흥미를 갖게 되었고, 훌륭한 투자 전문가가 되기 위해 금융권 취업을 결정했습니다.

졸업 후 모의투자대회에 참가해 경기도 지역 참가자 1천 명 중 4등을 하기도 했습니다. 순위권 내에 들어야 상장을 받을 수 있었지만, 아쉽게도 순위권에서 밀려나며 상을 못 받았습니다. 하지만 결과보다는 과오와 실수를 보완할 수 있는 뜻깊은 시간이었습니다.

제가 주식을 가장 많이 배울 수 있었던 시기는 증권회사에 근무할 때였습니다. 직접 기업을 탐방해 경영시스템 및 재무분석을 배우고, 기업의 이슈와 이벤트를 점검해 시기에 맞춰 투자하는 방법을 익혔습니다.

이후 투자자문사 리서치와 대표를 역임하면서 투자 지식에 대한 깊이가 더욱 늘어났습니다. 노력과 경험을 바탕으로 한 단계 더 성장했던 시기였습니다.

투자를 하다 보면 손실을 보기도 합니다. 그러나 공부를 계속하다 보면 수익을 볼 확률이 높아진다고 생각합니다. 저는 매일 매매일지를 기술하며 투자 전략을 수립했습니다. 시황 정리, 산업분석, 기업분석, 주요 일정을 체크하면서 좋은 기업 및 알맞은 투자 시점을 찾으려 노력했습니다.

주식은 반복하는 패턴이 많습니다. 예를 들어 북한이 미사일을 쏘면 오히려 저점 매수의 기회를 포착할 수 있습니다. 반대로 특정 제품이 불티나게 팔렸다는 기사가 나오면 주가는 고점인 경우가 많습니다. 결국 주식은 호재와 악재가 반영되는 패턴이 있으므로 지속성과 일회성인지를 잘 판단한다면 수익을 볼 기회가 많아지리라 생각합니다.

주식으로 돈을 벌기는 쉽지 않습니다. 남들보다 더 빨라야 하고, 남들보다 더 많은 정보를 갖고 있어야 합니다. 하지만 이렇게 남들보다 빠를지라도 반드시 돈을 번다는 확신은 없습니다. '내가 어떻게 해야 돈을 잃지 않을까?' 또는 '어떻게 해야 시장이 빠진 것보다 내 종목의 손실률을 더 적게 할 수 있을까?'라고 늘 생각하며 투자해야 합니다.

'돈을 많이 벌어야지' 하고 주식 투자에 입문한다면 실패할 확률이 더 큽니다. 과도한 욕심은 레버리지 투자로 연결됩니다. 그 이유는 자신의 투자에 확신을 하기 때문입니다. 하지만 그 확신이 결국 자신의 발목을 잡게 됩니다. 주가가 지속해서 떨어지다 보면 손실금액은 더 커지고, 결국 기다림에 지쳐서 손절매를 하고 주식시장을 떠나게 됩니다.

언제나 시장에 대해서 겸손함을 가지고, 리스크 관리를 중점으로 주식 투자를 진행하는 것이 바람직합니다. 과거의 실패는 다시 반복하지 말아야 합니다.

저는 지난 8년 동안 실무에 있으면서 경험했던 것과, 강의내용을 이 책에 담았습니다. 이 책을 통해 경제, 산업, 기업을 분석하고 종목을 선택하는 방법을 익힐 수 있을 것입니다.

재무제표 숫자의 의미, 기업의 주가가 움직일 수 있는 이슈, 거시경제 분석을 통한 금융시장의 움직임, 산업 트렌드, 금감원 공시 분석 방법 등 주가가 움직일 수 있는 변수들을 통해 주가의 상승과 하락의 확률 패턴을 조금 더 자세히 알 수 있는 기회가 될 것입니다. 주식, 경제 용어가 어려워 접근하기 어려울 수 있지만, 다양한 자료를 통해 더욱 친절하고 알기 쉽게 설명해드리겠습니다.

코로나19 상황의 회복과 백신에 대한 기대감, 2020년 코로나로 인해 낮아진 경제지표로 인한 기저 효과가 나타나며, 2021년 상반기 경제의 서프라이즈가 강하게 나타났습니다. 2021년 한국 증시는 유동성 효과에 따라 3,200포인트 선 전후로 반등을 했습니다.

코로나19로 인한 수요의 회복 과정과 높아진 유동성의 효과를 부정하지는 않습니다. 하지만 현재의 현상이 코로나19로 인해 나타난 특별한 케이스라는 것은 분명히 인지할 필요가 있어 보입니다. 지속하는 변화가 아니라는 뜻입니다. 글로벌 주식시장은 미국의 테이퍼링(경기 침체기에 썼던 각종 완화 정책과 과잉 공급된 유동성을 서서히 거두어들이는 전략) 및 기준금리에 대한 이슈가 있을 것입니다.

이러한 부분으로 인해 주가지수 3,200포인트 수준에서 상승 추세가 유지하는 것에 대해서는 불확실성이 높다고 판단됩니다(2021년 5월 31일 기준). 이런 상황에서 비중 조절을 통해 리스크 관리를 한다면 안정적인 수익 얻을 확률을 높일 수 있을 것입니다. 묻지마투자, 몰빵투자는 절대 하지 말고 체계적인 분석을 바탕으로 투자에 임해 좋은 결과를 얻을 수 있기를 바랍니다.

이재준

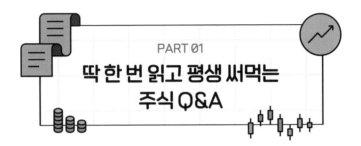

PART 01
딱 한 번 읽고 평생 써먹는
주식 Q&A

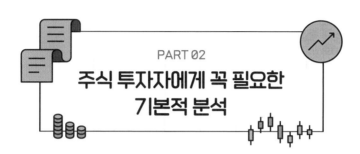

PART 02
# 주식 투자자에게 꼭 필요한 기본적 분석

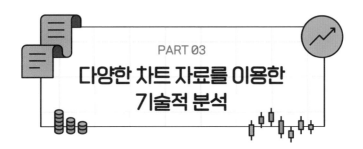

PART 03

# 다양한 차트 자료를 이용한 기술적 분석

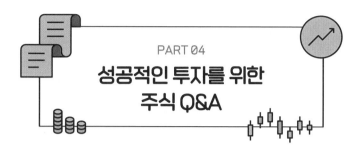

PART 04

## 성공적인 투자를 위한
## 주식 Q&A

PART 01

# 딱 한 번 읽고 평생 써먹는
# 주식 Q&A

# 한마디로
# 주식이 뭐죠?

주식이란 기업의 주식을 뜻한다. 상법상 법인의 주식회사를 등기하게 되고 따라 주식을 발행하게 된다. 주식회사는 자본을 바탕으로 성립하기 때문에 주식을 발행할 수 있다. 자본은 자산에서 부채를 차감한 순자산을 말하는데, 주식회사의 자본은 주식으로 분할해야 하며 주식의 금액은 균일해야 한다.

지분은 회사에 대한 사원의 지위로, 곧 주주의 지위를 뜻한다. 주주(株主)는 주식의 주인, 임자, 소유주를 일컫는다. 주주 자격으로 회사에 대해 여러 권리를 가지며 출자 의무를 부담한다. 주식 보유를 통해 주주로서 회사의 의결권을 행사할 수 있으며, 주주총회 참석을 통해 여러 안건에 대해 찬반 의사를 표출할 수 있다.

회사의 수익이 발생하면 결산 시기에 주주들에게 배당을 하는데, 주식을 보유하면 배당을 받을 수 있다. 하지만 회사가 경영을 잘못해 손실이 발생하게 되면 주주들은 해당 투자금에 대해 유한책임을 지게 된다. 유한책임이란 투자금에 대한 손실을 보게 되는 것을 말한다. 또한 주주는 회사의 경영 및 재무의 안정성, 경영진의 도덕성, 영업의 지속성(신성장 사업 모멘텀) 등 다양한 부분을 확인해야 한다. 회사가 발전하면 주주들에게도 보상이 떨어지기 때문이다.

주식은 기대수익이 높은 만큼 위험도 높다. 예금이나 적금은 이자가 상대적으로 낮은 대신에 원금을 보장해준다. 하지만 주식은 원금을 잃을 수 있어 손실에 대한 위험을 떠안는 대신 높은 수익률을 추구한다. 앞서 말한 것처럼 이자 대신

배당이라는 추가 수익을 얻을 수 있다는 장점이 있다. 정리하자면 주식을 통해 배당수익과 자본매매의 차익에 따른 양도차익을 얻을 수 있다.

주식의 종류에는 보통주, 우선주, 후배주가 있다. 보통주는 표준이라고 하며, 우선주는 배당에 대해 우선적으로 지위를 가지며, 후배주는 보통주보다 뒤에 배당을 받게 된다.

이외에도 회사가 자금조달 필요에 따른 보통주 또는 배당 우선주를 발행하기도 하며, 다른 종류의 주식으로 전환할 수 있는 전환주식을 발행하기도 한다. 다만 정관상 배당 우선주는 의결권을 가지지 않아 회사의 경영에 참여하기 어렵다. 그리고 회사의 무작위 남용을 막기 위해 주식의 총 발행 수를 정하게 된다.

일반 투자자들이 제일 많이 거래하는 주식, 즉 증권회사 거래시스템을 통해 매매하는 주식은 보통주다. 그렇기 때문에 보통주에 대한 기본적인 개념만 알아두면 된다. 다만 회사가 청산하게 되면 재산권을 가장 나중에 부여받게 된다. 회사는 청산 시 미납된 세금을 납부하고, 부동산 물권에 대한 잔여금을 납부하고, 채권보유자에게 미납된 채무와 이자를 납부하고 나서 주주들에게 남은 잔여재산권을 지급한다. 보통주는 우선주보다 후순위에 있기 때문에 우선주 주주들에게 지급을 한 나머지가 있으면 보통주 주주들에게 재산권을 나누어준다.

하지만 회사는 보통 경영난으로 인해 청산절차를 밟게 되고 이에 따라 주식시장에서도 상장폐지가 되어 남는 재산권은 거의 없다고 보면 된다. 상장폐지가 되면 주식이 휴지 조각이 된다는 것도 이 말에 비추어서 나온 것이다. 상장폐지가 되면 투자한 원금은 100% 손실을 보게 될 가능성이 높다.

결론적으로 주식은 회사 지분의 지위를 얻을 수 있으며, 다양한 의사결정에 참여할 수 있다. 그리고 회사의 영업 성과에 따라 배당을 받을 수 있으며, 자유롭게 양도할 수 있기 때문에 주가가 높아지면 매매 차익도 얻을 수 있다.

# 주식 투자를 잘하기 위한 기준이 있나요?

주식 투자는 첫 단추가 중요하다. 주변에서 누가 좋은 주식이라고 소개하는 그 종목을 매매하면 안 된다. 다양한 정보를 수집하고 정확한 수치를 읽어내는 능력을 키워야 한다. 책이나 유튜브, 여러 미디어 등 정보를 접하거나 교육을 받을 방법은 많다.

주식 투자에 처음 입문하는 사람은 가운데 처음부터 차트 매매, 정보 매매 등을 하며 실패하다 주식시장을 떠나는 경우가 종종 있다. 또 주식 투자를 한 번이라도 해본 사람이면 누군가의 종목 소개로 손해를 본 경우도 있을 것이다. 이런일을 만들지 않기 위해서라도 주식 투자를 할 때 반드시 네 가지는 알고 투자에임해야 한다.

첫 번째, 책을 많이 읽어야 한다. 많은 사람이 주식 투자를 통해 돈을 잃지만유명한 투자자는 큰돈을 벌었다. 세계적으로 유명한 워렌 버핏, 피터 린치 등과같이 실제로 돈을 번 사람들의 이야기를 듣는 것이 가장 좋다. 하지만 직접 만나기 어렵기 때문에 책이나 영상을 통해 그들의 투자 철학과 방법을 듣는 것이다.

두 번째, 주가에 영향을 주는 언어 및 용어를 완벽히 숙지해야 한다. 주식 투자에는 PER, PBR, EV/EBITDA, 유상증자, 무상증자, 액면 분할, 전환사채, 신주인수권부사채, 합병, 지분 취득, 배당 성향, 빅 배스, 턴어라운드 등 주가에 영향을 주는 용어들이 있다. 주식 투자에 통용되는 용어와 의미를 배우는 것이 중요하다. 주식 투자 언어 및 용어를 알지 못하면 성공하기 힘들다. 주식 투자의 용어는 주가와 밀접하게 상관이 있기 때문이다.

세 번째, 재무제표를 보는 법을 익혀야 한다. 재무제표는 기업의 성적표라고 불리며, 기업의 재무 상태와 경영 성과를 보여주는 중요한 자료다. 기업의 자산과 부채의 규모와 그 자산을 모으기 위해서 어떻게 자금조달을 했는지, 운용비용은 얼마나 지출했는지, 얼마의 성과를 이루어냈는지 등 구체적인 수치를 확인할 수 있다. 기업이 가고 있는 길을 안내해주는 표지판이 재무제표다. 재무제표를 제대로 분석한다면 주식 투자의 과정에 시행착오를 줄이고 수익을 늘릴 수 있다.

네 번째, 일정을 기록해야 한다. 주가는 미래에 선행지표다. 미래에 발생하는 일을 주가에 선반영한다. 그렇기 때문에 앞으로 있을 이슈나 이벤트 관련 일정을 체크해야 한다. CES, MWC, JP모건 헬스케어 컨퍼런스, 지스타, 기업 실적 발표, 신작 게임 출시 발표, 임상 스케줄, 합병, IPO 등 일정을 미리 확인하고 일지에 기록하는 것이 매우 중요하다. 기록은 모두 자신의 자산이 될 것이다. 매년 반복되는 일정과 기업 내부에서 발생하는 일을 구체적으로 작성하고 시나리오를 만들어 투자 전략을 세운다면 좋은 결과가 나타날 것이다.

이 네 가지 기준을 바탕으로 꾸준하게 공부하면 투자 실패보다는 투자 성공 확률이 높아질 것이다.

# 주식 투자에서
# 장기 투자는 필수인가요?

주식은 낮은 가격에 매수해 높은 가격에 매도하는 것이 기본이다. 매수보다 매도가 더 어렵기 때문에 "매수는 기술, 매도는 예술"이라 말한다.

다만 거래를 빈번하게 하면 비용과 분석 시간이 많이 든다. 단기 매매는 테마주, 급등주 등 거래량이 많은 주식 투자를 한다. 이러한 거래는 변동성 높아 수익보다 손실이 발생할 가능성이 높다. 만약 전업 투자자가 아니라면 대응이 어려워 변동성 위험에 노출되기 쉽다. 이런 이유로 주식 초보자에게 장기 투자를 권하는 것이다.

주식의 오름이 있으면 내림이 있다. 상승장에서는 초보자도 쉽게 수익을 낼 수 있다. 하지만 약세장에서는 아무리 주식의 고수라도 큰 수익을 내기 어렵다. 그렇기 때문에 장기적으로 수익을 늘려가도록 포트폴리오를 만드는 것이 중요하다.

장기 투자 시 종목과 기업은 어떻게 선택해야 할까? 매출액과 영업이익이 증가하는 기업, 밸류에이션이 낮은 기업, 배당이 높은 기업, 기술력과 경쟁력을 갖춘 기업, 성장성이 높은 산업에 투자하는 기업을 선택하는 것이 좋다.

매출액과 영업이익이 증가하는 것은 회사를 효율적으로 경영하는 것이다. 많은 수익을 가지고 주주에게는 배당으로 환원하며, 남은 유보자금을 성장 산업기술에 투자해 부가가치를 창출한다. 만약 시장이 하락했을 때 기업의 본질에 변화가 없다면 해당 기업의 주식을 싸게 살 기회다. 바로 이것이 밸류에이션이 낮은 기업에 투자한 것이라 할 수 있다. 시장에 상관없이 장기적으로 꾸준히 성장하는 기업에 투자하면 높은 수익을 창출할 수 있게 된다.

예를 들어 투자자산 1억 원 보유 시 투자는 어떻게 하면 좋을까? 3~4개의 업종에서 10종목 이내 포트폴리오를 구성해 분할 전략을 세워 투자한다. 여기서 한 가지 중요한 점은 현금 비중은 항상 가지고 있어야 한다는 점이다. 주식시장은 1년 거래일 기준 상승보다 하락하는 경우가 더 많았기 때문에 위험을 줄이기 위해서 현금을 일부 보유해야 한다. 시장이 큰 폭으로 하락할 때는 현금이 무기가 된다.

장기 투자를 할 때는 주가에 일희일비하지 말아야 한다. 그리고 반드시 분산 투자가 필요하다. 좋은 기업의 주가가 하락하면 분할 매수 기회로 삼아 장기 투자로 접근하는 것이 바람직하다.

# 성장 산업에 대한
# 투자법을 알려주세요

필자의 주식 투자 방법은 성장 산업에 장기 투자하는 것이다. 주식 투자는 마라톤과 같다고 생각한다. 열심히 성장하는 기업에 투자해 함께하는 미래 동반자가 되는 것이다. 지속 가능한 성장 산업을 선택하고 산업에 부합된 좋은 기업에 투자하면 된다.

산업의 사이클은 '도입기-성장기-성숙기-쇠퇴기'로 이어진다. 산업 사이클상 도입기에서 성장기로 가는 산업을 투자하는 것이 매력적이다. 성장기에 본격적으로 돌입한 기업의 실적은 높아지며 시장 규모도 커진다. 이 단계에서의 위협은 경쟁사의 등장이다. 경쟁사가 등장하면 기업의 이윤은 줄어든다. 도입기 단계에서는 경쟁사가 적기 때문에 큰 위험이 되지는 않는다. 산업 성장에 대한 확신이 생기면서 시장이 커지면 여러 기업이 시장에 진입하며 경쟁이 치열해진다.

우리는 투자를 할 때 시장 규모, 경쟁자라는 단어를 중요하게 생각해야 한다. 시장 규모의 의미를 생각해보자. 시장 규모가 커지는 이유는 무엇일까? 정부의 정책, 대기업의 투자 등을 들 수 있을 것이다.

정부 각 부처에서는 통계와 분석을 통해 미래 성장 동력 산업을 선정한다. 그리고 성장 산업에 보조금, 세금 감면, 성장 산업 예산 편성 증가 등을 지원한다. 예를 들어 2020년 대표적인 정책이 포스트 코로나 이후 한국판 뉴딜 정책인 디지털 뉴딜, 그린 뉴딜이다. 글로벌 국가의 동향을 파악해 앞으로의 먹거리에 대한 시장을 분석한 후 지원하는 것이다.

정부의 지원 정책에 힘입어 대기업은 투자를 시작한다. 정부의 지원 측면도 있지만, 기업 내부에서 시장의 동향을 분석하고 성공 확률이 높은 성장 아이템에 투자하는 것이다. 대기업의 투자란 R&D 투자, 설비 투자, M&A 등을 말한다. 당연히 예측을 잘못해 투자에 실패할 수 있다. 하지만 대기업은 일반 중소기업보다 정보의 양이나 질적인 측면에서 더 우수해 실패할 가능성이 작다.

이렇듯 도입기 후반에서 성장기 초입에 있는 기업을 투자해야 한다. 성장률이 높아지면서 외형적으로 회사가 커지고 수익성도 좋아진다. 이 시기에 주가가 가장 크게 오르는 경향이 있다. 성숙기에 진입하게 되면 성장률은 낮아지며 이윤도 낮아진다. 이때 주가의 움직임은 박스권의 형태를 자주 보인다. 산업 시장 규모가 줄어들면 쇠퇴기에 진입한다. 주가는 하락세를 보이는 경우가 많다.

산업마다 주기는 다르겠지만 도입기에서 성장기까지 가는 기간은 일반적으로 5~10년이다. 지금 바로 이 사이클에 있는 산업이 전기차, 2차전지, 자율주행, 우주산업, 폴더블 디스플레이라 생각한다. 단기적으로 전기차, 2차전지, 우주산업 관련 기업의 주가는 많이 올랐기 때문에 부담이 될 수 있다. 주가 조정은 투자의 기회이니 지속해서 살펴봐야 한다. 이외에 폴더블 디스플레이 관련 기업이 대안이 될 수 있다. 주가가 상대적으로 낮아 기회가 되리라 생각한다.

성장 산업의 사이클은 5~10년 정도이기 때문에 장기 투자를 해야 한다. 성장을 하는 단계에서는 진통이 있다. 이 성장통 때문에 주가 조정이 오는 것이고, 그 과정을 넘어서면 더 크게 오르는 것이다. 성장할 수 있는 미래 산업을 더욱 심층적으로 분석하고 경쟁력을 갖춘 기업에 장기 투자를 하면 좋은 결과가 있으리라 생각한다.

# 주가 상승의 의미를 알려주세요

주가 상승이 발생하는 것에 대해서 여러 의미가 있지만, 이 중 상승하는 주식이 더 상승하는 의미와 바닥권에서 상승하는 의미에 대해서 살펴보겠다.

첫 번째 상승한 주식이 더 상승하는 모습을 보자. 상승하는 주식이 더 오르는 이유는 보유자가 매도하지 않기 때문이다. 주가는 매수세와 매도세의 투쟁이다. 어느 쪽이 강한가에 따라 주가의 상승 여부가 결정된다.

왜 보유자는 매도하지 않을까? 여러 이유가 있겠지만 결론은 주가가 더 올라가리라 생각하기 때문에 보유하는 것이다. 매도 세력인 주식 보유자가 팔지 않아 유통 물량이 부족하면서 주가는 더 오른다. 주가가 오르면 시장의 관심을 불러일으킨다. 주가 상승의 이유에 관심을 가지게 된다. 신규 매수세의 등장으로 종목이 더 오를 가능성이 있다.

정석적으로 오르는 주가가 크게 상승하는 사례도 있다. 많은 경우 주가가 상당히 오르면 휴식하는 흐름이 나타난다. 오르고 쉬고, 그 후 그 전보다 더 오르고 또 쉬고 하는 종목은 대개 크게 상승하는 경향이 있다. 오르고 쉬고 하는 종목이 상승하는 원리는 손 바뀜과 매물 소화 과정이 점진적으로 진행되어 추가 상승의 에너지를 모아가는 것이다.

손 바뀜이 이루어지면 왜 주가가 상승할까? 손 바뀜이 이루어지면 손이 바뀔 때 매수한 사람은 자신의 매수가에서 수익이 날 때까지 기다리는 경향이 있다. 또한 손 바뀜이 이루어진다는 것은 새로운 매수세가 계속 유입된다는 것을 의미하기 때문에 그 매수세로 상승하는 것이다.

주가 상승 습성을 잘 이해하면 부질없이 성급하게 매도해 수익 또는 물량을 축소하는 위험을 막을 수 있을 뿐 아니라 상승하는 종목을 매수하는 기회를 잡을 수 있다. 이런 종목을 상승 추세가 지속하는 종목이라 말한다.

두 번째 바닥권에서 갑자기 급상승하는 종목이 종종 있다. 이런 종목은 장기간 횡보를 하면서 조금씩 하락하고 있거나 아니면 조금씩 상승하고 있던 종목이다. 바닥권에서 상승한 종목이 무서운 것은 그동안 긴 조정으로 매도세가 전멸한 상태가 되었을 수 있기 때문이다. 긴 조정 기간 기다림에 지쳐 매도할 사람들은 다 매도했기 때문에 상승 시 매물 부담이 전혀 없다는 의미다.

그러나 어설픈 상승은 바로 단기 차익 매물을 받고 다시 주저앉을 가능성도 있다. 적당한 상승이 아니라 강한 상승이어야만 비로소 안심하고 매수할 수 있는 것이다.

# 그러면 주가 하락의
# 의미는요?

주가 하락이 발생하는 것 역시 여러 의미가 있다. 이 중 바닥의 의미, 재료가 시장에서 노출됐을 때 하락하는 의미, 시장에서 논란이 발생 시 하락의 의미에 대해 살펴보겠다.

　주가가 크게 하락하면 사람들은 내릴 만큼 내렸다고 생각하고 매수를 고려하거나 바닥이라고 생각한다. 그러나 바닥이라고 생각할 때는 바닥이 아닌 경우가 많다. 바닥은 주가가 내려서 바닥이 되는 것이 아니라 더 매도할 물량이 없을 때, 즉 보유자들이 매도를 포기할 때가 바닥이 된다. 도저히 팔 수 없는 가격이 바닥이다.

　그 징후는 대표적으로 거래량에서 나타난다. 더 팔지 않게 되면 거래가 줄어든다. 그래도 주가는 오르지 않는다. 왜냐하면 시장의 관심을 끌지 못하기 때문이다.

　호재로도 못 가는 주가는 추가 하락한다. 호재 공시를 보고 매수했으나 반짝 오름세를 보이다가 별 움직임이 없는 주가는 추가 하락하는 경우가 있다. 추가 하락의 원리는 호재를 보고 매수한 사람들의 실망 매물과 실망 매물에 놀란 기존 보유자들의 손절매 매물이 나오기 때문이다.

　재료가 반영되지 않는 종목은 아직 상승할 준비가 덜 되었기 때문에 약세를 보인다. 주로 매물 부담이나 재료의 가치가 평가받지 못한 경우다. 이럴 때 자신만 재료를 과신하면서 매수를 고집하고 보유를 결정하면 손실로 이어지는 결과를 초래할 것이다.

주가의 하락 습성을 잘 알고 있다면 손실을 그만큼 줄일 수 있다. 투자에서는 수익의 극대화도 중요하지만, 손실의 최소화도 못지않게 중요하다.

예를 들어 언론 및 증권 사이트에서 논란이 있는 종목으로 회자되면 주가가 하락하는 경우도 있다. 초기에는 관심의 증폭 과정으로 주가에 순기능을 하지만 논란이 길어지면 없는 재료, 있는 재료 모두 노출된다. 이것은 곧 재료의 소멸로 이어지게 되어 하락한다.

하락의 핵심 원리는 관심이 증폭될수록 매수자는 늘어나는 주가에 득(得)과 매수하고 싶은 사람은 모두 매수해 매수의 완결에 의한 주가의 실(失)이 충돌하면서 결국 상투를 형성하며 하락하는 것이다.

신규 매수자가 고갈되면 주가가 정체된다. 추가 이슈 또는 모멘텀이 없다면 매물이 나오게 된다. 매물이 나오면서 하락이 시작되고 손절매 물량까지 시장에 나오면 추가 하락할 수 있다.

# 자사주 소각은 주가에
# 어떤 영향을 미치나요?

자사주 소각은 자기 회사의 주식을 취득해 소각하는 것을 말한다. 주식회사가 합병 등을 통해 자기주식을 취득한 경우 자사주 취득 금지 규정에 따라 이를 소각하게 된다. 발행주식수를 줄여 주당 가치를 높이는 방법을 통해 주주의 이익을 증가시킨다. 또한 미래 배당을 높이는 효과를 얻을 수 있다.

자사주를 매입해 소각하는 경우 기업의 가치는 본질적으로 변하지 않지만, 주식수가 줄기 때문에 1주당 가치는 높아진다. 만약 어느 기업이 1만 주의 주식으로 구성되고 미래 이익이 100만 원이라고 한다면 1주당 가치는 100원이 되나, 만약 50%의 주식을 소각해 5천 주로 감소하는 경우 1주당의 가치는 200원으로 커지게 된다.

2020년 국내 주식시장은 코로나19라는 외부 요인으로 주가가 급락했다. 주가 변동성이 높아지며 한 해 동안 체결한 기업의 자사주 취득 건수가 크게 증가했다. 자사주 취득은 주가 하락을 방어하고 책임 경영을 목적으로 한다. 하지만 실제로 주주 환원 효과가 큰 자사주 소각은 취득 건수에 비해 적었다.

자사주 소각을 피하는 이유는 자기자본이 감소하게 되어 부채비율이 높아지기 때문이다. 실제로 자사주 취득 후 소각을 진행하면 유통주식수가 줄어들고 주당순이익이 증가한다. 주주의 이익이 높아지지만 그만큼 자기자본도 줄어들기 때문에, 기업 입장에서는 부담이 된다. 만약 사내에 누적된 이익잉여금을 활용해 자본금의 변화 없이 진행하면 자본금 감소가 발생하지 않는다. 또한 유상감자와 달리 채권자 보호 절차를 거치지 않아도 되어 간소화된 절차로 진행할 수 있다.

자사주 소각에서 주의해야 할 부분은 세금 문제다. 자사주 소각을 목적으로 한 자사주 취득은 세법상 의제배당에 해당하기 때문에 취득 금액을 초과하는 매매 차익에 대해서는 배당소득세를 과세한다. 거래 또는 매매를 목적으로 주식을 취득하는 경우에는 양도소득으로 간주해 10~25%의 양도소득세를 과세한다. 추가로 자사주 취득 후 일정 기간 안에 소각하지 않을 시 보유 또는 처분 목적으로 간주되어 세금이 추가로 발생할 수 있기 때문에 주의해야 한다.

이외에도 자사주 매입을 계획 없이 무리하게 추진하게 되면 업무 무관 가지급금으로 간주해 막대한 세금 추징과 가지급금이 추가 발생할 수 있다. 또한 자사주 소각이 내부 유보의 감소 등 부정적 결과가 나타나거나 기업 관계자의 내부자 거래 등 불공정 거래 수단으로 활용될 수 있다는 단점도 있다.

자사주 소각은 주주 가치 제고의 효과를 위해 활용하는 수단이다. 그리고 미처분 이익잉여금이 많은 회사일수록 자사주 소각을 이용해 큰 효과를 볼 수 있다. 보통 기업의 잉여금이 많으면 세금 부담이 발생하기 때문에 이를 피하기 위해서 자사주 소각을 활용한다.

# 인적분할과 물적분할이 궁금합니다

기업 분할은 하나의 기업을 2개 이상으로 쪼개는 것이다. 즉 회사의 사업부를 분리해 자본과 부채를 나눈 후 기업을 신설하는 것이다. 기업을 분할하는 이유는 사업구조, 경영구조, 지배구조를 개편하기 위함이다. 기업이 커지면 수익성과 성장성이 저해될 수 있기 때문에 사업부를 나누어서 몸집을 가볍게 하고 의사 결정을 신속하게 할 수 있도록·경영 체제를 바꾸는 것이다. 또한 부실 사업부를 분할해서 매각하면 사업구조가 안정될 수 있다.

기업 분할은 인적분할과 물적분할로 나뉜다. 이 두 가지를 알아보자.

인적분할은 수평적인 분할이다. 기존 회사와 분할 회사는 수평적 관계가 된다. 기존 주주는 분할된 2개 회사에 지분을 보유하게 된다. 분할 후에는 법적으로 독립된 회사가 되기 때문에 인적분할 후에 곧바로 주식시장에 상장할 수 있다. 다만 인적분할을 통해 정해진 비율만큼 주주가 소유하는 주식의 비중은 달라진다. 만약 존속회사에 10%만큼 가지고 있으면 존속회사 10%, 신설회사 10% 비중을 가지게 된다.

물적분할은 수직적인 관계다. 존속회사가 모회사가 되어 신설회사 지분을 100% 보유하게 된다. 존속기업인 모회사에 대한 주주의 지분율은 변동이 없다. 주주가 10%만큼의 주식을 가지고 있으면 물적분할을 하게 되면서 모회사에 대

**인적분할 시 지배구조**

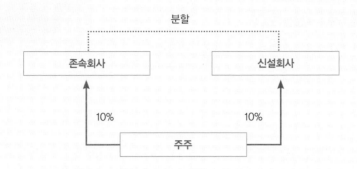

**물적분할 시 지배구조**

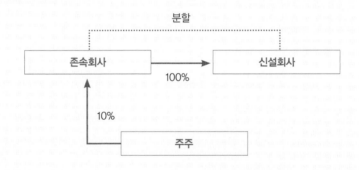

한 주주의 비중은 변동 없이 10%로 유지된다. 다만 신설회사에 대한 지분은 존속회사가 100% 가지고 있어서 모회사 소액주주들의 지배력이 없어지게 된다.

일반적으로 모회사 주주로서는 부정적인 입장을 가진다. 물적분할은 신설회사는 바로 상장하지는 못한다. 즉 비상장회사가 되기 때문에 다시 상장 준비 시 시간과 비용이 들기 때문에 선호하지 않는 경향이 있다.

# 투자할 때 분석을 꼭 해야 하나요?

주식 투자에서 분석은 필수다. 주식을 사야 하는 이유, 팔아야 하는 이유를 분석을 통해 결정하기 때문이다.

주식을 사는 이유는 앞으로 이 회사의 주가가 올라갈 것이라 예측하기 때문이다. 예를 들면 허니버터칩이 불티나게 팔리는 것을 보고, 이 회사의 매출이 급격하게 올라갈 것이라는 예측을 통해 (주)크라운제과 주식을 사게 될 수도 있다. 과거에 허니버터칩 품귀현상이 생기면서 크라운제과의 주가가 크게 오른 바 있다.

또한 미세먼지가 심각해서 공기청정기 및 마스크의 수요가 증가할 것으로 생각해 공기청정기 및 마스크를 제조하는 기업의 주식을 사게 될 수도 있다. 이외에 어떤 영화가 대박 날 것 같아서 배급사 주식을 살 수도 있고, 대기업의 인수합병 소식에 인수회사 주식을 사기도 하며, 신약이 개발되고 시중에 팔린다는 소식에 제약회사 주식을 매수하기도 한다.

반대로 주식을 팔게 되는 건 어떤 상황일까? 홍수 및 태풍으로 인해 자동차가 물에 잠긴 사례가 있다. 그러면 자동차 생산 및 출고에 영향을 주기 때문에 자동차 기업의 주가가 떨어진다고 판단해서 주식을 매도하게 된다. 이외에 기업 대표의 횡령 또는 배임 사건 발생 시, 건설회사의 미분양 물량 과대 발생 시, 전쟁 발발 시, 해당기업 공장의 화재나 폭발 시 등 회사 경영의 불확실성 또는 도덕적인 부분으로 신뢰를 잃게 될 경우 투자자들은 주식을 팔게 되는 것이다.

이러한 상황을 100% 예측할 수는 없다. 하지만 생활 속에서 투자 아이디어를 얻게 됨에 따라 예측하고 분석할 수 있다. 아무 분석도 하지 않고 투자를 하는 것은 투자 실패 확률을 높이는 행동이다. 특히 주변 지인이 아무것도 묻지 말고 "ABC기업 주식을 사라"고 하는 묻지마 투자는 굉장히 위험하다. 간혹 오르는 경우도 있지만 대개 주가가 내리는 것이 보통이기 때문이다.

투자를 하는 데 있어서 앞으로 경기가 어떻게 흘러갈지, 해당 산업의 전망은 어떻게 될지, 해당 산업이 좋아진다면 그중 가장 수혜를 받을 수 있는 기업은 어느 곳이고, 과거 경영실적은 어땠는지, 대표가 도덕성에 문제가 있는지, 문제가 없다면 기업의 현재 시장가격은 싼 것인지 비싼 것인지, 내가 이 주식을 산다면 원금 중에 비중을 몇 퍼센트를 넣을지, 목표 기간은 어느 정도 볼 것인지, 목표 수익률은 얼마나 볼 것인지, 혹시 중간에 악재가 발생한다면 어떻게 대응할 것인지 등 분석을 통해 전략을 취하는 것이다.

분석은 반드시 필요하며, 계획을 설정하는 데 매우 중요한 기준이다. 이 책에서는 기본적 분석을 통해 경제, 산업, 기업에 대한 분석력을 키우고, 기술적 분석을 통해 매매시점을 찾는 방법에 대해서 살펴볼 것이다.

투자 아이디어를 찾고, 전술적으로 투자 대응을 하는 방법을 세워서 주식 투자를 하는 데 많은 도움이 되기를 바란다.

# 재무제표에서 활용하면
# 좋은 지표가 있을까요?

재무제표는 기업의 성적표다. 기업의 이익이 증가하면 시차를 두고 재무제표에 반영된다. 기업의 경영 효율성 및 안정성을 나타내는데, 세 가지 지표를 활용하면 좋다.

첫 번째 매출액 및 매출 총이익 성장률이다. 매출액 성장률은 회사 제품의 매출이 높아졌다는 뜻이다. 매출 증가는 제품 경쟁력으로 풀이된다. 제품 경쟁력이 높아졌기 때문에 그만큼 시장에서 매출이 늘어난 것이다.

매출액 증가와 더불어 원가를 줄이는 것도 중요하다. 원가 감소는 생산, 공정 기술 개발로 이루어진다. 원가 증가율이 매출액 증가율보다 낮으면 원가관리를 잘하는 기업이다. 보통은 생산할수록 기업의 원가도 증가하게 된다. 그러나 효율적 원가관리를 통해 생산량은 늘어도 원가 비용을 줄인다면 수익성이 높아지는 것이다.

두 번째 이자보상배율이다. 회사는 열심히 일해서 돈을 벌었음에도 빚에 대한 이자나 원금도 못 갚는 경우가 있다. 이자보상배율은 매년 회사가 벌어들이는 돈으로 어느 정도 빚을 갚을 수 있는지 보는 지표다. '이자보상배율=영업이익/이자비용'으로 정의된다. 이자보상배율이 계속해서 1배 미만이면 1년간 열심히 돈을 벌어도 원금은 고사하고 빚에 대한 이자도 다 갚지 못한다는 의미다.

일회성 비용의 증가에 따른 영업이익 감소로 일시적으로 이자보상배율이 1배 미만인 기업은 큰 문제가 아니다. 그러나 지속해서 1배 미만이 되면 빚은 점점 더 늘어나고 기업은 감당할 능력이 점점 줄어든다. 그렇게 되면 결국 자산 매각, 인원 감축 등 구조조정을 하게 되며 기업의 성장동력은 줄어들게 된다.

회사가 경영을 할 때 무리하게 차입해 레버리지 경영을 하게 된다면 경기 침체 시 도산하기 때문에 경기 침체 시를 대비해서 이자보상배율이 높은 기업 또는 무차입 경영을 하는 기업을 투자하는 것이 좋다. 이자보상배율이 높다는 것은 영업이익이 높거나 부채가 낮다는 것이다.

세 번째 자기자본 이익률(ROE)이다. ROE는 회사의 경영 수익성을 나타내는 지표다. 주주가 가진 지분에 대한 이익의 창출 정도를 나타낸다. 'ROE=당기순이익/자기자본×100'이다. 만약 ROE가 20%이면 100억 원의 자본을 투자했을 때 20억 원의 이익을 냈다는 뜻이다.

회사가 경영을 잘해서 미래에 지금보다 돈을 더 잘 벌면 ROE는 증가한다. ROE가 높은 기업은 ROA지표도 같이 참고하자. 1억 원의 자기자본을 가지고 5억 원의 대출을 통해 2억 원의 수익을 냈다면 ROE가 높게 나타나기 때문이다. 자기자본이 적으면 시장 환경이 좋지 않을 때 위험이 높아질 수 있기 때문에 조심해야 한다. 그렇기 때문에 순이익이 높게 나타나는 기업에 투자하는 것이 좋다.

# 투자주의종목, 투자경고종목, 투자위험종목은 어떻게 구분되나요?

시장경보제도를 통해서 투자주의종목, 투자경고종목, 투자위험종목을 구분할 수 있다. 시장경보제도란 시장감시위원회가 투기적이나 불공정거래 개연성이 있는 종목 또는 주가가 비정상적으로 급등한 종목에 대해 투자자 주의 환기 등을 통해 불공정거래를 예방하기 위한 제도다. 시장경보제도는 '투자주의종목 → 투자경고종목 → 투자위험종목' 단계를 거친다.

불건전 요건은 다음 세 가지 요건 중 하나에 해당하는 경우다.

① 최근 5일 중(15일 중) 전일 대비 주가가 상승하고, 동일 계좌가 일 중 전체 최고가 매수 거래량의 10% 이상 매수 일수가 2일(4일) 이상

② 최근 5일 중(15일 중) 특정 계좌(군)의 시세 영향력을 고려한 매수 관여율이 5% 이상 일수가 2일(4일) 이상

③ 최근 5일 중(15일 중) 일 중 매수·매도 거래량이 98% 이상 일치하는 계좌 수 비중이 전체 거래 계좌 수의 5% 이상인 경우

투자경고종목, 투자위험종목으로 분류되면 위탁증거금은 100%, 신용거래 및 대용증권이 제한된다.

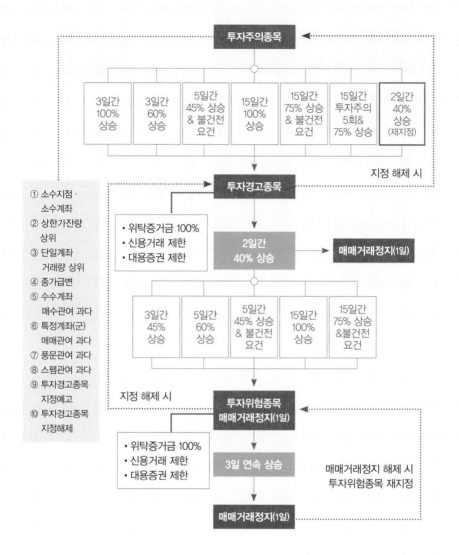

투자주의종목

| 3일간 100% 상승 | 3일간 60% 상승 | 5일간 45% 상승 & 불건전 요건 | 15일간 100% 상승 | 15일간 75% 상승 & 불건전 요건 | 15일간 투자주의 5회& 75% 상승 | 2일간 40% 상승 (재지정) |

지정 해제 시

① 소수지점·
　소수계좌
② 상한가잔량
　상위
③ 단일계좌
　거래량 상위
④ 종가급변
⑤ 수수계좌
　매수관여 과다
⑥ 특정계좌(군)
　매매관여 과다
⑦ 풍문관여 과다
⑧ 스팸관여 과다
⑨ 투자경고종목
　지정예고
⑩ 투자경고종목
　지정해제

투자경고종목

• 위탁증거금 100%
• 신용거래 제한
• 대용증권 제한

2일간 40% 상승 → 매매거래정지(1일)

| 3일간 45% 상승 | 5일간 60% 상승 | 5일간 45% 상승 & 불건전 요건 | 15일간 100% 상승 | 15일간 75% 상승 &불건전 요건 |

지정 해제 시

투자위험종목
매매거래정지(1일)

• 위탁증거금 100%
• 신용거래 제한
• 대용증권 제한

3일 연속 상승

매매거래정지 해제 시
투자위험종목 재지정

매매거래정지(1일)

자료: 한국거래소

# 거래량과
# 급등주 패턴이 궁금해요

급등주의 패턴은 네 가지로 구분할 수 있다. 급등 전, 급등 시점 임박, 거래량 점진적 증가, 거래 증가 후 급감의 패턴이다. 급등주를 파악하기 위해서 사전에 숙지해야 할 부분이 거래량이다.

거래량의 특징에 대해 알아보자. 거래량은 'trading volume'이라 한다. 주식시장에서 주식이 거래된 양을 뜻한다. 쉽게 말하면 주식이 사고 팔리는 수량이라고 보면 된다. 만약 A가 오늘 삼성전자 주식을 100주를 팔고, B가 100주를 사면 거래량은 100주인 것이다. 거래량은 주가지수와 함께 주식시장의 장세를 판단하는 중요한 지표다.

주식 거래량 증가와 감소가 의미하는 것은 무엇일까? 거래량이 늘었다는 것은 주가 흐름에 힘이 생겼다는 것이다. 보통 거래량과 주가가 상승하는 것은 가격을 높게 사서 거래하는 것이다. 보통은 외국인 투자자, 기관투자자가 거래한다. 그러나 반드시 주가가 오르는 것은 아니다. 주식의 매도 물량이 많아지면 주가가 하락하는 경우가 있기 때문이다. 하지만 거래가 활발히 이루어지고 있다는 것은 시장의 관심을 많이 받고 있다는 의미다. 거래량이 많을수록 내가 팔고 싶은 가격에 사려고 하는 사람이 많을 것이다. 거래량은 세력의 움직임을 파악할 수 있다.

거래량의 감소는 주식의 힘이 줄어든 것이다. 투자자의 매매가 줄어드는 이유는 시장이 좋지 않을 때, 기업 이슈 또는 모멘텀이 없을 때다. 거래가 줄어들면 주가가 하락하거나 횡보하는 경우가 많다.

주가는 속일 수 있어도 거래량은 속이기 어렵다. 그렇기 때문에 주식 투자에 기술적 지표로 거래량 분석은 매우 중요하다. 주가가 바닥권일 때 거래량이 증가하면 주가는 상승 가능성이 크다. 반대로 주가가 천장권일 때 거래량이 증가하게 되면 주가는 하락 가능성이 크다. 투자자는 거래량을 통해 급등주를 찾을 수 있다.

급등주를 찾는 패턴은 다음과 같다.

| 급등 전 | 급등 시점 임박 | 거래량 점진적 증가 | 거래 증가 후 급감 |
|---|---|---|---|
| - 급등 전에는 보통 지루한 횡보세<br>- 거래량, 주가 변화가 없음<br>- 큰 거래량 없이도 주가가 한 단계 하락해 투매 유발 | - 급등 시점이 임박할수록 거래량 증가와 감소가 반복<br>- 주가는 큰 변화 없음<br>- 물량 매집 시기 | - 주가 저점을 높이면서 1개월 평균 거래량을 상회하는 거래량 증가 | - 정석적인 급등주 초기<br>- 거래량 증가로 투자자가 관심<br>- 투자자들의 관망 심리를 이용해 매수 시점 지연 |

**물량 매집 완료 후 거래량 증가와 함께 급등세 연출**

# 시황 일지 작성 방법을 알려주세요

주식시장이 종료 후 시황을 작성하는 문서가 시황 일지다. 일지를 작성함으로써 하루의 시장 및 업종 동향과 개별 주식 이슈를 알 수 있다. 일지에는 정확한 내용만을 작성하고, 불필요한 내용은 작성하지 않아야 한다.

## 대세상승 키워드

| 종목명 | 키워드 | 시총(억) | 등락률 | 외국인 | 기관 | 특이사항 |
|--------|--------|----------|--------|--------|------|----------|
|        |        |          |        |        |      |          |
|        |        |          |        |        |      |          |
|        |        |          |        |        |      |          |
|        |        |          |        |        |      |          |
|        |        |          |        |        |      |          |
|        |        |          |        |        |      |          |
|        |        |          |        |        |      |          |
|        |        |          |        |        |      |          |
|        |        |          |        |        |      |          |
|        |        |          |        |        |      |          |
|        |        |          |        |        |      |          |
|        |        |          |        |        |      |          |
|        |        |          |        |        |      |          |

## 국내 시황 및 수급

| 날짜 | 국내 증시 | 상승 또는 하락 이유 | 상승업종 | 하락업종 |
|---|---|---|---|---|
| | KOSPI | | | |
| | KOSDAQ | | | |

| 날짜 | 섹터별 동향 | 섹터 | 사유 |
|---|---|---|---|
| | 상승섹터 | | |
| | | | |
| | 하락섹터 | | |
| | | | |
| | | | |

| 날짜 | 시장 | 주체 | 상위 5위 |
|---|---|---|---|
| | KOSPI | 외국인 | |
| | KOSDAQ | 기관 | |
| | KOSPI | 외국인/기관 | |
| | KOSDAQ | 외국인/기관 | |

# SPAC 상장이란
# 무엇인가요?

2021년 7월 최근 SPAC 종목 열풍이 불고 있다. 원금은 보장되는데 수익은 5~6배에 달하다 보니 관심이 커진 것이다. 눈치 빠른 투자자들은 일반 공모주 대신 SPAC 청약으로 눈을 돌리고 있다.

SPAC(Special Purpose Acquisition Company)은 2009년 12월에 도입했으며, 공모(IPO)를 통해 조달한 자금을 바탕으로 비상장 기업과 합병하는 것을 유일한 목적으로 하는 서류상 회사(Paper Company)다. SPAC의 도입으로 일반 투자자들도 투자의 안정성을 보장받으면서 소액으로도 기업 인수·합병 시장에 참여할 수 있다. 비상장 기업은 지정 감사를 받지 않는 만큼 기업공개(IPO)에 비해 1년 6개월~2년 정도 빨리 상장하는 효과가 있다.

SPAC 제도는 공모자금의 90% 이상을 별도 예치하고 3년 합병에 실패할 경우 반환된다. 예치금은 인출과 담보 제공이 금지되기 때문에 안정적이다. 만약 3년 이내에 합병이 된다면 상장 후 장내에서 매도 가능하며, 합병 반대 시 주식매수청구권을 행사해 투자금을 회수할 수 있다. 합병이 되지 않더라도 일부 비용을 제외한 금액을 환급받는다.

SPAC 투자로 일반 투자자도 M&A 투자 참여가 가능하며, 주주총회에서 일반 주주가 합병을 결정한다. 기업은 우량기업과 합병을 통해 상장과 유상증자를 동시에 하는 효과를 얻는다.

## SPAC 구조

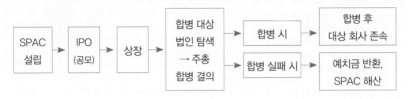

자료: 한국거래소

SPAC은 법인 설립, IPO 및 상장, M&A라는 3단계 사이클을 통해 목적을 달성한다. 소수의 발기인에 의해 SPAC 법인이 설립되며 형태는 주식회사다. 설립 후 상장을 위해 IPO를 실시하기 위해 공모자금을 별도 예치한다. SPAC은 일반 주주에게 투자원금 수준의 금액을 보장해주기 위해 공모자금의 90% 이상을 금융기관에 예치해 인출을 제한한다. IPO가 완료되면 SPAC은 발행 주권을 거래소에 상장한다. SPAC은 상장 특례를 인정하지 않고 오직 M&A만 목적으로만 진행된다.

M&A 대상 기업의 가치는 발기인과 이해관계가 없다. 대상 기업이 결정되면 합병상장예비심사청구소를 거래소에 제출해 상장 적격성 심사를 받는다. 승인을 받은 경우 주주총회를 개최하여 M&A에 대한 결정을 한다. 이때 발기인은 의결권 행사가 제한되고 일반 주주의 의사에 따라 결정된다.

주주총회에서 M&A를 승인하면 대상 기업은 상장기업의 지위를 얻게 되며, SPAC이 존속기한 내에 M&A를 완료하지 못하는 경우에는 의무예치금액을 일반 주주에게 반환하는 등 청산 절차가 진행된다.

SPAC의 상장심사 요건은 계량적 요건, 질적 검사, 정관 필수 기재사항을 심사한다. 자세한 내용은 한국거래소 홈페이지에서 확인할 수 있다.

# 프로그램 매매가
# 무엇인가요?

프로그램 매매는 일반적으로 시장분석, 투자 시점 판단, 주문 제출 등의 과정을 컴퓨터로 처리하는 거래 기법이다. 시장 상황별로 실행할 투자 전략을 사전에 수립해 그 내용을 컴퓨터에 프로그래밍하고, 시장 상황의 분석과 그에 따른 주문 등을 프로그램의 결정에 따라 처리한다.

보통 주식을 대량으로 거래하는 기관투자자들이 일정한 전산 프로그램에 따라 수십 종목을 묶어서 바스켓으로 거래한다. 매수와 매도 의견은 매매자가 하지만 나머지 모든 과정은 시스템이 알아서 한다.

프로그램 매매는 지수 차익 거래와 비차익 거래로 구분할 수 있다. 지수 차익 거래란 코스피(KOSPI) 200 구성 종목의 주식 집단과 코스피 200 선물 또는 옵션의 가격 차이를 이용해 이익을 얻을 목적으로 주식 집단과 선물 또는 옵션을 연계해 거래하는 것이다. 지수 차익 거래는 현물과 선물을 다른 방향으로 동시에 매매함으로써 현물과 선물 종목 간에 일시적인 가격 차이가 발생한 경우 위험을 줄이고 안정적인 수익을 추구할 수 있다. 프로그램 매매는 선물, 옵션과 연계한 베이시스의 움직임에 따라 매매가 이루어진다.

지수 차익 거래로 이루어지는 경우를 살펴보자.

· 주식 집단의 매수와 동시에 지수선물 종목의 매도를 하는 거래

· 주식 집단의 매도와 동시에 지수선물 종목의 매수를 하는 거래

· 주식 집단의 매수(매도) 후 지수선물 종목의 매도(매수)를 하는 거래

· 지수 선물 종목의 매수(매도) 후 주식 집단의 매도(매수)를 하는 거래

· 지수 합성 선물의 매도(콜옵션을 매도하고 풋옵션을 매수하는 거래)

· 지수 합성 선물의 매수(콜옵션을 매수하고 풋옵션을 매도하는 거래)


지수 차익 거래에서 선물을 매도하고 현물을 매수해놓은 상황에서 일정 시점 이후 이익 실현을 위해 선물을 매수하고 현물을 매도할 경우, 집중적인 현물 매도에 의해 주가지수가 급락할 수도 있다.

비차익 거래는 선물과 연계하지 않고 현물 바스켓을 매매하는 거래다. 기관투자가들이 지수 영향력이 15개 이상의 주식 집단을 대량으로 매매하는 것이다. 비차익 거래는 시장 전망에 따라 주식을 매수, 매도한다. 또 비차익 거래의 경우에 종전에 매수(매도)해 두었던 프로그램 매수(매도) 물량이 일시에 증권시장으로 쏟아질 때 주가지수 하락(상승)을 초래할 수 있다.

프로그램 매매는 주가지수에 큰 영향을 끼친다. 프로그램 매매에서 매도 물량이 많다는 것은 지수가 하락할 가능성이 매우 높은 것이다.

| 프로그램 매매동향 | 시간별 프로그램 매매 | 프로그램매매 상위 | 프로그램매매 사전공시 | | | | | | | | | |
|---|---|---|---|---|---|---|---|---|---|---|---|---|
| ⊙거래소 ○코스닥 | | ○당일 ⊙기간 2021/04/30 ~ 2021/04/30 | | | | | | | (단위:천주,백만) 📈 미니 조회 | | | |
| 구 분 | | 순매수 | | | | 매도 | | | | 매수 | | | |
| | | 수량 | 비율 | 금액 | 비율 | 수량 | 비율 | 금액 | 비율 | 수량 | 비율 | 금액 | 비율 |
| 차익 | 합계 | -505 | 0.04 | -44,638 | 0.23 | 2,124 | 0.16 | 149,051 | 0.78 | 1,619 | 0.12 | 104,414 | 0.54 |
| | 위탁 | -175 | 0.01 | -21,421 | 0.11 | 1,795 | 0.13 | 125,835 | 0.66 | 1,619 | 0.12 | 104,414 | 0.54 |
| | 자기 | -330 | 0.02 | -23,216 | 0.12 | 330 | 0.02 | 23,216 | 0.12 | 0 | 0 | 0 | 0 |
| 비차익 | 합계 | -12,912 | 0.95 | -474,181 | 2.47 | 114,389 | 8.41 | 2,953,756 | 15.38 | 101,477 | 7.46 | 2,479,569 | 12.91 |
| | 위탁 | -13,171 | 0.97 | -493,575 | 2.57 | 114,139 | 8.40 | 2,935,842 | 15.28 | 100,968 | 7.43 | 2,442,266 | 12.72 |
| | 자기 | 260 | 0.02 | 19,394 | 0.10 | 250 | 0.01 | 17,908 | 0.09 | 509 | 0.04 | 37,303 | 0.19 |
| 전체 | 합계 | -13,417 | 0.99 | -518,819 | 2.70 | 116,513 | 8.57 | 3,102,801 | 16.15 | 103,097 | 7.58 | 2,583,982 | 13.45 |
| | 위탁 | -13,347 | 0.98 | -514,997 | 2.68 | 115,934 | 8.53 | 3,061,677 | 15.94 | 102,588 | 7.55 | 2,546,680 | 13.26 |
| | 자기 | -70 | 0.01 | -3,822 | 0.02 | 579 | 0.04 | 41,125 | 0.21 | 509 | 0.04 | 37,303 | 0.19 |

# 주식 포트폴리오가
# 뭐죠?

주식 포트폴리오는 자산을 분배해서 투자하는 것이다. 모든 자산을 한 종목에 투자하지 않고 여러 종목을 나눠서 산다. 투자 금액을 모두 잃는 것을 방지하기 위해서다. 다시 말해 한 주식에 모든 자산을 투자하면 손실을 볼 확률이 높다. 투자는 어떤 종목이 상승하고, 하락할지 불확실하기 때문이다. 그래서 포트폴리오 투자를 해서 위험을 줄이는 것이다.

   다음의 포트폴리오 구성을 보자. 원화, 달러화, 국내 주식, 해외 주식, 채권, 암호화폐(코인) 등 여러 자산군에 투자한 사례다.

**주식 포트폴리오 예시**

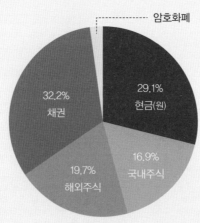

투자 포트폴리오는 안정적 투자 기반의 포트폴리오에 가깝다. 현금을 약 30% 가지고 있으며, 안전자산인 채권도 32%를 보유하고 있으므로 약 60%는 시장 위험을 대비한 자산군으로 분류한 것이다. 국내 주식과 해외 주식의 포트폴리오는 각각 16.9%, 19.7%다. 국내 기업에 투자하는 것도 중요하지만, 해외에도 성장성이 높은 기업이 즐비하다. 또 해외 기업 달러 투자 시 환율 상승에 따른 환차익을 얻을 수 있어 투자 지역은 다변화하는 것이 좋다. 2~3%를 암호화폐에 투자하는 것은 최근 투자 트렌드로 보면 된다. 다만 암호화폐 투자는 일일 가격제한 폭이 없어서 리스크가 매우 높다. 그러므로 트렌드 접근을 위한 소액 투자 접근이 바람직하다.

포트폴리오를 장점은 세 가지다. 첫 번째 나의 자산 배분 현황을 정확히 알 수 있다. 현재의 투자 진단을 명확히 알고 상황에 따라 대처를 하기가 쉬워진다. 두 번째 비중 조절이 쉽다. 많이 상승한 자산과 적게 오른 자산을 재조정해 수익률 관리를 할 수 있다. 세 번째 리스크 관리가 가능하다. 위험자산과 안전자산을 조합해 시장 하락이 발생할 때 위험을 줄일 수 있다.

주식 포트폴리오도 업종(섹터)별, 규모별, 스타일 등 다양한 방법으로 구성할 수 있다. 포트폴리오에는 정답이 없다. 자신의 투자 성향과 상황에 맞게 포트폴리오를 찾는 것이다. 다양한 방식의 포트폴리오를 시도해보고 이를 토대로 자신에게 맞는 포트폴리오를 찾는 것이 좋은 투자 전략이다.

# K-OTC 시장과
# 코넥스 시장을 설명해주세요

### 비상장 주식을 매매하는 K-OTC 시장

K-OTC(Korea Over-The-Counter) 시장은 비상장 주식을 매매하기 위해 금융투자협회에서 운영하며 제도화, 조직화된 한국 장외주식시장이다. 한국거래소의 코스피 또는 코스닥 시장 상장 요건에 미달하는 기업을 거래할 수 있다. 2014년 8월 시장 개설 후 2020년 10월 처음으로 연간 거래대금이 1조 원을 돌파했다. 2021년 3월 말 기준 135개 종목이 거래되고 있으며, 전체 시가총액은 약 18조 원이다.

소액주주 양도세 면제·증권거래세 인하 등의 세제 혜택, 공모주 투자의 대안으로 비상장 주식에 대한 투자자의 관심이 높아졌다. 또한 주식시장의 유동성 증가가 비상장 기업에 대한 투자의 관심으로 연결되었다. 2020년 일 평균 거래대금은 약 51억 원으로 지난 4년 사이 약 8배 증가했다. 기업의 적정가치 평가와 이미지 제고 및 거래의 편의성 등에 주목을 받으면서 기업들의 진입이 늘어나며 K-OTC 시장이 활성화되었다.

K-OTC 시장의 특징은 비상장 대기업, 중견기업 주식이 새롭게 시장에 편입되어, 투자자에게 새로운 투자 기회를 제공한다는 것이다. 또 호가 정보와 시세 정보가 투명하게 공개되어 매매 체결 시 결제가 안전하게 이루어지기 때문에 비상장 주식 투자의 편의성과 결제 안정성을 제공한다.

2021년 1월 K-OTC를 통해 유가증권과 코스닥 시장에 각각 1개 기업 상장했다.

## 중소기업 자금조달을 돕는 코넥스 시장

코넥스 시장은 자본시장을 통한 초기 중소·벤처 기업의 성장 지원 및 모험자본 선순환 체계 구축을 위해 개설된 초기 중소기업 전용 신시장이다. 탄생 배경은 중소기업의 자금조달 형태를 직접금융(주식발행)을 통한 자금조달을 원활하게 하는 데 있다.

현재 중소기업의 자금조달 현황은 대부분 은행 대출에 편중되어 있기 때문에 부채비율이 높고, 이자비용 부담도 높아 안정성이 낮다. 또한 법인 설립부터 코스닥 시장 상장까지 걸리는 기간(평균 약 13년)이 매우 길다. 이러한 이유로 중소기업의 최적화 증권시장의 필요성이 제기되었고, 기존 시장을 활용하기보다는 원점에서 설계하는 것이 쉽다는 이유로 코넥스 시장이 개설되었다.

코넥스 시장은 중소기업기본법상 중소기업만 상장 가능한 시장으로 중소기업에 특화된 시장이다. 기술력 있는 중소기업 성장을 위해 공모, 사모, 직상장 등 진입 방법을 다양화하고 진입요건도 최소화했다. 이 밖에도 분기·반기보고서를 면제하고, 수시공시 사항을 축소해 공시 부담을 완화했으며, 법상 상근이사와 상근감사 설치 의무를 면제해서 지배구조 부담도 완화했다. 코넥스 시장은 중소기업 투자 전문성이 인정되는 VC(벤처캐피털) 및 엔젤투자자의 시장 참여를 허용해서 모험자본이 유입되게 했다.

초기 중소기업은 M&A 등을 통한 사업 성장 및 경쟁력과 중요한데, 코넥스 시장을 통해 M&A 지원 및 원활한 지분매각을 위하여 합병요건(우회상장 포함)을 완화하고 대량매매 등을 도입했다.

정규 시장 가운데 최저 거래세율인 0.1%가 적용되고, 개인투자자인 소액주주에 대한 양도세가 면제된다. 벤처캐피털의 코넥스 신주(상장 후 2년 이내) 투자 시

## 시가총액 및 거래대금 추이(최근 3개월)

(단위: 억원)

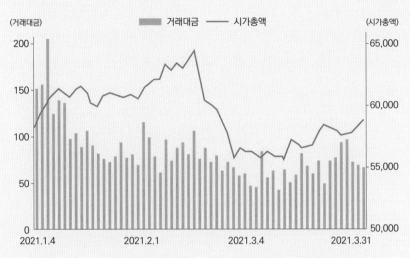

자료: 금융투자협회

투자 양도 차익, 배당소득에 대한 법인세 비과세다.

벤처캐피털 투자 시 상장법인에 대한 투자 제한(조합 출자금의 20% 이내) 적용을 배제하고 있다. 현재 코넥스 투자 간접투자 상품으로 대신자산운용에서 운용하는 '대신 성장중소형주펀드'가 있다.

2021년 3월 코넥스 시장의 시가총액은 약 5조 8,800억 원을 기록했으며, 일평균 거래대금은 68억 원이다. 코넥스를 통해 코스닥으로 이전상장 완료한 기업수는 총 71개다.

# 주식 대출 시
# 융자 종류가 궁금해요

## 1 | 미수거래

미수거래는 증권사에 예치해놓은 현금과 주식을 담보로 최대 2.5배까지 주식을 외상으로 살 수 있는 것을 말한다. 주식을 매수할 때 일시적으로 현금이 부족하면 미수거래를 할 수 있다. 미수거래 시에는 주식 매입대금의 30% 이상에 해당하는 증거금을 지급하면 된다. 결제일은 2일 후며, 미상환 시 3일 후에 미수금만큼 계좌의 주식을 하한가로 매도하는 반대매매가 자동으로 시행된다. 또한 30일간 증권계좌가 모두 동결되어, 미수거래를 할 수 없다. 미수거래는 신용거래보다 증거금률이 더 낮아 레버리지가 상대적으로 높다.

## 2 | 주식 담보대출

주식을 보유하고 있는 주식 투자자가 증권사에 주식을 담보로 대출을 받는 것이다. 대출한도와 대출 비율은 증권사마다 다르다. 주식 담보대출 실행 시 실시간으로 담보 비율이 확인되며, 계좌 평가액이 담보 비율이 미달되면 주식 보유자의 의지와 상관없이 주식이 반대매매가 된다. 예를 들어 주식 투자자가 주식 총가치가 1천만 원이고, 대출을 1천만 원을 받아 총 주식계좌가 2천만 원이 있게 되었을 때 담보 유지 비율이 150%라면 계좌 평가액이 1,500만 원 이상 유지해야 한다. 만약 1,500만 원 이하로 내려가게 되면 반대매매가 된다.

## 3 | 신용거래

신용거래는 증거금이나 주식을 담보로 증권사의 돈을 빌려 주식을 매매하는 것이다. 신용거래는 3개월을 기한으로 해서 청산 또는 연장할 수 있다. 그리고 반대매매를 함으로써 차금결제를 진행할 수 있다. 만약 투자자산이 1천만 원이고 증거금이 50%라면 2천만 원까지 매수가 가능하다는 것이다. 신용거래는 시중보다 이자가 높으며, 빌린 기간이 길어질수록 이자율이 높아진다.

## 4 | 매도 대금 담보대출

매도 주문이 체결된 예탁증권을 담보로 받는 대출이다. 직전 영업일 및 당일에 체결된 매도 주문에 대해 수도 결제(3일 결제) 이전 매도 체결 대금의 98% 이내에서 자금을 빌려주는 대출이다. 미수 동결을 방지하기 위해 이용하는 경우가 있다. 매도 대금 담보대출은 결제일에 이루어지는 대금에 대한 금액을 대출받는 것이다. 미수 대금 지급으로도 활용된다.

## 5 | 스탁론

저축은행 등 금융기관이 증권사 고객에게 증권계좌나 예수금을 담보로 자금을 대출해주는 주식 연계 신용대출이다. 증권사와 저축은행 등 업무제휴를 맺고 대출받는 증권계좌 담보대출이다. 자금을 빌려주는 곳은 대부분 저축은행이며, 일부 캐피털, 손해보험사도 있다. 증권사는 고객 연결 조건으로 일정 비율 수수료를 받고, 저축은행은 대출 상품 판매로 이자를 받아 공생 관계가 형성된다. 증권계좌 평가 금액의 150~400%까지 주식 투자자금을 대출해주고 있다. 보통 대출의 120~130% 담보 비율 밑으로 떨어지면 반대매매가 나간다. 최대 5년까지 연장이 가능하고, 증권사 신용이나 미수거래 사용 중인 투자자의 자금 대환을 해주는 경우도 있다.

# 증권거래세 과세 대상 및
# 세율은 어떻게 되나요?

주권 또는 지분(이하 '주권 등'이라 함)의 양도에 대해서는 법에 따라 증권거래세를 부과한다. 다만 다음 항목의 어느 하나에 해당하는 양도에 대해서는 증권거래세를 부과하지 않는다.

1. 증권시장과 비슷한 시장으로서 외국에 있는 시장에 상장된 주권 등을 양도하는 경우
2. 외국 증권시장에 주권 등을 상장하기 위하여 인수인에게 주권 등을 양도하는 경우
3. 자본시장과 금융투자업에 관한 법률에 따라 거래소 허가를 받은 거래소로서 금융위원회가 지정하는 거래소에 주권 등을 양도하는 경우

상장 주식의 경우 거래소를 통해 거래되므로 증권거래세가 원천징수되나, 비상장 주식의 경우에는 양도한 매도자가 증권거래세를 신고, 납부해야 한다. 증권거래세의 세율은 35/10,000이라 한다. 다만 2021년 1월 1일부터 2022년 12월 31일까지 43/10000으로 한다. 코넥스 시장은 10/10,000이다.

**증권거래세 세율**

| 구분 | 2021~2022년 | 2023년 |
|---|---|---|
| 코스피 | 0.08% | 0% |
| 코스닥 | 0.23% | 0.15% |
| 코넥스 | 0.1% | 0.1% |
| 기타 | 0.43% | 0.35% |

관련 법 조항을 살펴보자.

**증권거래세법 제3조**(납세의무자) 증권거래세의 납세의무자는 다음 각 호의 어느 하나에 해당하는 자로 한다. 〈개정 2016. 3. 22.〉

1. 다음 각 목의 어느 하나에 해당하는 주권을 계좌 간 대체(對替)로 매매 결제하는 경우에는 「주식·사채 등의 전자등록에 관한 법률」 제2조 제6호에 따른 전자등록기관(이하 "전자등록기관"이라 한다) 또는 「자본시장과 금융투자업에 관한 법률」 제294조에 따라 설립된 한국예탁결제원

  가. 증권시장에서 양도되는 주권
  나. 증권시장 밖에서 대통령령으로 정하는 방법에 따라 양도되는 주권

2. 제1호 외에 「자본시장과 금융투자업에 관한 법률」 제8조제1항에 따른 금융투자업자(이하 "금융투자업자"라 한다)를 통하여 주권 등을 양도하는 경우에는 해당 금융투자업자

**증권거래세법 제10조**(신고·납부 및 환급) ① 증권거래세의 납세의무자는 다음 각 호의 구분에 따라 과세표준과 세액을 대통령령으로 정하는 바에 따라 관할 세무서장에게 신고하여야 한다. 〈개정 2017. 12. 19.〉

1. 제3조 제1호 및 제2호의 경우에는 매월분의 과세표준과 세액을 다음 달 10일까지 신고할 것

2. 제3조 제3호의 경우에는 매 반기(半期)분의 과세표준과 세액을 양도일이 속 하는 반기의 말일부터 2개월 이내에 신고할 것

보통 개인투자자는 증권사를 통해 원천징수를 하기 때문에 신고를 다 해준다. 만약 비상장 주식을 투자하는 일반인의 경우 양도일이 속하는 반기의 말일부터 2개월 이내에 신고해야 한다. 1~6월 양도 시에는 8월 말이 기한이며, 7~12월 양도 시에는 다음 연도 2월 말까지 신고해야 한다. 증권거래세는 대통령령으로 정하는 바에 따라 납세지 관할 세무서, 한국은행 또는 체신관서에 내야 한다.

# 주식 대주주 요건 및
# 양도소득세는요?

2020년 당정은 대주주 기준 하향을 둘러싸고 논쟁이 있었다. 전부터 주식 대주주 요건을 강화한다는 소식이 투자자에게 불안을 안겨주었다. 향후 대주주 요건 및 양도소득세가 변경되기 때문에 미리 알아두고 대응할 필요가 있다.

대주주를 판정 기준은 지분율과 시가총액으로 나뉜다. 먼저 지분율 기준으로 살펴보면 해당 주주와 그 특수관계자가 소유한 주식의 양도일이 속하는 사업연도의 직전 사업연도 종료일을 기준으로 한다. 소유 지분율은 유가증권 상장법인 주식은 1% 이상, 코스닥 시장 상장법인 주식은 2%, 코넥스 상장법인과 비상장 법인은 4%로 규정되어 있다.

시가총액 기준으로는 유가증권 시장 및 코스닥 시장의 경우 주식 양도일이 속하는 사업연도의 직전 사업연도 종료일 최종 시세가액을 기준으로 판단하고, 주권 비상장 주식은 소득세법 시행령 제165조 제4항에 따라 기준시가를 기준으로 한다.

주식 세금 관련해서는 2021년 초에 개정되어 2022년, 2023년 주식 과세 내용이 달라진다. 평가이익은 과세하지 않고, 실제로 매도한 것만 과세하게 된다.

양도소득세 대주주 요건은 다음 표와 같다. 2021년 말까지는 3억 원이 아닌 해당 지분율 또는 10억 원 미만을 매도하면 대주주 양도세가 부과되지 않는다.

**양도소득세 과세대상 상장법인 대주주 요건**

| 구분 | 지분율 | 시가총액 |
|------|--------|----------|
| 코스피 | 1% 이상 | 10억 원 이상 |
| 코스닥 | 2% 이상 | 10억 원 이상 |
| 코넥스 | 4% 이상 | 10억 원 이상 |

* 2020년 7월 1일 이후 양도분

2022년 12월 31일까지는 10억 원이며, 2023년 1월 1일부터 3억 원으로 변경된다. 대주주 판단은 양도일 기준이 아니고 양도일의 직전 연도 12월 31일 보유 주식 기준이다. 또한 본인뿐만 아니라 직계존비속, 배우자 보유 주식까지 포함해 판단한다.

세율은 3억 원 미만 22%, 3억 원 초과분 27.5%(누진세 개념)다. 1년 미만 보유한 주식 등으로서 중소기업 외의 법인의 주식은 33% 세율이 부과된다.

2020년부터 국내, 국외 주식(기타 자산 제외) 양도차 손익도 통산되고 기본공제도 통산해서 연간 250만 원을 공제해준다.

신고기한은 상반기 양도분은 8월 말까지, 하반기 양도분은 다음 연도 2월 말까지 신고해야 한다. 대주주로서 예정신고를 2회 이상 신고하는 경우 연간 과세표준이 3억 원 초과 시 이미 신고한 양도소득 금액과 합산해 예정 신고하거나 확정신고(양도한 과세 기간의 다음 해 5월) 해야 한다.

양도소득세는 국세청 홈택스 및 모바일 홈택스(손택스)에서 신고·납부 가능하다.

PART 02

# 주식 투자자에게 꼭 필요한
# 기본적 분석

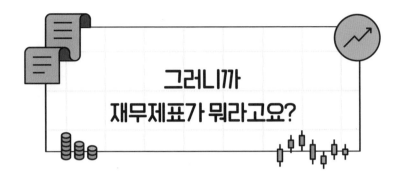

그러니까
재무제표가 뭐라고요?

재무제표는 기업의 재정상태와 손익내용을 파악하는 데 반드시 알아야 하는 지표다. 이를 통해서 회사의 자산상태와 손익을 알 수 있고, 회사가 앞으로의 경영 방향을 결정하는 데 중요한 잣대가 되기도 한다.

재무제표는 총 네 가지 지표로 구분할 수 있다. 재무 상태표, 손익계산서, 현금흐름표, 자본변동표가 바로 그것이다. 이 지표의 의미를 파악하는 데 필요한 용어 및 세부 계정항목에 대해서 정리해보자.

## 재무 상태표

자산, 부채, 자본 항목 금액 정보 제공

재무 상태표는 크게 자산과 부채, 자본으로 나뉜다. 부채와 자본을 더한 값을 자산이라고 한다.

## 재무제표의 구성

| 재 무 제 표 | | |
|---|---|---|
| | 재무 상태표 | 자산·부채 자본 항목 금액 정보 제공 |
| | 포괄손익계산서 | 경영성과(수익·비용) 정보 제공 |
| | 자본변동표 | 현금흐름(유입·유출) 정보 제공 |
| | 현금흐름표 | 자본 구성 항목별 변동 정보 제공 |
| | 주석 | 재무제표 이해에 필요한 보충 정보 |

자료: 금융감독원

자산은 과거의 거래 혹은 경제적 사건의 결과로 얻게 된, 예상되는 미래의 경제적 효익을 말한다. 기업의 경제활동의 원천이 되며, 해당 시점의 자산상태를 파악할 수 있다. 부채는 채권자들이 기업의 자산에 대해 갖고 있는 청구권을 뜻하며, 주로 기간에 따른 이자를 붙여서 회사의 부채계정에 포함시킨다. 자본은 회사의 순자산가치를 말하며, 주주들의 청구권이다. 사산에서 부채를 차감한 값을 자본이라 칭한다.

자산, 부채, 자본의 세부 계정항목에 대해 알아보자.

## 자산 = 유동자산 + 비유동자산

자산은 유동자산과 비유동자산으로 나뉜다. 유동자산은 1년 이내에 환급할 수 있는 자산 또는 전매를 목적으로 소유하고 있는 자산이다. 현금및현금성자산, 단기예금, 단기대여금, 매출채권, 미수금, 재고자산, 기타유동자산, 매각예정유동자산 등이 여기에 속한다.

비유동자산의 종류에는 유형자산, 무형자산, 보증금, 이연법인세자산, 기타비유동금융자산 등이 있다. 먼저 유동자산을 살펴보자.

## 유동자산의 종류

| | |
|---|---|
| 당좌자산 | 재고자산을 제외한 자산으로 제조나 판매의 과정을 거치지 않고 현금화 되는 자산 |
| 현금및 현금성자산 | 동전, 지폐, 보통예금 등 일반적으로 3개월 이내에 만기가 도래하는 자산 |
| 단기대여금 | 대여금 가운데 결산일을 기점으로 계산했을 때 1년 이내에 입금이 도래 하는 자산 |
| 매출채권 | 회사가 제공한 재화 또는 용역에 대한 대가를 지급하겠다는 고객의 약 속이며, 통상적으로 30~90일 이내에 회수가 가능한 수취채권의 자산 |
| 미수금 | 일반적으로 판매대상인 상품이나 제품 이외의 자산을 매각했을 경우 그 대금 중 현재 받지 못한 금액 |
| 재고자산 | 정상적인 기업활동 과정에서 판매하기 위해 보유하는 자산이나 판매를 목적으로 제조과정 중에 있는 자산 |
| 기타유동자산 | 미수수익, 선급금, 선급비용 |
| 매각예정 유동자산 | 현재 사용이 중단되었고, 매각에 적극적으로 임하면 1년 이내에 매각이 이루어질 것이 확실한 자산 |

현금및현금성자산의 종류에는 CD(양도성예금증서), CMA, 단기채권 등이 해당된다. 매출채권은 회사가 고객에게 상품대금을 외상으로 무이자 제공한 단기간의 신용공여다.

재고자산은 일반적으로 상품, 제품, 재공품, 원재료 등으로 구분한다. 판매나 제조 목적 이외의 목적으로 보유하고 있는 것은 재고자산으로 처리하면 안 된다. 따라서 매매 목적으로 소유하고 있는 토지, 건물 등은 재고자산에 속하나, 사업용 토지, 건물은 고정자산에 속한다.

기타유동자산에서 미수수익은 아직 현금수취 및 기록이 이루어지지 않는 수익을 말하며 수익발생이 계약상으로 확정되어 있으나, 그 회계연도에 현금으로 수입되지 않은 이익항목, 대여금이자 중 미수분, 임대료미수분, 사용미수분등이 여기에 해당된다.

선급금은 상품, 원재료 등이 매입을 위해 선지급한 금액을 말하며 계약금, 착수금을 이야기한다. 반대 개념은 선수금이다. 선급비용은 이미 비용으로서 지출이 완료되었지만, 당기의 비용으로는 인정할 수 없어서 차기로 이월시켜야 하는 비용이다. 선급보험료, 선급이자, 선급할인료 등이 있다.

정리하자면 유동자산은 1년 이내에 환급할 수 있는 자산 또는 전매를 목적으로 소유하고 있는 자산이다. 회사의 유동성, 환급성을 보는 데 중요한 항목이다.

다음으로 비유동자산을 알아보자.

### 비유동자산의 종류

| | |
|---|---|
| 유형자산 | 통상적으로 기업의 설비자산, 형체가 있는(눈에 보이는) 자산 |
| 무형자산 | 형체가 없지만(눈에 보이지 않지만) 가치가 있는 자산 |
| 이연법인세자산 | 당기말 미래에 경감될 법인세 부담액. 실현 가능성이 확실한 경우에만 자산으로 인식(예: 이월공제 가능한 세무상 결손금 및 세액공제/소득공제, 차감할 일시적 차이) |
| 기타비유동금융자산 | 매도 가능한 금융자산을 일컬음. 1년 이내에 현금화하기 어려운 금융자산 |

유형자산의 종류에는 토지, 건물, 기계장치, 비품 등이 있다. 무형자산의 종류에는 영업권, 특허권, 광업권, 저작권, 산업재산권 등이 있다.

이연법인세자산은 기업 회계상 손익인식 기준과 세무 회계상 과세소득

인정 기준의 차이로 인해 발생하게 되는데, 세법에 의한 법인세 비용이 기업 회계에 따른 법인세 비용보다 큰 경우 발생한다(세법상의 법인세 비용 > 기업 회계에 따른 법인세 비용).

기타비유동금융자산에는 보증금이나 장기성매출채권도 포함된다.

한마디로 비유동자산은 1년 이후에 현금화될 수 있는 자산이다. 비유동자산은 일시적으로 큰 비용이 들지만 그에 대한 수익은 오랜 기간 동안 창출되며, 대개 비용도 오랜 기간에 걸쳐 나누어진다. 대표적인 비유동자산으로는 부동산이 있다.

## 부채 = 유동부채 + 비유동부채

부채 역시 유동부채와 비유동부채로 나뉜다. 유동부채는 1년 이내에 지급되리라 기대되는 부채로 지급기한에 따라 부채가 분류된다. 비유동부채는 지급기한이 1년이 넘는 채무를 일컫는다.

먼저 유동부채를 살펴보자.

### 유동부채의 종류

| | |
|---|---|
| 매입채무 | 거래처와의 사이에 발생한 어음상의 채무. 미리 정한 기일까지 지급 약속한 부채 |
| 외상매입금 | 상거래에서 발생한 일시적 채무 |
| 예수금 | 회사가 거래처 및 임직원으로부터 임시 수령한 자금. 약속 이행 보증을 위해 금융기관에 일부 자금을 예치(예: 부가가치세, 근로소득원천징수세액, 4대보험 본인부담분). 기업은 자금 보관만 할 뿐 소유권은 없음 |
| 선수금 | 용역이나 상품의 대가로 분할해 받기로 했을 때 먼저 수영하는 금액. 비금융부채 |

| 미지급금 | 일반적 상거래 이외의 발생한 빚. 미지급비용을 제외함(예: 직원의 근로소득세. 법인세 미지급액, 거래처와의 광고료 및 판매수수료 미지급액 등) |
|---|---|
| 미지급비용 | 지속적으로 외부용역 제공 시 결산일 현재에 이미 제공된 용역에 대해 비용을 지급하지 않았을 때(예: 용역의 업무량에 따라 계산되는 미지급 전력사용료, 미지급 특허권 사용료, 시간에 의해 계산되는 미지급 보험료 등) |
| 선수수익 | 당기에 현금으로 받은 수익 중 차기에 속하는 수익. 장차 용역을 제공할 비금융부채 |

외상매입금은 기업이 사업에 필요한 상품이나 제품 구매 시 발생한 비용이다. 미지급금의 회수 방법은 가압류, 가처분 등으로 채무자 자산을 동결시킨다. 미지급비용과 미지급금의 차이는 지급해야 할 시기가 왔는지 오지 않았는지에 있다. 선수수익의 종류에는 선수임대료가 있다.

유동부채는 1년 이내에 갚아야 할 채무를 말한다. 정상영업주기 내에 결제할 것으로 예상되며, 주로 단기매매목적으로 보유하고 있다.

다음으로 비유동부채를 살펴보자.

### 비유동부채의 종류

| 장기차입금 | 타인으로부터 현금을 장기간 차입한 경우 발생한 장기지급 채무 |
|---|---|
| 장기미지급금 | 상품 등 재고자산 이외의 자산을 구입한 경우 발생한 장기지급 채무 |
| 퇴직급여부채 | 종업원이 퇴직할 때 지급할 퇴직금이나 퇴직 이후에 지급할 퇴직연금의 현재 가치 |
| 이연법인세부채 | 일시적 차이 등으로 인해 미래에 부담할 법인세효과 |
| 장기충당부채 | 지출 시기 또는 금액이 불확실한 부채. 일정한 요건을 충족해 부채로 인식한 추정부채 |

장기충당부채의 종류에는 품질보증에 따른 제품보증충당부채가 있다. 한마디로 비유동부채는 지급기한이 1년이 넘는 채무로, 장기간에 걸쳐 지급해야 할 빚이다.

## 자본 = 자산 – 부채

자산에서 부채를 차감한 순자산(자본)을 말하며, 자본의 종류에는 자본금, 자본잉여금, 이익잉여금, 기타포괄손익누계액, 기타자본항목, 지배기업지분 합계가 있다.

### 자본의 종류

| | |
|---|---|
| 자본금 | 발행주식수의 액면총액. 액면가 곱하기 발행주식수 |
| 자본잉여금 | 회사 영업이익 이외의 원천에서 발생하는 잉여금. 자본거래에 따른 재원을 원천으로 하는 잉여금 |
| 기타포괄손익누계액 | 일정기간 동안 소유주와의 자본거래를 제외한 모든 거래에서 인식한 자본의 변동액 |
| 이익잉여금 | 영업을 통한 손익거래에 의해서 발생한 잉여금 |
| 기타자본잉여금 | 주식발행초과금, 감자차익, 합병차익 이외의 자본잉여금 |
| 전환권대가 | 전환사채를 발행할 때 실제로 납입된 발행가액 |
| 신주인수권대가 | 전환권, 신주인수권이 행사되지 않고 상환이 이루어질 때 보장수익률 등에 의해 발행가액 중 초과하는 금액의 자본잉여금 |

자본금 계정에는 보통주 자본금, 우선주 자본금 등을 포함하여 기재한다. 자본잉여금의 종류에는 주식발행초과금, 감자차익이 있다. 주식발행초과금은 주식 발행시 액면을 초과한 금액이다. 유상증자 시 액면가보다 높은 금액으로 발행시 주식발행초과금이 발생한다. 감자차익은 자본금의

감소액보다 더 적은 돈을 주주에게 주면 발생되는 차익을 말한다. 자본을 감소시켰으나, 결손보존액보다 작을 경우에 감자차익이 발생한다. 반대로 액면가보다 높게 매입했을 때는 감자차손이 발생한다.

기타포괄손익누계액은 손익계산서에서 당기순이익에 기타포괄손이익을 가감해 산출한 포괄손익을 말한다. 내용은 주석으로 기재하며, 항목에는 매도가능증권평가손익, 해외사업환산손익, 현금흐름위험회피 파생상품평가손익, 재평가잉여금 계정과목이 있다.

이익잉여금에서 이익에 대한 처분 항목에는 이익준비금, 임의적립금의 사내유보 항목과 배당금, 임원상여금 등의 사외유출 항목이 있다. 기타 자본잉여금 종류에는 자산수증이익, 채무면제이익, 자기주식처분이익, 전환권대가, 신주인수권대가 등이 있다.

전환권대가에서 사채의 액면가액과 총이자액을 적정이자율로 할인한 현재 가치를 초과할 때는, 그 초과액을 전환사채에 부여되어 있는 전환권의 독립된 가액으로 평가한다. 이러한 전환권의 독립된 가액은 자본거래에서 발생한 납입자본금의 초과액으로 간주할 수 있기 때문에, 전환권 대기과목으로 하여 자본잉여금으로 계상한다.

신주인수권대가는 현재 가치를 초과하는 금액을 자본잉여금으로 계상하지 않고 신주인수권대가의 과목으로 해서 자본조정으로 자본총액에 가산하는 형식으로 기재한다.

정리하자면 자본은 모든 자산에서 부채를 차감한 잔여지분이다. 회사의 주주가 투자한 돈이거나 주주에게 배정될 예정의 금액을 말한다. 자산은 부채와 자본의 합이다. 시점을 통해서 자산이 늘게 된 이유가 무엇인지를 파악할 수 있다. 또 자산의 상태를 살펴 회사의 경영방침을 잡을 수 있다.

# 재무 상태표 읽기

재무상태표

재무상태표

| 제23기 | 2020.12.31 현재 |
| 제22기 | 2019.12.31 현재 |
| 제21기 | 2018.12.31 현재 |

(단위: 원)

| | 제23기 | 제22기 | 제21기 |
|---|---|---|---|
| 자산 | | | |
| 유동자산 | 41,858,533,818 | 32,990,494,749 | 29,047,252,350 |
| 현금및현금성자산 | 17,859,598,028 | 4,689,304,753 | 12,869,565,466 |
| 단기금융상품 | 3,037,850,000 | 500,000,000 | 500,000,000 |
| 매출채권및기타채원 | 16,404,620,280 | 21,801,023,040 | 10,221,953,960 |
| 재고자산 | 3,327,664,726 | 3,887,749,605 | 1,753,597,068 |
| 당기법인세자산 | | | 297,180,184 |
| 기타금융자산 | 53,200,000 | 1,584,200,000 | 2,716,084,546 |
| 기타유동자산 | 1,175,600,784 | 528,217,351 | 688,871,126 |
| 비유동자산 | 37,140,764,692 | 32,564,074,449 | 33,947,569,271 |
| 장기금융상품 | 510,000,000 | 390,000,000 | 270,000,000 |
| 매도가능금융자산 | 169,241,783 | 125,406,802 | 126,527,152 |
| 이연법인세자산 | 2,432,951,042 | 1,111,515,870 | |
| 종속기업및관계기업투자 | 2,382,969,468 | 3,715,909,712 | 6,800,068,121 |
| 투자부동산 | 8,287,121,855 | 10,483,003,429 | 9,264,118,248 |
| 유형자산 | 14,861,056,859 | 11,376,047,367 | 11,017,913,481 |
| 무형자산 | 7,306,201,565 | 1,932,658,210 | 1,454,367,769 |
| 기타금융자산 | 1,191,222,120 | 3,429,533,059 | 5,014,574,500 |
| 자산총계 | 78,999,298,510 | 65,554,569,198 | 62,994,821,621 |

재무 상태표를 보자. 22기와 23기를 봤을 때 자산총계는 655억 원에서 789억 원으로 증가했다. 유동자산, 비유동자산이 각각 약 90억 원, 45억 원 증가했음을 알 수 있다.

세부적으로는 부채 약 70억 원, 자본 약 65억 원이 증가했다. 특히 현금 및현금성자산이 증가했으며, 매출채권 및 재고자산은 줄어들었다. 재고자

| 부채 | | | |
|---|---|---|---|
| 유동부채 | 24,234,063,079 | 17,151,074,698 | 20,698,817,036 |
| 　매입채무및기타채무 | 10,965,950,295 | 5,827,277,050 | 4,887,997,713 |
| 　단기차입금 | 12,290,000,000 | 9,517,246,352 | 15,203,760,000 |
| 　당기법인세부채 | 207,100,029 | 1,301,015,030 | |
| 　기타금융부채 | 746,271,896 | 432,611,448 | 601,124,945 |
| 　기타유동부채 | 24,740,859 | 72,924,818 | 5,934,378 |
| 비유동부채 | 109,321,194 | 115,321,194 | 281,363,192 |
| 　매입채무및기타채무 | 9,321,194 | 15,321,194 | 181,363,192 |
| 　기타금융부채 | 100,000,000 | 100,000,000 | 100,000,000 |
| 부채총계 | 24,343,384,273 | 17,266,395,892 | 20,980,180,228 |
| 자본 | | | |
| 　납입자본 | 6,027,767,500 | 6,027,767,500 | 6,027,767,500 |
| 　자본금 | 6,027,767,500 | 6,027,767,500 | 6,027,767,500 |
| 기타불입자본 | 34,563,300,201 | 34,705,753,877 | 34,734,108,005 |
| 이익잉여금(결손금) | 14,030,655,250 | 7,554,651,929 | 1,256,010,538 |
| 기타자본구성요소 | 34,191,286 | | (3,244,650) |
| 자본총계 | 54,655,914,237 | 48,288,173,306 | 42,014,641,393 |
| 자본과부채총계 | 78,999,298,510 | 65,554,569,198 | 62,994,821,621 |

산이 매출로 연결되고, 매출채권의 회수가 이루어지면서 현금및현금성자산이 늘어났음을 알 수 있다. 이 밖에 유형자산과 무형자산 투자 또는 재평가로 인해 가치가 늘어났다.

　부채 부문에서는 매입채무, 단기차입금이 늘어났으며, 비유동부채의 변화는 거의 없다. 자본 부문에서는 이익잉여금이 22기 대비해서 100% 가까이 증가해 자본이 늘어나는 데 기여했음을 알 수 있다.

# 손익계산서

손익계산서는 일정기간 동안 발생한 수익과 비용을 기록해 당해 기간 동안 얼마나 손익을 보았는지 경영성과를 보여주는 지표다. 손익계산서는 다음의 항목으로 구성된다.

### 손익계산서의 종류

| | |
|---|---|
| 매출액 | 기업의 주요 영업활동 또는 경상활동으로부터 얻은 수익 |
| 매출원가 | 기업의 영업활동에서 매출액을 올리는 데 필요한 비용 |
| 매출총이익 | 매출액에서 매출원가를 차감한 금액 |
| 판매비와 관리비 | 기업의 판매와 관리, 유지에서 발생하는 비용. 판관비 |
| 영업이익 | 매출액에서 매출원가와 판관비를 빼고 얻은 이익. 순수하게 영업을 통해 얻은 이익 |
| 영업외수익 | 이자수익, 배당금수익, 임대료, 단기투자자산처분이익, 외환차익, 지분법이익, 유형자산처분이익, 사채상환이익 등 |
| 영업외비용 | 사채이자, 지급이자, 할인료, 연구개발비 상각, 창업비 상각, 유가증권 처분손실, 유가증권 평가손실, 투자자산 평가손실, 매출할인, 외환차손 등 |
| 특별손익 | 영업외비용과 영업외이익 중 특별하게 액수가 많다거나 갑자기 발생한 손익 |
| 기타수익 | 본원적인 영업활동에서 생긴 수익이 아니거나 금액이 낮아 일괄해서 하나의 항목으로 표시하는 수익 |
| 금융수익 | 채권이나 예적금 또는 기타 이자, 배당소득 |
| 금융비용 | 채권이나 예적금 또는 기타 이자비용 |
| 계속영업이익 | 계속적인 사업활동과 그와 관련된 부수적인 활동에서 발생하는 손익 |
| 중단영업이익 | 회사가 일부 사업 또는 영업을 중단하는 경우 중단된 사업으로 인한 손익 |
| 당기순이익 | 법인세를 차감한 당기에 벌어들인 순이익 |

매출액은 상품 등의 판매 또는 용역의 제공으로 실현된 금액을 말한다. 매출원가는 매출액에 대응하는 상품 및 제품 등의 매입원가 또는 제조원가를 말하며, 영업비용의 대부분을 차지한다.

판매비와 관리비(판관비)는 급여와 복리후생비, 임차료, 접대비, 감가상각비, 광고선전비 등이 포함된다. 또한 외상매출금, 받을 어음, 미수금 등 회수가 불가능한 채권을 비용으로 처리하는 대손상각비와 인원감축, 부서통폐합 등 기업구조조정 결과도 반영한다.

특별손익은 갑자기 홍수가 나서 공장이 물에 잠겨서 손실을 봤다거나, 회사 소유의 부동산을 매각해서 갑자기 돈이 들어오는 경우, 즉 정상적인 기업활동과 무관하게 발생하는 수익을 말한다.

계속영업이익은 중단사업손익에 해당하지 않는 모든 손익을 말한다. 중단영업이익은 폐업, 축소, 매각 등을 했을 경우 중단된 사업으로 인한 손익을 말한다.

### 이것만은 꼭!

- 매출액 – 매출원가 = 매출총이익
- 매출총이익 – 판관비 = 영업이익
- 영업이익 + 금융수익 – 금융비용 + 종속기업투자처분이익 + 기타영업외수익 – 기타영업외비용 = 법인세비용차감전순이익
- 법인세비용차감전순이익 – 법인세비용 = 계속영업이익
- 계속영업이익 – 중단영업이익 = 당기순이익
- 당기순이익 – 비지배지분 + 기타포괄손익(매도가능증권평가손익, 해외사업환산손익, 현금흐름위험회피 파생상품평가손익, 재평가잉여금) = 총포괄손익

한마디로 손익계산서는 회계기간 동안의 경영성과를 나타낼 뿐만 아니라 기업의 미래 현금흐름과 수익창출능력 등을 예측할 수 있는 유용한 정보가 되며 기업의 가치평가를 할 수 있다.

## 손익계산서 읽기

### 포괄손익계산서

제23기  2020.01.01 부터 2020.12.31 까지
제22기  2019.01.01 부터 2019.12.31 까지
제21기  2018.01.01 부터 2018.12.31 까지

(단위: 원)

| | 제23기 | 제22기 | 제21기 |
|---|---|---|---|
| 매출액 | 47,591,730,670 | 53,246,868,313 | 34,484,982,913 |
| 매출원가 | 25,107,418,597 | 30,012,236,790 | 20,123,195,941 |
| 매출총이익 | 22,484,312,073 | 23,234,631,523 | 14,361,786,972 |
| 판매비 | 7,615,930,445 | 7,390,541,909 | 4,250,625,225 |
| 관리비 | 3,695,883,194 | 3,193,094,725 | 5,176,532,432 |
| 연구개발비 | 2,337,760,774 | 2,248,153,089 | 1,883,854,707 |
| 영업이익(손실) | 8,834,737,660 | 10,402,841,800 | 3,050,774,608 |
| 금융수익 | 414,361,212 | 911,885,491 | 1,242,057,904 |
| 금융원가 | 244,668,663 | 455,044,442 | 516,272,696 |
| 종속기업및관계기업투자처분이익(손실) | | | 294,000 |
| 종속기업및관계기업투자손상차손 | 1,332,940,244 | 7,490,170,689 | 3,036,003,437 |
| 기타영업외수익 | 1,796,359,651 | 6,211,527,023 | 2,277,290,619 |
| 기타영업외비용 | 3,551,898,171 | 3,120,644,703 | 780,333,485 |
| 법인세비용차감전순이익(손실) | 5,915,951,445 | 6,460,394,480 | 2,237,777,513 |
| 법인세비용 | (560,051,876) | 161,753,089 | 148,439,033 |
| 계속영업이익(손실) | 6,476,003,321 | 6,298,641,391 | 2,089,338,480 |
| 중단영업이익(손실) | | | |
| 당기순이익(손실) | 6,476,003,321 | 6,298,641,391 | 2,089,338,480 |
| 기타포괄손익 | 34,191,286 | 3,244,650 | (1,229,068) |
| 후속적으로당기손익으로 재분류될 수 있는 항목 | 34,191,286 | 3,244,650 | (1,229,068) |
| 매도가능금융자산평가손익 | 34,191,286 | 3,244,650 | (1,229,068) |
| 총포괄손익 | 6,510,194,607 | 6,301,886,041 | 2,088,109,412 |

손익계산서를 살펴보자. 22기와 23기를 봤을 때 매출액은 532억 원에서 475억 원으로 줄어들었다. 줄어든 요인에 대해서는 주석 또는 주식 담당

자를 통해 원인을 분석해야 한다.

매출액은 줄어들었음에도 불구하고, 판관비는 전기 대비 약 8억 원이 증가했다. 이는 인건비, 마케팅비, 감가상각비 증가 등 공격적인 예산 집행과 물가 상승으로 인한 증가가 주요 원인으로 보인다.

영업이익은 전기 대비 16억 원이 감소했다. 기타영업외수익은 62억 원에서 18억 원이 감소했다. 기타영업외수익 부분도 주석 또는 주식 담당자를 통해 원인을 분석해야 한다.

당기순이익은 오히려 약 2억 원이 증가했다. 법인세 비용 부분에서 환급 받은 것이 당기순이익을 증가시킨 요인으로 보인다.

## 현금흐름표

### 현금흐름(유입·유출) 정보 제공

현금흐름표는 기업 회계를 보고할 때 사용한다. 일정기간 기업의 현금 변동 사항에 대해서 확인할 수 있다. 현금이 어떻게 조달되고 사용되는지 볼 수 있고, 유입과 유출을 표시함으로써 향후 발생할 기업자금의 과부족현상을 미리 파악할 수 있다.

현금흐름표는 기업의 재무적 안정성과 유동성을 보는 데 매우 중요한 지표다. 현금흐름은 영업활동을 통한 현금흐름, 투자활동을 통한 현금흐름, 재무활동을 통한 현금흐름으로 나눌 수 있다. 현금흐름을 보는 데 영업활동 현금흐름은 플러스(+), 투자활동 현금흐름은 마이너스(-), 재무활동 현금흐름은 마이너스(-)가 좋다.

## 영업활동 현금흐름

영업으로부터 창출된 현금흐름, 이자수취, 배당금수취, 이자지급, 법인세 납부 등이 있다. 영업활동 현금흐름은 현금창출력을 판단할 때, 영업이익보다 영업현금흐름이 더 유용하다. 일반적으로 시장예측을 잘못해 재고자산이 늘어나거나 결제조건이 악화되어서 매출채권이 증가하는 등 운전자금 부담이 늘어날 경우 영업활동 현금흐름의 마이너스 요인이 된다.

영업활동의 현금흐름 표시에는 직접법과 간접법이 있다. 직접법은 현금유입액을 원천별로 직접 표시하고, 현금유출액도 용도별로 직접 표시한다. 반면 간접법은 손익계산서의 당기순이익 항목에서 시작해서 실제 현금의 유입과 유출을 가감하는 방식으로 쓰인다. 많은 기업들이 간접법을 채택하고 있다.

## 투자활동 현금흐름

종속기업의 처분으로 인한 순증감, 단기예금의 순증감, 단기대여금의 감소/증가, 장기대여금의 감소/증가, 유형자산의 처분/취득, 무형자산의 처분/취득, 종속기업 투자주식의 증가, 매도가능금융자산의 처분, 관계기업투자 주식의 처분, 임차보증금의 감소/증가 등이 있다.

대표적인 투자활동으로는 공장 신설, 기계장치 구입 등이 있다. 또한 금융상품이나 주식에 투자하는 활동도 포함된다. 통상적으로 기업은 미래의 성장을 위해 투자하기 때문에 투자활동의 현금흐름은 일반적으로 음수값을 가진다. 따라서 음수값을 가지면 투자가 활발히 이루어지는 것이고, 양수값을 가지면 더 이상의 성장이 어려운 것으로 보고 투자한 자산을 처분한다.

사업초기 기업은 투자활동에 적극적이기 때문에 음수값이고 액수도 크다. 성장기업의 경우 여전히 미래의 더 큰 수익을 위해 투자활동을 하므로 음수값을 가진다. 성숙단계에 들어서게 되면 투자를 확대하고, 수익이 증가하지 않기 때문에 투자활동이 줄어든다. 마지막으로 쇠퇴기업은 투자활동을 멈추고 투자자산을 처분하기 시작하기 때문에 양수값을 보인다.

## 재무활동 현금흐름

단기차입금 증가/상환, 신주인수권부사채 상환, 장기차입금 증가/상환, 주식매수선택권행사, 임대보증금 감소/증가, 자기주식의 처분, 배당금의 지급 등이 있다.

재무활동을 사업을 위한 자금조달, 혹은 사업의 결과로 창출한 수익을 배분하는 활동, 자금조달 액수가 자금배분 액수보다 큰 경우 재무활동 현금흐름은 양수값을 가지게 된다. 양수값일 경우는 자금이 지속적으로 필요한 기업이고, 음수값일 경우 필요하지 않은 기업이다.

통상적으로 기업은 미래의 성장을 위해 투자하는 속성이 있다. 투자에 필요한 자금 수요가 존재한다. 그런데 투자에 필요한 자금은 영업활동으로부터 조달할 수 있고, 외부로부터 목돈을 한꺼번에 조달할 수 있다. 이때 영업활동으로 인한 현금유입액보다 일시적으로 투자에 소요될 자금이 더 크다면 외부로부터 자금을 조달하게 되고 영업활동 현금액이 투자에 소요될 자금보다 크다면 주로 부채상환에 사용하게 된다.

산업의 성장단계에서 도입기에는 주로 자금을 조달해야 하므로 재무활동 현금흐름이 양수값을 가진다. 성장기 단계 역시 사업자금이 필요하므로 양수값을 가진다. 두 성장단계의 영업활동 현금유입액보다 투자활동 현금유출액이 크기 때문에 재무활동 현금흐름이 양수값을 가진다.

반면 기업이 성장단계를 지나 성숙기에 접어들며 사업을 확장할 분야가 줄어들면서 자연스럽게 사업의 결과를 주주나 채권자에게 환원하게 된다. 이에 따라 재무활동 현금흐름이 음수값을 가진다. 쇠퇴기 기업의 경우 역시 재무활동 현금흐름은 음수값을 가진다. 성숙기와 쇠퇴기의 기업인 경우 공통적으로 영업활동 현금유입액이 투자활동 현금유출액보다 크기 때문에 재무활동 현금흐름이 음수값을 가진다.

### 🚩 이것만은 꼭!

- 영업활동 현금흐름 +, 투자활동 현금흐름 −, 재무활동 현금흐름 → 매우 좋음

- 우량기업(영업 +, 투자 −, 재무 −)

- 성장기업(영업 +, 투자 −, 재무 +)

- 재활노력기업(영업 −, 투자 −, 재무 +)

- 위험기업(영업 −, 투자 +, 재무 +)

# 현금흐름표 읽기

## 현금흐름표

제23기  2020.01.01 부터 2020.12.31 까지
제22기  2019.01.01 부터 2019.12.31 까지
제21기  2018.01.01 부터 2018.12.31 까지

(단위: 원)

| | 제23기 | 제22기 | 제21기 |
|---|---|---|---|
| 영업활동현금흐름 | 16,822,899,198 | (465,534,936) | |
| 영업활동에서 창출된 현금흐름 | 18,899,228,705 | (657,945,469) | 4,067,736,011 |
| 이자수취 | 75,440,936 | 361,718,566 | 408,052,868 |
| 이자지급 | (286,828,451) | (494,234,288) | (505,197,364) |
| 법인세납부(환급) | (1,864,941,992) | 324,926,255 | (3,375,612,009) |
| 투자활동현금흐름 | (8,541,587,132) | (2,322,104,841) | 417,600,511 |
| 단기금융상품의 처분 | | | 3,084,417,920 |
| 매도가능금융자산의 처분 | | 1,172,026 | 1,000,000 |
| 단기대여금의 회수 | 68,800,000 | 150,450,000 | 76,900,000 |
| 장기대여금의 회수 | 10,400,000 | 3,255,377,986 | 941,866,762 |
| 종속기업및관계기업 투자주식의 처분 | | | 294,000 |
| 유형자산의 처분 | 17,909,091 | | 900,000 |
| 무형자산의 처분 | | | 120,000,000 |
| 임대보증금의 증가 | | | 100,000,000 |
| 장기보증금의 감소 | 60,000,000 | 39,100,000 | |
| 단기금융상품의 취득 | (2,466,240,000) | | |
| 장기금융상품의 취득 | (120,000,000) | (120,000,000) | (120,000,000) |
| 매도가능금융자산의 취득 | | | |
| 단기대여금의 증가 | | (18,000,000) | (110,362,020) |
| 장기대여금의 증가 | (1,970,000,000) | (3,427,000,000) | (2,885,600,000) |
| 투자부동산의 취득 | | (62,692,827) | |
| 유형자산의 취득 | (2,118,561,410) | (321,611,319) | (302,826,941) |
| 무형자산의 취득 | (1,788,597,193) | (1,326,200,707) | (152,494,710) |
| 장기보증금의 증가 | (145,297,620) | (482,700,000) | (336,494,500) |
| 임대보증금의 감소 | (90,000,000) | (10,000,000) | |

영업활동 현금흐름을 보자. -4억 6천만 원에서 168억 원으로 증가했다. 증가한 주요 원인은 영업활동에서 창출된 현금흐름이 대부분이다. 재고자산 감소 및 매출채권 감소로 인한 현금 유입이 주원인으로 보인다.

투자활동 현금흐름은 85억 원으로 전기 대비 62억 원 증가했다. 단기 금융상품 투자로 인한 취득 및 유형자산 투자증가 폭이 크다. 건물, 기계

| | | | |
|---|---|---|---|
| 재무활동현금흐름 | 4,339,922,578 | (5,406,302,465) | 2,251,038,896 |
| 단기차입금의 증가 | 4,790,000,000 | | 1,709,960,000 |
| 정부보조금의 수취 | 1,583,442,000 | 425,814,000 | 545,000,000 |
| 단기차입금의 상환 | (2,017,246,352) | (1,311,437,659) | |
| 장기차입금의 상환 | | (4,500,000,000) | |
| 정부보조금의 상환 | (16,273,070) | (20,678,806) | (3,921,104) |
| 환율변동효과 반영 전 현금및현금성자산의 순증가(감소) | 12,621,234,644 | (8,193,942,242) | 3,263,618,913 |
| 현금및현금성자산에 대한 환율변동효과 | 502,451,778 | 13,681,529 | 18,215,612 |
| 합병으로 인한 현금의 증가(감소) | 46,606,853 | | |
| 현금및현금성자산의 순증가(감소) | 13,170,293,275 | (8,180,260,713) | 3,281,834,525 |
| 기초현금및현금성자산 | 4,689,304,753 | 12,869,565,466 | 9,587,730,941 |
| 기말현금및현금성자산 | 17,859,598,028 | 4,689,304,753 | 12,869,565,466 |

설비에 투자했을 가능성이 높으며, 유동성이 있는 단기금융상품을 취득한 것으로 판단된다.

재무활동 현금흐름은 43억 원으로 증가했고, 차입금이 증가했다. 정부에서 보조금을 수취했음을 판단할 수 있다. 그리고 환율 변동으로 인해 외화자산 가치가 증가했다.

## 자본변동표

자본 구성 항목별 변동 정보 제공

자본변동표는 기업의 자본금 변동 내역을 표시한 것으로, 구체적으로 자본금, 자본잉여금, 자본조정, 기타포괄손익누계액, 이익잉여금의 변동을 알 수 있는 재무제표다. 자본금 계정은 회사의 본질을 알 수 있는 중요한 계정으로, 자본변동표를 통해 보이지 않는 수익과 손실을 조금 더 용이하게 파악할 수 있다.

**자본금** 기업주가 설립하기 위한 사업의 초기자본을 말하며, 주식회사의 경우에는 출자자의 유한책임 원칙에 따르고 재산적인 기초를 확보하기 위해 기준이 되는 금액을 정한다. 상법에서는 회사의 자본은 발행주식의 액면총액으로 하고 있다. 자본금은 신주발행, 법정준비금의 자본으로 전입, 주식배당, 전환사채의 전환 등에 의해 증가하고 주식의 소각이나 병합 등으로 인한 주식수의 감소 등에 의해 줄어들기도 한다.

**자본잉여금** 주식발행 시의 액면초과한 금액, 자본감소의 경우 감소액이 반환액을 초과한 금액, 회사합병의 경우 소멸된 회사의 순자산액, 재평가적립금, 자본적 지출에 충당한 국고보조금 및 공사부담금, 보험차익, 자기주식처분이익을 말한다. 자본잉여금은 배당의 재원이 될 수 없으며 자본전입 및 결손금의 보전 이외의 목적으로 사용될 수 없다.

**이익잉여금** 기업의 영업활동으로 발생한 잉여금을 말한다. 기업이 한 해 동안 영업활동을 통해 창출한 일부 이익을 기업 내에 유보하게 되는데 이를 유보하는 장소가 이익잉여금이다. 이익잉여금이 많다는 것은 기업 내부에 자금을 유보했다는 것이며, 이익잉여금의 증가는 자산의 증가와 함께 선순환을 반복하게 되어 기업을 성장시킨다.

**자본조정** 당해 항목의 성격상 주주와의 거래(자본거래)에 해당하나 납입자본으로 처리되지 않는 임시적인 자본항목이다. 자본조정의 종류로는 주식선택권, 출자전환채무, 감자차손, 자기주식처분손실 등이 해당되며 이러한 자본조정은 재무 상태표에는 기타자본구성요소로 기재하고 세부항목은 주석으로 표시한다.

회사는 당기순이익이 많이 나와서 이익잉여금이 많아질수록 좋은 기업

이다. 당기순이익을 늘리려면 매출도 늘릴 것이고 매출원가나 판관비를
줄여서 영업이익을 많이 내는 구조로 가야 한다. 자본잉여금(유상증자·감자
차익)이 많은 기업은 조심해야 한다. 또한 자산재평가를 통해 자기자본을
뻥튀기하는 기업도 있으니 조심해야 한다.

## 자본변동표 읽기

**자본변동표**

제23기  2020.01.01 부디 2020.12.31 까지
제22기  2019.01.01 부터 2019.12.31 까지
제21기  2018.01.01 부터 2018.12.31 까지

(단위: 원)

| | | | 자본 | | | | |
|---|---|---|---|---|---|---|---|
| | | | 자본금 | 기타불입자본 | 이익잉여금(결손금) | 기타자본구성요소 | 자본 합계 |
| 2018.01.01(기초자본) | | | 6,027,767,500 | 34,734,108,005 | (833,327,942) | (2,015,582) | 39,926,531,981 |
| 자본의 변동 | 포괄손익 | 총포괄손익 | | | 2,089,338,480 | (1,229,068) | 2,088,109,412 |
| | | 당기순이익(손실) | | | 2,089,338,480 | | 2,089,338,480 |
| | | 매도가능금융자산의 평가에 따른 증가(감소) | | | | (1,229,068) | (1,229,068) |
| | 자본에 직접 반영된 소유주와의 거래 등 | 합병에 따른 자본의 증감 | | | | | |
| 2018.12.31(기말자본) | | | 6,027,767,500 | 34,734,108,005 | 1,256,010,538 | (3,244,650) | 42,014,641,393 |
| 2019.01.01(기초자본) | | | 6,027,767,500 | 34,734,108,005 | 1,256,010,538 | (3,244,650) | 42,014,641,393 |
| 자본의 변동 | 포괄손익 | 총포괄손익 | | | 6,298,641,391 | 3,244,650 | 6,301,886,041 |
| | | 당기순이익(손실) | | | 6,298,641,391 | | 6,298,641,391 |
| | | 매도가능금융자산의 평가에 따른 증가(감소) | | | | 3,244,650 | 3,244,650 |
| | 자본에 직접 반영된 소유주와의 거래 등 | 합병에 따른 자본의 증감 | | (28,354,128) | | | (28,354,128) |
| 2019.12.31(기말자본) | | | 6,027,767,500 | 34,705,753,877 | 7,554,651,929 | 0 | 48,288,173,306 |
| 2020.01.01(기초자본) | | | 6,027,767,500 | 34,705,753,877 | 7,554,651,929 | 0 | 48,288,173,306 |
| 자본의 변동 | 포괄손익 | 총포괄손익 | | | 6,476,003,321 | 34,191,286 | 6,510,194,607 |
| | | 당기순이익(손실) | | | 6,476,003,321 | 0 | 6,476,003,321 |
| | | 매도가능금융자산의 평가에 따른 증가(감소) | | | | 34,191,286 | 34,191,286 |
| | 자본에 직접 반영된 소유주와의 거래 등 | 합병에 따른 자본의 증감 | | (142,453,676) | | | (142,453,676) |
| 2020.12.31(기말자본) | | | 6,027,767,500 | 34,563,300,201 | 14,030,655,250 | 34,191,286 | 54,655,914,237 |

2018년 기초자본합계 420억 원에서 2020년 12월 기말자본합계는 546억
원으로 증가했다. 이를 보면 자본금은 변화가 없으며, 당기순이익 증가로
인해 이익잉여금이 증가한 부분이 자본합계의 증가로 이루어졌다.

## 가치평가도
## 궁금해요

사람의 가치평가는 연봉을 보는 경우가 많다. 연봉을 결정하는 요소에는 실적, 연구 및 프로젝트 완성 등 명시적으로 보이는 부분과 인성, 자질 등을 평가해 연봉이 결정된다. 사람들은 자신의 가치를 높이기 위해서 노력을 한다. 자격증을 취득한다거나 대학원 또는 MBA 진학하는 등 가치를 높이기 위해 투자하는 것이다.

기업의 가치를 평가할 때는 기업의 자산 및 수익을 통해 기업의 적정주가를 판단한다. 기업의 가치를 평가하는 지표들을 분석해서 현재 회사의 주가가 저평가인지 고평가인지 확인하고, 적정주가를 산출해 기업의 주식을 매수할지 매도할지 판단하는 데 가치평가(Valuation) 분석을 이용한다.

여기에서 앞서 공부했던 재무제표를 통해 회사 가치를 평가하는 방법을 배워보자. 과거의 재무제표를 통해 현재 시장가격과 밸류에이션을 확인하고 미래수익 추정을 통해 미래주가를 예측할 수 있는 눈을 키울 수 있을 것이다.

이번 챕터에서는 PER, PBR, EV/EBITDA 지표를 가지고 가치평가를 하는 방법에 대해서 배워보도록 하겠다.

# PER

주가수익비율, Price Earning Ratio

PER은 수익과 주가를 통해 가치를 평가하는 방법이다. 손익계산서에서 나오는 당기순이익을 발행주식수로 나누어 주당순이익(EPS)을 구하고 이를 주가에 나누면 PER를 구할 수 있다(PER=주가/주당순이익). PER은 '배(Multiple)'로 이야기한다.

예를 들어보자. ABC기업은 IT제조업을 영위하고 있다. 2018년 이 회사는 업황이 좋아 한 해 100억 원의 당기순이익을 실현했다. 현재 이 회사의 발행주식수는 1천만 주이고, 현재 주가는 1만 원에서 거래되고 있다. 현재 시점으로 이 회사의 주가수익비율은 얼마일까?

우선 주당순이익을 먼저 계산한다.

$$주당순이익 = 100억 원/1,000만 주 = 1,000원$$

이후 주가를 주당순이익으로 나누면 주가수익비율을 구할 수 있다.

$$PER = 10,000원/1,000원 = 10배$$

따라서 이 회사의 주가수익비율은 10이다. 다음 단계로 ABC기업의 주가수익비율 10배가 저평가인지 고평가인지 판단해보자.

## 주가수익비율 분석

현재 주가의 저평가/고평가 분석은 세 가지 방법으로 비교해볼 수 있다.

① 시장 PER   시장 PER은 코스피지수, 코스닥지수 PER을 일컫는다. 보통 코스피지수를 비교대상으로 시장 대비 해당 종목의 PER이 저평가인지 고평가인지를 판단한다.

② 업종 PER   업종 PER은 업종의 평균치 대비 해당 종목과 비교하는 것이다. 예를 들어 IT제조업이라 하면 IT제조업 업종 PER 대비 해당 종목의 PER이 저평가인지 고평가인지를 판단한다.

③ 과거 PER   과거 3년치 PER에 대해 평균치 PER을 구해, 현재 PER 대비 저평가인지 고평가인지를 판단하는 것이다.

ABC기업 정보를 통해 PER을 분석해보자.

### ABC기업 정보

| 발행주식수 | 현재 주가 | 당기 순이익 | PER (2018) | PER (2019) | PER (2020) | 산업 PER | 현재 PER |
|---|---|---|---|---|---|---|---|
| 1,000만 주 | 1만 원 | 100억 원 | 14 | 18 | 13 | 20 | 10 |

시장 PER = 12배, ABC기업 PER = 10배

업종 PER = 20배, ABC기업 PER = 10배

과거 PER = 14 + 18 + 13/3 = 15배, ABC기업 PER = 10배

현재 ABC기업은 시장·업종·과거 PER 대비 저평가되어 있다. 이는 주가가 올라갈 수 있는 가능성이 높다고 볼 수 있다. 시장 대비해서는 20%, 업종 대비해서는 2배, 과거 대비해서는 50%가 올라갈 수 있는 것이다.

이 기업은 업종과 과거 PER을 보고 추정하는 것이 바람직하다. 현재 IT 제조업 업종이 호황기와 성장성이 부각되면서 더 높은 프리미엄을 부여받아 시장 대비 60% 이상 높게 PER을 부여받으면서 시장의 주도주로 부각을 받고 있다고 볼 수 있다. 또한 이 회사는 과거에 PER을 높게 받았던 이력들이 있었기 때문에 과거의 PER이 동등한 위치를 부여받기 위해서는 평균 대비 50% 정도의 업사이드의 여력이 남았다고 판단할 수 있는 것이다.

그렇기 때문에 다른 변수들이 있지만 단순 PER을 보았을 때 현재 주가는 싸게 거래되고 있다고 판단한다.

## (F)PER와 = (E)PER

위 세 가지 방법 이외에 적정주가를 추정하는 중요한 예측방법 중에 회사는 미래의 수익 예측을 통해 미래수익을 반영했을 때 현재 주가가 저평가인지 고평가인지를 판단할 수 있다. 이것을 Forward PER 또는 Expected PER이라고 하며, (F)PER, (E)PER로 줄여서 기입한다. 예를 들어보겠다.

10월 1일 ABC기업은 3분기까지 누적 당기순이익 100억 원을 기록하고 있다. 이 회사가 최근 대기업에서 200억 원의 수주를 받으면서 4분기 실적이 증가했다. 4분기까지 누적 당기순이익 200억 원을 넘을 것으로 예측하고 있다. 현재 주가는 1만 원에서 거래되고 있으며, 전체 발행주식수는 1천만 주다. ABC기업의 업종 PER은 20배이며, 3년치 평균 과거 PER은 15배다. 2021년 당기순이익을 200억 원으로 추정했을 때, 현재 주가가 1만 원이라면 주가의 상승률은 어느 정도 남아 있을까?

3분기까지 당기순이익 100억 원으로 공시가 되어 있고, 10월 1일 기준 주가는 1만 원이다. 그렇다면 3분기까지 PER을 구할 수 있다.

$$주당순이익(EPS) = 당기순이익/발행주식수$$
$$= 100억\ 원/1,000만\ 주 = 1,000원$$
$$주가수익비율(PER) = 주가/주당순이익 = 10,000원/1,000원 = 10배$$

이를 봤을 때 3분기 실적까지도 주가는 싸게 거래되고 있다.

$$4분기\ 당기순이익 = 100억\ 원,\ 2021년\ 당기순이익$$
$$= 100억\ 원(3분기\ 누적) + 100억\ 원 = 200억\ 원$$
$$주당순이익(EPS) = 당기순이익/발행주식수 = 200억\ 원/1,000만\ 주 = 2,000원$$
$$주가수익비율(PER) = 주가/주당순이익 = 10,000원/2,000원 = 5배$$

이는 2021년 당기순이익 추정치로 ABC기업은 5배 수준에서 거래되고 있다. 즉 매우 저평가 메리트가 있다고 볼 수 있다. 과거 PER 대비했을 때

3배 이상 올라갈 수 있는 여지가 있는 것이다. 실적이 증가함으로 회사의 가치는 증가하는 것인데 현재 주가가 2021년 실적 대비 5배에서 거래되고 있는 것은 ABC기업의 투자 매력도가 높아지는 것이다.

## 실제 사례 분석하기

실제 사례를 바탕으로 가치평가를 해보자. 이때 다른 변수를 제외하고 PER로만 가치평가를 한다는 점에 유의하길 바란다.

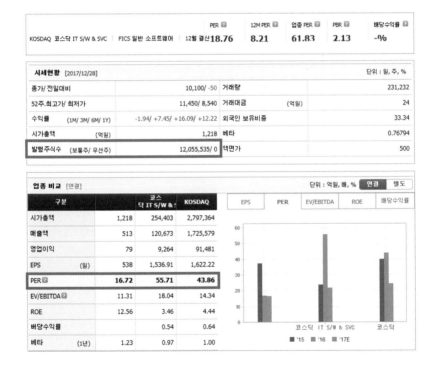

| KOSDAQ 코스닥 IT S/W & SVC | FICS 일반 소프트웨어 | 12월 결산 | PER ? 18.76 | 12M PER ? 8.21 | 업종 PER ? 61.83 | PBR ? 2.13 | 배당수익률 ? -% |
|---|---|---|---|---|---|---|---|

| 시세현황 [2017/12/28] | | | 단위 : 원, 주, % |
|---|---|---|---|
| 종가/전일대비 | 10,100/ -50 | 거래량 | 231,232 |
| 52주.최고가/ 최저가 | 11,450/ 8,540 | 거래대금 (억원) | 24 |
| 수익률 (1M/ 3M/ 6M/ 1Y) | -1.94/ +7.45/ +16.09/ +12.22 | 외국인 보유비중 | 33.34 |
| 시가총액 (억원) | 1,218 | 베타 | 0.76794 |
| 발행주식수 (보통주/ 우선주) | 12,055,535/ 0 | 액면가 | 500 |

업종 비교 [연결]  단위 : 억원, 배, %  연결  별도

| 구분 | | 코스닥 IT S/W & : | KOSDAQ |
|---|---|---|---|
| 시가총액 | | 1,218 | 254,403 | 2,797,364 |
| 매출액 | | 513 | 120,673 | 1,725,579 |
| 영업이익 | | 79 | 9,264 | 91,481 |
| EPS (원) | | 538 | 1,536.91 | 1,622.22 |
| PER ? | | 16.72 | 55.71 | 43.86 |
| EV/EBITDA ? | | 11.31 | 18.04 | 14.34 |
| ROE | | 12.56 | 3.46 | 4.44 |
| 배당수익률 | | | 0.54 | 0.64 |
| 베타 (1년) | | 1.23 | 0.97 | 1.00 |

EPS  PER  EV/EBITDA  ROE  배당수익률

코스닥 IT S/W & SVC    코스닥

■ '15  ■ '16  ■ '17E

| IFRS(연결) | Annual | | | |
|---|---|---|---|---|
| | 2014/12 | 2015/12 | 2016/12 | 2017/12(E) ? |
| 매출액 | 389 | 584 | 513 | 1,137 |
| 영업이익 | 13 | 88 | 79 | 98 |
| 당기순이익 | 15 | 44 | 65 | 73 |
| PER ? | 37.58 | 37.21 | 16.72 | 16.60 |

업종: 코스닥 IT S/W & SVC, 일반 소프트웨어

업종 PER = 61.83배

코스닥 PER = 43.86배

과거 PER = (37.58 + 37.21 + 16.72)/3 = 30.50배

2017년 추정치 대비 현재 PER = 10,100원/605원(EPS) = 16.70배

위 회사는 코스닥 PER, 업종 PER, 과거 PER 대비 저평가되어 있다. 코스닥이나 업종 PER이 높은 이유는 시가총액이 높은 기업들이 주가가 크게 올라가면서 지수와 업종지수가 올라갔기 때문이다. 과거 PER로 위 회사를 적정가치를 보는 것이 더 좋기 때문에 과거 PER 대비해서는 현재의 주가는 저평가되었다고 볼 수 있다.

단, 발행주식수의 변화가 없어야 한다. 만약 발행주식수가 증가하게 되면 주당순이익은 감소할 수 있기 때문이다. 유상증자 또는 전환사채의 전환 등 주식수가 변화하게 되면 주가의 하락 요인이 된다.

주식수가 변화했을 때 관련해서는 자금조달과 주가의 상관관계 챕터에서 자세히 알아보겠다.

- PER은 손익계산서를 통해 수익성 분석으로 적정가치를 구하는 것이다.
- 시장 PER, 업종 PER, 과거 PER을 바탕으로 기업의 현재 가격과 상대적 비교분석
  을 하는 것이다.
- 또한 미래 이익 추정치를 통해 미래 가치와 현재 가치의 괴리도를 통해서 저평가인
  지 고평가인지 분석하는 것이다.

# PBR

## 주가순자산비율, Price to Book Ratio

PBR은 주가를 주당순자산가치(BPS)로 나눈 비율로 주가와 1주당 순자산을 비교하는 가치다. 순자산이라 함은 자본금과 자본잉여금, 이익잉여금의 합계를 말한다. 즉 주가가 순자산에 비해 1주당 몇 배로 거래되고 있는지를 측정하는 지표다. 또한 회사 청산 시 주주가 배당받을 수 있는 자산의 가치를 의미한다. 따라서 PBR은 재무적인 내용을 보고 주가를 판단하는 척도다.

PBR이 1이라면 특정시점의 주가와 기업의 1주당 순자산이 같은 경우다. 이 수치가 낮으면 낮을수록 해당 기업의 자산가치가 증시에서 저평가되어 있다고 볼 수 있다. 다시 말해 PBR이 1 미만이면 청산가치에도 못 미친다는 뜻이다.

주당순자산가치(BPS)도 알아보자. 무형자산, 사외유출금(배당금·임원상여금) 등을 제외한 것을 순자산이라고 한다. 여기에서 발행주식수를 나누면

BPS를 구할 수 있다. BPS가 크면 클수록 기업 내용이 충실하다고 볼 수 있다. 특히 금융업종에서 BPS가 투자결정의 중심 지표가 되고 있다.

BPS를 증가하는 요인은 자본금, 자본잉여금, 이익잉여금이 늘어날 때다. 다시 말해 회사가 이익이 증가하고, 유상증자 또는 무상증자를 하며 순자산이 증가한다고 볼 수 있다.

BPS는 회사의 장기 성과의 추세 및 흐름을 파악할 수 있는 중요한 지표다. PBR과 BPS를 정리하면 다음과 같다.

$$BPS = 순자산/발행주식수$$
$$PBR = 주가/BPS$$

예를 들어보자. ABC기업은 IT제조업 회사다. 현재 회사의 자산은 총 100억 원이다. 그중 부채는 40억 원이다. 회사의 시가총액은 500억 원이며, 현재 주식은 1만 원에 거래되고 있다. 그렇다면 현재 ABC기업의 PBR은 얼마일까?

**ABC기업 정보**

| 자산 | 부채 | 시가총액 | 현재가 |
|---|---|---|---|
| 100억 원 | 40억 원 | 500억 원 | 10,000원 |

$$시가총액 = 발행주식수 \times 주가$$
$$500억 원 = 발행주식수(500만 주) \times 1,000원$$

$$자산 = 부채 + 자본(순자산)$$

$$100억\ 원 = 40억\ 원 + 자본(순자산)$$

$$순자산 = 60억\ 원(자본금 \cdot 자본잉여금 \cdot 이익잉여금의\ 합계)$$

$$주식당순자산(BPS) = 순자산/발행주식수$$

$$60억\ 원/500만\ 주 = 1,200원$$

$$주가순자산비율 = 주가/BPS = 10,000원/1,200원 = 8.3배$$

ABC기업의 PBR 8.3은 청산가치 대비 8배 이상에서 거래되고 있음을 뜻한다. 자산규모가 워낙 작기 때문에 PBR이 높게 나타나는 것이다.

## PBR 분석하기

PBR도 PER과 마찬가지다. 즉 비교해 시장 PBR, 업종 PBR, 과거 PBR을 바탕으로 상대적으로 고평가인지 저평가인지 확인할 수 있다. 주로 과거 PBR을 바탕으로 비교하고, 절대수치인 1을 상수로 두고 아래인지, 위인지를 판단해 가치를 보는 경우가 많다

① 과거 PBR(3년 기준) 과거 3년 동안 평균치 PBR을 구해, 현재 PBR 대비 저평가인지 고평가인지를 판단한다.

② PBR=1접근법 PBR을 '1'로 설정해 저평가인지 고평가인지를 판단한다.

③ 미래수익 추정치 미래 수익(이익잉여금)이 포함되기 때문에 추정치를 통해 PBR이 고평가인지 저평가인지를 판단한다.

ABC기업은 현재 PBR 0.5배에서 거래되고 있다. 2018년, 2019년, 2020년 PBR은 각각 1배, 1.2배, 0.8배에서 거래되었다. 이 회사는 가치는 어떻게 평가되었을까?

과거 PBR = 1 + 1.2+0.8/3 = 1배, 현재 PBR = 0.5배 → 저평가

PBR 1배 접근법, 현재 PBR = 0.5배 → 저평가

PBR로 판단했을 때 저평가되어 있다. 미래 수익 예측을 통해 PBR을 살펴보자.

ABC기업은 자본총계가 100억 원이다. 하지만 올해 당기순이익이 증가해서 이익잉여금이 100억 원이 증가하며 200억 원이 될 것으로 추정된다. 발행주식수는 500만 주이고, 현재 주가는 1만 원이며 과거 평균 PBR은 3배에서 거래되었다. 그렇다면 PBR 추정치는 얼마일까? 현재 저평가일까, 고평가일까?

BPS = 순자산/발행주식수 = 200억 원/500만 주 = 4,000원

PBR = 주가/BPS = 10,000원/4,000원 = 2.5배

PBR 추정치는 2.5배이며, 과거 평균 PBR 3배 대비 저평가되어 있다. 하지만 PBR=1 접근법에 비해서는 고평가되어 있다. 또 과거 PBR 대비 20% 상승률 여력이 남아 있다.

## 실제 사례 분석하기

실제 사례를 통해 PBR 분석을 해보자. 3분기 자본총계는 612억 원이다.

| | PER ? | 12M PER ? | 업종 PER ? | PBR ? | 배당수익률 ? |
|---|---|---|---|---|---|
| KOSDAQ 코스닥 제조 \| FICS 전자 장비 및 기기 \| 12월 결산 | 35.83 | 8.80 | 41.64 | 1.83 | -% |

**시세현황** [20■■/12/28]                                                                 단위 : 원, 주, %

| | | |
|---|---|---|
| 종가/ 전일대비 | 13,650/ +0 | 거래량 | 119,906 |
| 52주최고가/ 최저가 | 19,050/ 9,520 | 거래대금 (억원) | 16 |
| 수익률 (1M/ 3M/ 6M/ 1Y) | -2.85/ -15.22/ -4.55/ +28.17 | 외국인 보유비중 | 3.38 |
| 시가총액 (억원) | 1,083 | 베타 | 1.10013 |
| 발행주식수 (보통주/ 우선주) | 7,933,333/ 0 | 액면가 | 500 |

| IFRS(연결) | Annual | | | |
|---|---|---|---|---|
| | 20■■/12 | 20■■/12 | 20■■/12 | 20■■/12(E) ? |
| 매출액 | 1,057 | 913 | 1,085 | 1,440 |
| 영업이익 | 88 | -2 | 75 | 115 |
| 당기순이익 | 61 | -2 | 29 | 61 |
| 지배주주순이익 | 61 | -2 | 29 | 70 |
| 비지배주주순이익 | 0 | 0 | 0 | |
| 자산총계 | 881 | 1,018 | 1,535 | 1,607 |
| 부채총계 | 334 | 480 | 1,012 | 1,014 |
| 자본총계 | 547 | 538 | 523 | 594 |
| 지배주주지분 | 547 | 538 | 554 | 633 |
| 비지배주주지분 | 0 | 0 | -31 | -39 |
| 자본금 | 38 | 38 | 38 | 39 |
| BPS ? (원) | 7,321 | 7,191 | 7,472 | 8,149 |
| PBR ? | 1.14 | 1.62 | 1.43 | 1.67 |

① 현재 PBR(3분기)

BPS = 612억 원/7,933,333주 = 7,714원

PBR = 13,650원/7,714원 = 1.77배

② 과거 평균 PBR

1.14 + 1.62 + 1.43/3 = 1.40배,

③ 추정 PBR(E)

BPS = 594억 원/7,933,333주 = 7,487원

PBR = 13,650원/7,487원 = 1.82배

과거 평균 PBR 1.40배 대비 1.82배로 거래되고 있기 때문에 고평가되어 있다. PBR=1 접근법 대비해서 높은 PBR이기 때문에 고평가되어 있다. 추정치 관련해서는 이익잉여금이 줄어들면서 자본총계가 612억 원에서 594억 원으로 줄어들고, 현재 주가가 13,650원에서 거래되기 때문에 PBR은 1.8배로 3분기 대비 고평가되어 있다.

이것만은 꼭!

- PBR은 재무 상태표에서 순자산(자본) 항목으로 적정가치를 구하는 것이다. 수익성이 아닌 안정성 중심을 바탕으로 계산을 한다.
- PBR도 PER과 마찬가지로 시장 PBR, 업종 PBR, 과거 PBR을 바탕으로 기업의 현재 가격과 상대적 비교분석을 하는 것이다. PER은 순이익이 마이너스일 때 계산을 하기 어렵지만, PBR은 순이익이 마이너스일 때도 계산이 가능하다.
- 회사 청산 시 자주 활용하는 지표이기도 하다.

# EV/EBITDA

기업가치(EV)를 법인세, 이자, 감가상각비 차감 전 영업이익(EBITDA)으로 나눈 값

마지막 가치평가 방법으로 EV/EBITDA에 대해 알아보겠다. EV/EBIT-DA는 기업의 시장가치(Enterprise Value: EV)를 세전영업이익(Earnings Before Interest, Tax, Depreciation and Amortization: EBITDA)으로 나눈 값으로, 기업의 적정주가를 판단하는 데 사용된다.

만약 기업의 EV/EBITDA가 3배라고 하면 해당 기업을 현재 시장가격을 매수했을 때, 그 기업이 3년간 벌어들인 이익의 합이 투자원금과 같다는 뜻을 의미한다. 결국 투자원금을 회수하는 데 걸리는 기간을 나타내며, 이 수치가 낮다는 것은 기업의 주가가 낮으면서, 영업현금흐름이 좋다는 뜻이다.

EV와 EBITDA에 대해서 각각 알아보자. EV는 인수자가 기업에 지불해야 할 가치다. 즉 기업가치다. 시가총액에서 차입금을 더한 후 현금과 예금을 빼면 된다.

$$EV = 시가총액 + 순차입금(차입금 - 예금 - 현금)$$

EBITDA는 이자, 세금, 감가상각비, 무형자산 상각비 차감 전 이익을 말한다. EBIT를 영업이익이라고 일컫는데, 여기서 위 네 가지 항목을 차감 전으로 회귀하면 EBITDA다. 즉 위 네 가지 항목을 가산한 것이 EBIT-DA라고 보면 된다. 영업이익은 이자와 세금을 제한 것이 아니기 때문에 감가상각비만 더해주게 된다면 EBITDA를 구할 수 있다.

영업이익 판관비 항목에 감가상각비가 포함되는데, 판관비에서 감가상각비만 따로 제외해 더해주면 된다. 영업이익에서 감가상각비를 더하는 이유는 기업이 영업활동을 통해 벌어들이는 현금 창출능력을 강조하기 위해서다. 즉 수익성을 부각시키고자 EBITDA를 나타내는 것이다.

$$\text{EBITDA} = 영업이익 + 유무형자산상각비총액$$

예를 들어보자. ABC기업의 EV가 400억 원이고 EBITDA가 200억 원이라면 그 기업의 주된 영업활동으로부터 발생하는 현금흐름이 200억 원이므로 2년이면 그 기업의 가치가 된다. 다시 말해 2년이면 같은 회사를 한 개 만들 수 있는 것이다.

더 쉽게 말하면 회사의 가치를 나타내는 단순 지표라고 보면 된다. 똑같은 회사를 그 회사의 연간 수익으로 산다고 가정해볼 수 있겠다. 만일 그 수치가 'EBITDA=2'라고 가정하면 회사가 한 해 동안 벌어들이는 돈으로 자신의 회사를 사는 데 걸리는 시간은 2년이 걸린다는 뜻이다.

### EV와 EBITDA 계산하기

예를 들어보자. 상장기업인 ABC기업은 스마트폰 부품 제조업체로, 시가총액이 1천억 원이다. ABC기업은 DEF은행에 200억 원을 차입한 상태다. 그리고 예금은 100억 원을 예치하고 현금을 50억 원을 보유했다. 이 기업은 스마트폰 부품 매출 500억 원에서 각종 비용을 제외하고 200억 원의 이익이 났다. 그러나 이자비용, 법인세, 감가상각비를 공제하기 이전의 이익은 350억 원이었다. ABC기업의 EV/EBITDA는 얼마일까?

## ABC기업 정보

| 시가총액 | 차입금 | 예금 | 현금 | 매출액 | EBITDA |
|---|---|---|---|---|---|
| 1,000억 원 | 200억 원 | 100억 원 | 50억 원 | 500억 원 | 350억 원 |

$$EV = 시가총액 + 순차입금(차입금 - 예금 - 현금)$$

$$= 1,000억 원 + (200억 원 - 100억 원 - 50억 원) = 1,050억 원$$

$$EBITDA = 이자비용, 법인세, 감가상각비를 공제하기 이전의 이익 = 350억 원$$

$$EV/EBITDA = 1,050억 원/350억 원 = 3$$

한 해 동안 벌어들이는 돈으로 자신의 회사를 사는 데 3년이 걸린다는 계산이다.

EV/EBITDA는 낮을수록 좋다. 회사가 현금회수를 얼마나 빨리하는 지를 보는 절대적인 지표이기 때문에 상대적으로 비교하기보다는 수치 가 작을수록 좋은 것을 의미한다. 다만 과거 3년 동안 EV/EBITDA를 비교해서 과거보다 얼마나 더 빨리 회수하는지에 대해 추이를 판단하도록 하자.

### 이것만은 꼭!

- EV/EBITDA는 시장가치를 세전영업이익으로 나눈 것이다. '영업이익+감가상각비' 만 더해주면 EBITDA를 구할 수 있다.
- 상대적 비교분석보다는 절대적인 비교분석으로 많이 사용되며 EV/EBITDA가 낮을 수록 현금회수 시간이 빠르다고 해석할 수 있다.

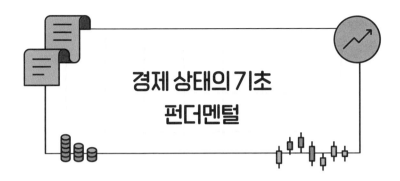

경제 상태의 기초
펀더멘털

펀더멘털(Fundamental)은 경제에서의 '기초체력'이다. 거시적인 의미에서는 한 나라의 경제성장률, 물가상승률, 실업률, 경상수지, 부채비율 등 지표를 보고 경제 상태가 어떤지 보는 것이다.

글로벌 신용평가사 무디스가 2021년 한국의 경제 성장률을 3.5%로 전망했다. 무디스는 5월 27일 발간한 세계 경제 전망 보고서에서 한국의 실질 국내총생산(GDP) 성장률을 3.5%로 지난 2월 전망치 3.1%에서 0.4%포인트 상향 조정했다.

2021년 한국의 성장률도 기존 2.8%에서 3.0%로 0.2%포인트 올렸다. "한국의 경제 반등은 전자 제품 · 반도체에 대한 강력한 수요에 따른 수출과 재정적 지원에 의해 지지가 된다." "또한 한국은행이 경제 회복을 이어가기 위해 완화적 통화정책을 유지할 것으로 기대한다."(2021년 상반기 기준)라고 밝혔다. 이어 "현재 나타나고 있는 코로나19의 재유행이 소비 회복을 짓누를 것"이라면서도 "백신 접종의 점진적 증가가 팬데믹(세계적 대유행)을 방지하고 전체 수요 회복을 촉진할 것"이라고 예상했다. 경제성장률 상승, 완만한 물가 상승률, 기업의 수출 환경 개선, 무역수지 흑자 등은 국내 경제의 기초체력이 튼튼하게 되고 있음을 이해할 수 있다.

기업에서의 펀더멘털은 재무가 얼마나 건강하고 튼튼한지를 나타내는 용어로서 재무 상태를 보여줄 수 있다. 주식시장에서 쓰이는 개별기업의 의미는 경제적 능력 가치, 잠재적 성장성을 의미한다.

예를 들어 "반도체 산업의 펀더멘털이 양호하다"는 말은 우리나라 증시를 이루는 반도체 기업들이 펀더멘털이 양호하다는 의미다. 다시 말해 반도체 업종에 포함되어 있는 주식들이 기본적으로 투자할 만한 매력, 즉 가치를 지니고 있다는 말이다.

2021~2022년 반도체 업종은 전기차, 자율주행, AI, IoT, 클라우드 등 4차산업의 성장성이 높아짐에 따라 메모리·비메모리 반도체 수요가 지속해서 증가할 것으로 예상한다. 즉 반도체 업종의 투자 매력도가 높아질 것이라 기대하고 있다. 이는 반도체 산업의 펀더멘털이 양호할 것임을 판단할 수 있는 대목이다.

## 펀더멘털을 판단하는 요소

안정성지표, 수익성지표, 성장성지표

그럼 펀더멘털을 판단하는 요소들에 대해서 파악해보자. 펀더멘털을 판단하는 지표는 세 가지다. ① 안정성지표, ② 수익성지표, ③ 성장성지표다. 이 지표들을 통해 기업의 매력과 가치를 판단해볼 수 있다.

지표들을 간단하게 설명하면 다음과 같다.


안정성지표  부채비율, 유동비율, 이자보상비율, 고정비율, 당좌비율, 현금
비율, 유보율, 매출채권회전률, 재고자산회전율 등
수익성지표  영업이익률(OPM), 자기자본이익률(ROE), 총자산수익률(ROA),
매출원가율 등
성장성지표  매출액증가율, 영업이익증가율, 순이익증가율, 총자산증가율 등


앞서 재무 상태표 용어를 정리했기에 따로 용어 설명은 없이, 각각의 지
표 내에 있는 항목을 설명하겠다.

## 안정성지표

| | | |
|---|---|---|
| 유동비율 | 유동자산/유동부채×100 | 높을수록 좋음<br>(보통 200% 이상 양호) |
| 당좌비율 | 유동자산-재고자산/유동부채×100 | 높을수록 좋음(100% 이상 양호) |
| 부채비율 | 부채총계/자기자본×100 | 낮을수록 좋음<br>(업종별 상이, 보통 100% 이하 양호) |
| 이자보상비율 | 영업이익/이자비용 | 높을수록 좋음 |
| 고정비율 | 고정자산/자기자본×100 | 낮을수록 좋음<br>(보통 100% 이하 양호) |
| 매출채권<br>회전률 | 매출액/<br>[(기초매출채권+기말매출채권)/2] | 높을수록 좋음<br>(보통 6배 이상 양호, 2배 이하 불량) |
| 매출채권<br>회전기간 | 365/매출채권회전율 | 낮을수록 좋음 |

| 재고자산<br>회전률 | 매출액/<br>[(기초재고액+기말재고액)/2] | 높을수록 좋음 |
|---|---|---|

※ 이자보상비율은 1배 이상이여야 되며 5배 이상이면 이자 지급이 충분하다.
※ 매출채권회전율에서 매출액 증가율보다 매출채권 증가율이 훨씬 크다면 분식회계 가능성이 있다.
※ 재고자산회전율은 높을수록 자본수익률이 높아지고, 매입채무, 재고손실 감소 및 보험료가 절약된다.

## 수익성지표

| ROE | 당기순이익/자기자본 | 높을수록 좋음(20% 이상 양호) |
|---|---|---|
| ROA | 당기순이익/총자산×100 | 높을수록 좋음(15% 이상 양호) |
| 매출액순이익률 | 순이익/매출액×100 | 높을수록 좋음 |
| 매출원가율 | 매출원가/매출액×100 | 낮을수록 좋음 |
| 영업이익률 | 영업이익/매출액×100 | 높을수록 좋음(20% 이상 양호) |

※ 매출원가율은 공장의 신예화, 생산공정의 간략화, 설비갱신 등으로 매출원가를 내려 수익성을 높일 수 있다.

## 성장성지표

| 매출액증가율 | 당기매출액/전기매출액×100 | 높을수록 좋음 |
|---|---|---|
| 영업이익증가율 | 당기영업이익/전기영업이익×100 | 높을수록 좋음 |
| 순이익증가율 | 당기순이익/전기순이익×100 | 높을수록 좋음 |
| 총자산증가율 | 당기말 총자산/전기말 총자산×100 | 높을수록 좋음 |

※ 매출액증가율에서 결산기말의 매출액의 급증은 분식 가능성이 있으니 주의해야 한다.
※ 영업이익증가율은 원가비중과 밀접히 연관되어 있다.
※ 순이익증가율은 특별 이벤트 또는 일회성 이벤트로 인해 변화가 나타날 수 있다.
※ 총자산증가율은 부채의 증가 유무 파악이 필요하다. 부채가 많이 증가하면 좋지 않다.

## 안정성지표 더 알아보기

안정성지표는 레버리지비율과 유동성비율, 두 가지로 나눌 수 있다. 먼저 레버리지비율을 알아보자. 부채비율, 이자보상비율, 고정비율이 있다.

부채비율은 수익성지표에서 보았던 자기자본 대비 부채의 비율로 레버리지를 확인할 수 있다. 부채, 자본 대비 부채가 얼마나 있는가의 여부인데, 경제상황에서의 적절한 수준의 부채는 수익을 낼 수 있는 좋은 효과를 볼 수 있다. 이를 레버리지 효과라고 하는데 여기서 중요한 것은 적정성이다. 가치투자의 대가였던 워런 버핏은 부채비율이 80% 이하인 기업이 장기적으로 우위에 있을 기업으로 평가했다.

이자보상비율은 기업의 영업활동으로 벌어들인 수익의 부채의 이자비용을 감당할 수 있는지 볼 수 있는 지표다. 만약 이자보상비율이 1이라면 이자 갚는 데 모두 사용했다고 볼 수 있다. 이 비율은 5배를 적정성으로 보고 있다. 즉 이자에 나가는 비용보다 영업이익이 500% 정도 높게 나타나야 적정한 것이다. 세부적으로 현금흐름과 함께 비교해야 한다. 회계상 영업이익에서 감가상각과 같은 직접적인 현금유출이 없는 것도 잡히기 때문이다.

고정비율은 비유동자산이 1년 이상 묶여 있는 자산을 칭하는데, 즉시 현금화가 어려운 자산들을 통칭해서 말한다. 이는 자본금이 비유동자산에 얼마나 묶여 있는지를 파악할 수 있다. 수치가 100%를 상회한다면 아무래도 묶인 돈이 많아서 위험관리가 어려워질 수도 있기 때문에 안정성지표로 묶인다. 다만 기간설비나 대규모 투자자금이 투입되는 사업체의 경우에는 자기자본만으로 기업의 운영이 어렵기 때문에 부채비율도 함께 봐야 한다.

유동성비율은 유동비율, 당좌비율, 현금비율이 있다. 유동비율은 비유동자산과 달리 유동자산은 1년 이내 현금화할 수 있는 자산들로서 단기 부채지급 능력을 파악하는 데 중요하다.

당좌비율은 유동비율과 함께 파악해야 할 지표다. 당좌자산이란 쉽게 말해 바로 현금화할 수 있는 자산이다. 유동자산과 다른 점은 따로 팔거나 내놓을 필요 없이 지니고 있는 현금 정도로 파악한다. 단기 부채상환 능력을 볼 때 유동비율과 함께 점검한다.

현금및현금성자산비율은 현금의 환급성을 체크하는 지표다. 현금비율이 뛰어난 기업이라면 안정성 측면에서 매우 우수하다. 다만 쌓아둔 돈으로 재투자가 이루어지지 않는다면, 성장성의 측면에서 고려해야 할 것이다.

$$(당좌자산 - 매출채권)/유동부채 \times 100$$

## 펀더멘털 분석

### 펀더멘털 사례로 경제 상태 점검하기

증권사 HTS(Home Trading System)에서 기업분석 내용에 재무비율 분석 창을 보면 자료가 다 제시되어 있다. 모두 계산이 되어 있기 때문에 수치를 보고 기업의 펀더멘털을 점검해볼 수 있다.

삼성전자의 2016년 1분기 지표를 예로 들어 점검해보자.

| 재무비율 [누적] | | | | | 단위 : %, 억원 |
|---|---|---|---|---|---|
| IFRS(연결) | 2013/12 | 2014/12 | 2015/12 | 2016/12 | 2017/09 |
| **안정성비율** | | | | | |
| 유동비율 ❓ ➕ | 215.8 | 221.4 | 247.1 | 258.5 | 219.6 |
| 부채비율 ❓ ➕ | 42.7 | 37.1 | 35.3 | 35.9 | 40.8 |
| 유보율 ❓ ➕ | 16,809.6 | 18,909.3 | 20,659.5 | 21,757.6 | 23,266.6 |
| 순차입금비율 ❓ ➕ | N/A | N/A | N/A | N/A | N/A |
| 이자보상배율 ❓ ➕ | 72.2 | 42.2 | 34.0 | 49.7 | 81.8 |
| 자기자본비율 ❓ ➕ | 70.1 | 73.0 | 73.9 | 73.6 | 71.0 |
| **성장성비율** | | | | | |
| 매출액증가율 ❓ ➕ | 13.7 | -9.8 | -2.7 | 0.6 | 16.9 |
| 판매비와관리비증가율 ❓ ➕ | 19.4 | -2.4 | -4.1 | 3.1 | 6.2 |
| 영업이익증가율 ❓ ➕ | 26.6 | -32.0 | 5.6 | 10.7 | 92.3 |
| EBITDA증가율 ❓ ➕ | 19.2 | -19.1 | 9.9 | 5.5 | 52.8 |
| EPS증가율 ❓ ➕ | 28.6 | -22.6 | -19.0 | 24.5 | 102.3 |
| **수익성비율** | | | | | |
| 매출총이익율 ❓ ➕ | 39.8 | 37.8 | 38.5 | 40.4 | 46.1 |
| 세전계속사업이익률 ❓ ➕ | 16.8 | 13.5 | 12.9 | 15.2 | 22.8 |
| 영업이익률 ❓ ➕ | 16.1 | 12.1 | 13.2 | 14.5 | 22.2 |
| EBITDA마진율 ❓ ➕ | 23.3 | 20.9 | 23.6 | 24.8 | 31.4 |
| ROA ❓ ➕ | 15.4 | 10.5 | 8.1 | 9.0 | 14.3 |
| ROE ❓ ➕ | 22.8 | 15.1 | 11.2 | 12.5 | 20.1 |
| ROIC ❓ ➕ | 33.2 | 22.1 | 18.9 | 20.3 | 31.7 |

## 안정성지표

- 유동비율 = 258.1%

- 부채비율 = 35.3%

- 당좌비율 = 219.8% = $(1,265872 - 187,499)/490,495 \times 100$

- 이자보상비율 = 40.1배

- 매출채권회전율 = 1.9 = $49,782,252/(25,168,026 + 25,505,630)$

- 재고자산회전율 = 1.3 = $49,782,252/(18,811,794 + 18,749,882)$

- 고정비율 = 64% = $(114,652,620/178,326,186) \times 100$

## 수익성지표

- ROA = 8.7%

- ROE = 12.2%

- 매출액순이익률 = 10.5% = (52,528/497,823) × 100

- 매출원가율 = 61% = (303,739/497,823) × 100

- 영업이익률 = 13.4%

## 성장성지표

- 매출액 증가율 = 5.7%

- 영업이익 증가율 = 11.7%

- 순이익 증가율 = 13.6%

이를 바탕으로 삼성전자 지표를 해석하면 다음과 같다.

안전성지표에서 유동비율, 부채비율, 이자보상비율은 매우 양호하다. 다만 매출채권에 대한 현금화는 빠르지 못하다. 재고자산회전율도 적정 수준이다.

수익성지표에서 ROA, 영업이익률도 양호하다.

성장성지표에서 매출액증가율, 영업이익증가율 등 대부분의 성장성 지표들이 두 자릿수 이상 증가하고 있기 때문에 성장성도 좋다.

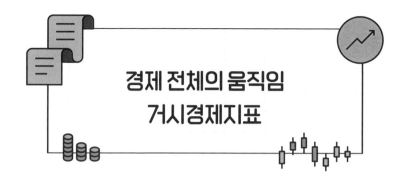

경제 전체의 움직임
거시경제지표

주식시장에 가장 크게 영향을 끼치는 요인은 거시경제다. 거시경제지표인 물가(원자재 가격), 환율, 금리, 유가의 변동이 기업 수익에 밀접하게 연관되기 때문이다. 2021년 5월 기준 우리나라 코스피 지수는 3,200포인트, 코스닥 지수는 980포인트에서 거래되고 있다. 코로나19 이후 유동성 정책 효과에 힘입어 거시경제 환경이 좋아지고 기업의 성장과 수익이 동시에 나타나면서 증시에 활기를 불어넣었다.

　지금부터 거시경제지표의 방향에 따라 주체별 손익과, 어느 업종이 수혜를 받는지 그리고 경제의 메커니즘에 대해서 살펴보기로 하자.

# 환율

환율은 해당 국가의 통화가치를 설명하는 데 매우 중요한 지표다. 환율의 변화를 통해서 주식, 외환시장의 가격이 밀접하게 변화한다. 자본의 국제 간 이동은 환율의 변동폭을 확대시키고 외환시장의 수익을 창출시킨다.

　환율은 실물경제와 금융시장의 상호 밀접하게 연관되어 있기 때문에 경제정책 당국은 여러 변수들을 확인해 환율의 방어판 역할을 한다. 다시 말해 1997년 외환위기(IMF) 발생, 2000~2007년까지 빠른 경기회복, 2008년 금융위기 이후 주가지수 급락, 2011년 세계경제불황, 2020년 코로나19 팬데믹 등 다양한 대내외 악재, 호재를 통해 국제간의 자금이동이 나타남에 따라 환율도 변동하게 된다. 특히 2008년 미국발 세계경제 위기로 글로벌 경제 환율전쟁이 더욱 가속화되었다. 경제적으로 대외의존도가 높은 국가는 자국통화가치가 상승함에 따라 수출에 타격을 입을 수밖에 없었다.

## 환율 변동으로 인한 주식시장 변화

먼저 환율이 상승할 때 주식시장이 어떻게 변화하는지 살펴보자.

　시장정점 시점에서의 환율 → 재고량 증가 → 외국인 투자이탈(달러수요 증가로 인한 환차익 니즈 부각) → 주가지수 하락 → 환율 상승 → 물가·금리 인상 → 경제성장률 둔화 → 주식 하락

**환율의 변화에 따른 외국인 투자변화(환차익/환차손)의 흐름**

| 환율 | 외국인 투자 변화 |
|---|---|
| 환율 상승→경기둔화/환차손 → 투자 하락 | 외국인 원화 환전 수요 증가, 주식시장 매수 유입 가능성 높아짐 |
| 환율 하락→경기회복/환차익 → 투자 상승 | 외국인 달러 수요 증가, 주식시장 매도 유발 가능성 높아짐 |

이렇듯 환율이 상승하면 주식시장은 하락한다. 그렇다면 환율이 하락하면 어떻게 될까?

높은 환율 → 수출 증가 및 수입 감소 → 수출기업 이익 증가 → 경상·무역수지 개선 → 주가·소득 상승 → 위험자산 투자 증가 → 자본이득·소비 증가 → 경기회복 → 경기상승에 대한 기대치 올라감 → 추가적으로 주가 상승

이렇게 환율이 하락하면 주식시장은 상승한다. 이런 이유로 환율이 상승하면 수출기업을 매수하고, 환율이 하락하면 수입기업을 매수하는 것이다.

## 환율 변화에 따른 주체별 특징

국가, 기업, 가계 등 주체별 환율의 변화에 따른 특징을 보자.

먼저 국가를 살펴보자. 환율 상승은 달러부채를 많이 갖고 있을수록 정부부채가 더 많아져서 타격을 받을 수 있다. 예를 들어 미국 경제 및 중국 경제 호황국면에서 일본 엔화강세를 수반하는 원화가치 하락은 대표적인 유리한 환율 변동이다. 호황국면에서는 시중의 통화가 넘치며 유통속도

가 활발히 이루어지기 때문에 가격경쟁력 측면에서 일본보다 우위를 점할 수 있다. 다시 말하면 엔화강세는 일본 제품 수출을 감소시키는 반면 한국 제품의 수출 증가를 가져오기 때문이다.

결과적으로 무역수지 흑자가 될 것이다. 반대로 환율이 하락하는 것은 국민경제의 펀더멘털이 악화될 수 있으므로 불리한 환율 하락이다. 그렇지만 비정상적으로 높이 올랐던 환율이 점진적으로 하락하는 것은 나쁘지 않다.

다음으로 기업을 살펴보자. 외화부채가 많은 상황에서 환율 상승은 기업의 부도 증가 및 자금시장 경색 현상을 초래한다. 자금시장이 경색되면 자금조달비용(이자)이 증가하고 외국인 주식 투자자 자금의 이탈과 함께 기업의 자산가치가 감속하는 최악의 경우가 발생할 수 있다. 나아가 자산가치가 감소하면 소비여력이 약화되어 기업 매출의 증가율이 둔화되거나 매출액이 감소할 수 있다.

그렇지만 외화자산이 많은 상황에서 수출증가를 수반하는 환율 상승은 유리하게 작용한다. 외화자산이 많은 기업은 환율 하락이 불리하다. 기업의 재무 상태가 나빠져 자금조달비용도 증가하고 해당 기업의 주가가 하락하므로 오히려 불리하게 작용한다.

마지막으로 가계를 보자. 가계는 소비주체이므로 환율 상승이 대부분 불리하다. 실질소득이 감소하기 때문이다. 소비자물가 상승으로 일반 가계 지출비용이 크게 증가하는 것은 물론 유학생 자녀를 두고 있는 가계는 환율이 상승하면 송금해야 하는 유학비용도 증가한다. 환율 상승으로 물가가 상승하게 되면 금리가 상승해 대출금리가 오르고 그로 인해 부동산 가격도 하락하기 때문에 더욱 불리한 상황이 연출될 수 있다.

## 수출기업와 수입업체 간의 환율 상관관계

외환위기 직전에 부도난 기업이 뒤늦게 들어온 수출 대금 덕분에 오히려 부도 이전보다 크게 성장한 사례가 있었다. 1997년 9월 한 중소기업이 20억 원의 자금난을 이기지 못하고 부도가 났다. 당시 환율은 달러당 900원대 중반수준이었는데 외환위기 직후 달러당 1,500원 이상으로 상승했다. 주가지수는 800포인트에서 300포인트선까지 하락했고, 아파트 급매물 가격은 30% 이상 떨어졌다.

부도난 기업의 대표는 앞으로의 상황을 예측했다. 부도가 확실시되자 수출 대금을 가능한 늦게 회수하는 전략, 즉 래깅(내부적 헤지) 전략으로 접근한 것이다. 예상대로 부도 이후 3개월 만에 환율은 급등했고 수출 대금을 환전한 결과 60%의 환차익이 발생했다. 이 돈으로 은행 부채를 모두 상환한 뒤 가격이 30% 이상 하락한 주택도 구입하고, 당시 5만 원을 밑돌던 삼성전자 주식까지 매수했다. 그 결과 1년 후 부도 이전보다 훨씬 부자가 되었고, 기업도 3개가 늘어났다.

위 사례처럼 환율은 수출기업과 수입업체에 다른 영향을 미친다. 먼저 수출기업을 알아보자. 삼성전자가 스마트폰을 개당 500달러에 수출한다고 가정해보자. 달러/원 환율이 1천 원일 때는 수출액이 50만 원이 된다. 하지만 환율이 1,500원으로 상승하면 500달러에 수출하면 원화로 75만 원이 된다. 환율 상승 덕택에 개당 25만 원, 즉 수익이 50% 증가한 것이다. 생산원가가 40만 원이라면 영업이익은 환율 상승 이전에 10만 원에서 35만 원으로 3.5배가 증가한 셈이 된다.

이처럼 해당 기업은 시장점유율도 높아질 뿐만 아니라 기업의 주가도 높아지고, 여유자금을 가지고 고용을 늘릴 수도 있다. 즉 투자를 늘릴 수 있는 촉진제 역할을 한다.

그렇지만 환율 상승의 요인이 상장기업의 수출환경 악화 때문이라면 생산량을 늘리는 것은 재고만 증가하게 될 것이다. 위와 같은 경우 재고손실비용이 증가해 오히려 기업의 주가가 하락하고 영업실적도 악화될 수 있다. 설상가상으로 환율 하락을 예상하고 보유하고 있는 달러를 매도한 이후에 환율이 상승하면 수입 원자재는 높은 환율로 결제해야 하므로 영업실적은 더욱 악화된다. 나아가 기업은 자금난에 직면하고 고용도 임시직으로 전환하거나 심지어 실업이 발생할 수 있다.

하지만 전자의 경우일 가능성이 더 높다. 환율 상승 요인을 안다면 가능한 한 생산량을 줄이고, 환율이 상승할 때 외화표시 예금을 늘리고, 외화표시 부채를 줄이는 방법으로 수출환경의 악화에 따른 악화를 줄이면 된다.

그렇다면 수입기업은 어떨까? 환율이 높을 때 외화표시 부채가 많으면 환차익을 받을 수 있다고 앞서 설명했다. 예를 들어보자. 원달러 환율이 2천 원일 때 1천만 달러(원화로 200억 원)를 빌려 환율이 1천 원으로 하락한 시점으로 상환할 경우 원화는 100억 원(1천 원×1천만 달러)을 상환하면 된다. 총 100억 원의 환차익이 발생하게 되는 것이다.

특히 원자재를 많이 구입하는 기업은 환율이 하락할수록, 즉 원화강세의 경우 기준통화(달러)로 결제 시 더 많은 달러로 교환해 결제할 수 있기 때문에 영업이익 측면에서 개선이 될 것이다.

## 환율 변화에 따른 업종별 손익

특정 시점을 예로 들어 업종별 손익을 따져보자. 2018년 2월 기준 주가지수는 2,500포인트선에 있으며, 달러/원 환율은 1,060~1,070원 사이에서

## 2018년 원달러 환율이 1,050원이 되었을 때 예상 경로

자료: Bloomberg, KB증권

나타나고 있다. 환율의 하락 예상 시(1,050원), 업종의 흐름에 대해 자세히
살펴보도록 하겠다.

유틸리티 기업마다 약간은 다를 수 있으나 환율 변동에 따른 연료비 증감
이 영업이익에 큰 영향을 미치지 않는다. 다만 외환손익은 외화순자산 보
유함에 따라 환율 하락 시 외환환산손실이 발생한다.

운송 항공업종은 원화 강세에 따라 수요가 증가하고, 영업비용도 감소로
수혜 시현된다. 해운업종은 대부분의 매출 및 영업비용이 모두 달러 기준
으로 발생하기 때문에 환율 하락 시 원화환산 영업이익이 감소한다.

은행 외화자산부채 규모가 비슷해 달러 외 화폐거래도 많아 이익에는 크
게 영향이 없다.

**유통** 비용 절감, 자회사의 원가 하락 등으로 인해 이익이 증가하지만 비중이 적어 영향은 미미하다.

**철강/금속** 원재료가 수입인 경우 원화 강세 시 긍정적 이익이 발생하나, 원재료가 내수이면서 판매가 수출비중이 높으면 악영향이다.

**조선** 선물환 매도 등을 통해 대부분 헤지하지만 미헤지 시에 부정적이다.

**자동차** 원화 강세 시 대표적 수출산업인 자동차 산업의 해외수출이 부진하다. 해외 연결자회사의 원화환산 영업이익도 감소해 외화순자산 및 순부채 여부에 따라 외환손익은 달라진다.

**반도체** 환율 하락 시 영업이익은 감소한다. 외환손익은 외화자산의 평가손실에 따른 이익감소가 생긴다.

**제약/바이오** 수출 비중 증대에 따라 영업이익 감소로 부정적 영향을 미친다. 외환손익은 감소에 따라 주당순이익 하향 조정으로 부정적인 영향이다.

**화학** 환율 10원 하락 시 영업이익은 1% 감소한다. 그러나 외환환산손익은 3천억 원 이상 증가한다.

**섬유의류** 원화 절상 시 달러표시 이익 과소계상한다. 대부분 원재료 수입을 달러베이스로 하기 때문에 비용이 절감된다. 외환손익은 별 영향이 없다.

**기계** 선물환 매도 등을 통해 대부분 헤지한다. 미헤지 시에 부정적이다.

**건설** 업종 국내 매출액 및 비중 증가로 영업이익 감소폭이 크지 않다. 다만 수주 경쟁력은 악화될 수도 있다.

**디스플레이** 영업이익은 수출에 미치는 영향은 제한적으로 보나 평가액이 감소한다. 달러 약세로 환차손이 발생하기 때문에 외환손실이 나타난다.

**정유** 환율 10원 하락 시 영업이익은 2% 가까이 감소한다. 외환환산손익은 약 4천억 원 증가한다.

**환율에 따른 시장변화**

| 환율 상승 시(원화 하락) | 환율 하락 시(원화 상승) |
|---|---|
| • 수입 곡물, 원자재 등의 가격 상승으로 인한 물가 상승<br>• 수출업체 주가 상승/수입업체 주가 하락<br>• 금리 인상 → 부동산 가격 하락 | • 수입 곡물, 원자재 등의 가격 하락으로 인한 물가 안정<br>• 수입업체 주가 상승/수출업체 주가 하락<br>• 금리 인하 → 부동산 가격 상승 |

**음식료** 담배를 제외한 음식료 전반은 수입 원재료 비중이 커 원화강세에 유리하다.

**화장품** 미국보다 중국에 의존도가 높아 미국 달러 환율에 따른 영향은 작다.

**인터넷/게임** 외화자산(금융상품) 평가손실이 발생한다. 영업이익 영향은 거의 미미하다.

**통신** 외화자산 비중이 적어 영향이 거의 없다.

**보험** 손익 영향은 미미하다.

**증권** 외화자산부채가 적어 영향이 거의 없다. 수출입이 없다.

# 금리

## 원금에 대한 이자의 비율

금리는 투자를 하는 데 굉장히 중요한 지표다. 2006년 말 부동산 가격 폭등이 막바지로 치닫던 무렵 대부분의 은행들은 앞으로도 금리가 계속 떨어질 것이라 이야기하며 주택담보대출 상품을 엄청나게 세일즈했다. 그러나 2년 동안 금리는 계속 올랐고, 서민에게 부동산 가격 하락과 이자부담 상승이라는 고통을 가중시켰다.

각 국가는 글로벌 위기를 해결하기 위해서 금리를 조절한다. 경기가 좋지 않아 시중에 유동성을 늘리기 위해서 금리를 인하시키고, 실물자산의 가격이 증가함에 따라 인플레이션을 막기 위해 금리를 인상한다. 초저금리로 진행되면 하이퍼인플레이션이 나타날 수 있어, 통화당국은 금리를 신중하게 결정한다.

금리는 자산가격과 반대 방향으로 움직이는 경향이 강하다. 금리가 천장일 때는 자산가격은 바닥이며, 금리가 바닥일 때는 자산가격이 천장일 때가 많다. 투자를 하려는 사람은 금리의 흐름을 잘 살펴야 한다.

2021년 5월 FOMC 회의록에 따르면 연준 의원들이 4월 FOMC 의사록에서 "경제가 연준의 목표에 빠른 진전을 보일 경우 자산 매입 속도에 대한 조정을 논의하는 것이 적절하다."라고 언급했다. 4월 FOMC 기자회견에서는 자산매입 축소 질문에 선을 그은 바 있지만, 지난 1월과 3월 의사록에서는 없었던 내용이 추가되면서 미 연준 내부적으로도 테이퍼링에 대한 필요성을 논의하고 있는 것으로 보인다.

다만 최근 미 연준 위원들 대부분 현 수준의 완화적 정책을 유지할 필요가 있다고 주장하는 점을 고려할 때 6월 FOMC보다는 3분기 잭슨홀미팅, 9월 FOMC 등 하반기 이벤트에서 테이퍼링 논의가 본격화될 것으로 전망된다.

인플레이션 압력이 금융시장 내 화두로 변동성이 확대되고 있는 가운데 미국채 10년물 금리는 인플레 등에 따른 테이퍼링 가능성이 언급되면서 1.70% 수준까지 다시 레벨을 높였다. 이 가운데 4월 FOMC 의사록이

**월별 미국 연방기금 금리 vs. 미국 국채 2년 금리 vs. 미국 국채 10년 금리**

(%)

— 미국 연방기금 금리　— 미국 국채 2년 금리　— 미국국채 10년 금리

2013년 미국 테이퍼링 당시 미국 채권 금리

※ 미국 연방기금 금리는 월별 종가 & 미국 국채 2년 금리 및 국채 10년 금리는 월별 평균 데이터 기준

자료: 본드웹, 현대차증권

발표되었는데, 최근 미 연준 위원들의 신중한 발언과 조금 분위기는 달랐던 것으로 판단된다.

　미 연준 내에서 테이퍼링 신호를 확실하게 줄 때는 미국채 금리의 상승압력이 확대될 가능성이 크다. 테이퍼링 논의 및 금리 상승의 시그널은 경기 개선에 대한 기대감으로 풀이될 수 있는 것이다. 글로벌 경기 기대치가 높아지는 것은 결국 금리 상승의 시그널로 작용할 것이다.

### 금리와 환율의 상관관계

일반적으로 한 국가의 기준금리가 오르면 그 국가의 환율은 떨어진다. 즉 그 해당 국가의 통화가치는 상승하게 된다.

예를 들어 한국의 금리가 갑자기 오를 경우, 국내외 투자자들이 한국시장에 많이 투자할 것이다. 왜냐하면 해당 국가의 금리가 높기 때문에 투자 매력도가 생겨서 그런 것이다. 그렇게 되면 해당 국가의 통화, 즉 한국의 원화로 많이 바꿀 것이다. 다시 말해 달러를 팔고, 원화를 산다는 것이다.

어떤 자산이든 매수세가 매도세보다 많으면 그 가격(가치)은 오르게 된다. 반대로 매도가 매수보다 많으면 떨어지게 된다. 원화의 매수세가 늘어나므로 원화가치가 올라가는 것이다. 결국 금리가 오르면 환율이 떨어져서 원화가치가 상승하게 된다.

금리 인상 → 환율 하락

금리 인하 → 환율 상승

## 금리와 물가의 상관관계

물가는 재화(물건)의 가격을 말한다. 그 돈의 가격이 금리다. 따라서 물가가 오를 때 금리를 올리면 물가가 안정을 찾는다는 게 일반적인 견해다. 물가가 지속적으로 오르면 사람들이 사재기를 한다. 왜냐하면 내일 가격이 또 오를 수 있다는 불안감 때문에 미리 물건을 사두려는 심리가 작용한다. 사재기가 늘면 늘수록 물가는 더욱 오르게 된다. 사재기를 멈추기 위해서 금리를 올리는 것이다.

대부분의 사람들은 돈이나 카드를 지갑에 놓고 다닌다. 금리가 많이 오르게 되면 사람들은 이자수익의 니즈가 생겨 소비를 줄이고 높은 금리의 이자를 받기 위해 은행에 넣어둔다. 그러면 결국 사람들은 사재기의 필요성을 못 느낄 것이다.

물가 인상 → 금리 인상 → 물가 안정

## 금리와 주가의 상관관계

금리가 주가에 어떤 영향을 미칠지 생각해보자. 흔히들 금리가 내리면 주가가 오른다고 한다. 미국의 연준의장이였던 벤 버냉키, 유럽중앙은행 (ECB) 드라기 총재도 경기를 부양하기 위해 금리를 내렸고 결국 주가지수는 올랐다. 금리가 내리면 여윳돈을 은행에 넣어봤자 이자를 적게 받기 때문에 매력도가 떨어져 이 자금들이 주식시장으로 몰리기 때문이다.

하지만 반드시 그러한 것은 아니다. 금리가 내린다고 반드시 주가가 오르는 법은 없다. 주가에는 수많은 변수들이 있기 때문이다. 무엇보다 특히 투자심리에 많은 영향을 받는다. 금리 인하로 주가가 오를 것이라 믿는 사람들이 많아지면 주가가 오를 것이고, 금리가 내리더라도 주식시장에 별로 영향을 미치지 못할 것으로 생각해 실망하는 사람들이 많다면 주가가 내려갈 수 있기 때문이다.

이를 대표하는 사례가 일본이다. 일본은 끝이 보이지 않는 불황이 이어지자 지속적인 금리 인하 정책을 폈다. 급기야 제로(0)금리까지 선언했다. 기업들이 이자 없이 돈을 빌려 생산과 투자를 할 수 있는 환경을 만들고, 개인들도 은행에 돈을 넣기보다는 소비를 유도해 경기를 활성화시키려고 한 것이다. 하지만 정반대 현상이 나타났다. 일본 사람들은 저축하는 습관이 강했다. 불경기에 노후를 대비해 저축을 하는 사람들이 많았다. 그만큼 투자심리가 얼어붙었던 것이다. 결국 저축만 늘었고, 불황은 해결될 조짐이 나타나지 않아서 결국 기업의 실적은 악화되었다. 당연히 기업의 실적이 악화되니 주가도 곤두박질칠 수밖에 없었다.

일본의 사례를 봐도 알 수 있듯이 국가가 적극적인 금리정책을 펴더라도 경제주체들의 성향이나 심리에 따라 의도치 않은 결과도 나타날 수 있다.

2021년 7월 미국은 경기상황이 진전된다는 평가가 나타나고 있으며 테이퍼링 논의가 있지만, 조기 기준금리 인상은 안 할 것으로 예상한다. 다만 한국은 2021년 중 기준금리를 인상할 가능성이 크다. 유동성 확대로 인한 인플레이션 압력에 대응하는 차원에서 오는 8월과 10월에 금리 인상을 단행할 것으로 예상된다.

일반적인 금리 인상은 물가 상승, 기업의 실적 개선, 가계의 소득 증가로 경제가 개선되고 있다는 징후다. 즉 이 말은 앞서 설명했던 펀더멘털이 좋아진다는 뜻이다. 경제가 좋아지니 주가도 오른다는 의미다.

### 기업실적에 따른 금리와 주가 변화

#### 기업실적 증가 시

경기 호황 → 금리 인상 → 주가 하락(단기적) → 중장기적으로 국가와 기업의 펀더멘털이 좋아짐에 따라 주가 상승

#### 기업실적 악화 시

경기 침체 → 금리 인하 → 주가 상승(단기적) → 중장기적으로 경제지표의 방향을 보고 주가의 방향성을 결정

## 금리 인하와 인상에 따른 수혜주

금리에 따른 수혜주도 있다. 금리가 인상되면 보험주, 여행주, 항공주를 수혜주로 본다. 보험은 장기성 채권이 다수라 금리 인상으로 인해 시장금

리 대비 이자비용 부담이 축소되는 효과를 보기에 보험회사 이익구조가 좋아진다. 여행주, 항공주는 원화 절상으로 인해서 여행수요가 늘어날 수 있을 것이라 전망된다.

금리 인하는 민감업종에 긍정적 영향을 미친다. 반도체 같은 경우 높아진 원달러 환율은 수출주에 수혜이지만, 엔화·유로화·위안화 모두 달러 대비 가치가 하락했다는 점에서 그 효과는 반감된다. 일본과 유럽, 또는 중국 기업들과 경쟁하지 않는 수출산업이 가장 확실한 수혜주라고 할 수 있다. 또한 가격경쟁력이 강화되는 자동차와 대체투자로 반사이익을 얻는 증권 또한 수혜주라고 할 수 있다.

건설 분야는 기준금리 인하 시 대출금리도 낮아지게 되고, 부동산 경기에 긍정적 영향을 미친다. 대출받아 개발사업을 영위하기 때문에 금리 인하 시 금융비용 부담이 절감된다.

기본적으로 금리가 오를 경우에는 주식시장에 우호적인 의미를 갖고 있다. 금리 상승은 짧게 부정적인 반응을 보일 수 있지만, 기조적으로 주가의 하락으로 전환하지는 않는다.

## 원자재
### 글로벌 경제의 기본 토대

원자재 하면 생각나는 것이 무엇일까? 대표적인 것은 구리, 니켈, 금, 알루미늄, 아연 등이다. 원자재 외에도 곡물(옥수수·밀 등), 축산물(돼지·소 등) 등 다양한 상품이 있다.

2007년 9월 이후 원자재 가격이 급등했다. 그 이유는 사회간접자본(SOC) 전력에 대한 공급은 부족하나 수요가 끊임없이 증가해서 가격으로 큰 폭으로 상승했기 때문이다.

금은 대표적인 안전자산으로 사치성 재화이지만 화폐 대용가치의 성격으로 인해 가격이 올랐던 부분이 있었고, 산업용 금에 대한 수요도 증가를 하면서 가격이 올랐다. 곡물 가격의 증가원인은 중국과 인도의 큰 경제성장이 나타나면서 소득증가에 따른 수요증가가 있다. 또 이상기온 현상으로 인해 공급이 부족해 곡물 가격이 많이 올랐다.

대부분의 원자재는 미국 달러로 거래가 된다. 이는 달러의 가치와 밀접하게 연관성이 있다. 달러의 가치가 떨어지면 원자재 수요가 증가해 원자재 가격이 오르게 되고, 달러의 가치가 올라가면 원자재 가격은 떨어지게 된다. 하지만 장기적으로는 원자재는 고갈되어 가고, 국가는 계속해서 GDP가 오를 확률이 높기 때문에 원자재 가격은 대체적으로 상승곡선을 보인다.

원자재 가격과 밀접하게 연관 있는 원재료는 유가다. 유가가 오르게 되면 제조원가도 올라가기 때문에 수익성에 악영향을 미치기도 하고, 원재료를 파는 기업에 있어서는 기업의 매출이 향상되기 때문에 주가가 오르게 된다. 원자재는 회사의 원가 관리에 있어서 중요한 부분이다.

과거 2017~2018년 가격 추이 및 시황을 하나하나 살펴보도록 하자.

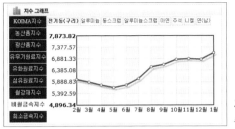

## 구리
수혜주: LS전선아시아 등

구리는 2015년 가격폭락 이후 상당 부분 회복되었다. 트럼프 정부의 제조업 육성정책 이후 인프라사업(전력)이 확장되었고, 중국의 일대일로 정책으로 인해 구리 가격이 상승했다. 글로벌 경기가 회복되고 있고, 미 달러화 약세도 영향을 미쳤다. 또한 구리 재고감소에 따른 구리 가격이 상승했다.

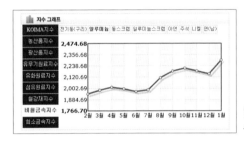

## 알루미늄
수혜주: LS전선아시아 등

글로벌 경기가 회복되며, 트럼프의 수입산 철강 및 알루미늄 수입관세 부과에 따른 글로벌 무역전쟁에 따라 가격이 상승했다. 또한 도쿄올림픽(일본) 대비 건설용 알루미늄 수요 기대감과 자동차, 액정, 반도체 제조장치용 수요 증가도 알루미늄 가격 상승에 영향을 미쳤다.

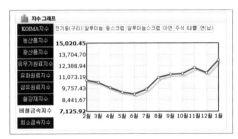

## 니켈
수혜주: 황금에스티, KG케미칼 등

페로니켈과 니켈광석 공급부족 현상과 재고가 감소했고, 중국수요 증가와 필리핀발 공급 차질로 이슈가 되었다. 특히 2017년 중국 니켈 수입이 증가했고, 전기차 성장에 따라 2차전지 양극제(황산니켈) 필수소재인 니켈수요가 확대되어 가격이 상승했다.

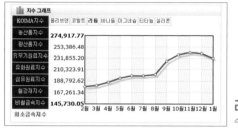

### 리튬
수혜주: 포스코켐텍

글로벌 경기 회복과 더불어 전기차의 발전과 이차전지 사용이 증가하면서 생산 증가량보다 수요 증가량이 앞서고 있다. 4차산업과 관련해서 유망사업 희소금속과 연관성이 높다.

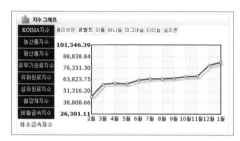

### 코발트
수혜주: 코스모화학, 코스모신소재 등

리튬이차전지의 원료의 60%를 차지하는 코발트는 리튬이차전지 수요 증가에 따른 수혜를 받았다. 코발트 대체원료가 부족해 코발트 수급불안은 없을 것으로 보인다. 글로벌 경기가 회복되고 전 세계 전기차 충전소가 인프라 구축 계획에 따른 코발트 수요가 증가할 것으로 보인다.

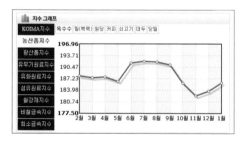

### 옥수수
수혜주: 케이씨피드

옥수수 수출 판매실적은 호조세다. 미국 농무부 옥수수 풍작에 따라 2017년 9월~2017년 11월까지 하락세였지만, 2017년 11월~2018년 1월 미 달러화 약세 및 남미지역 날씨에 대한 작황 우려로 상승세였다. 또한 중국 정부의 옥수수 보조정책 지급에 따라 상승할 것으로 보인다.

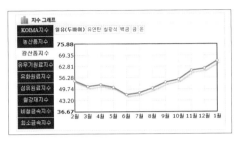

**원유**
수혜주: S−OIL, SK이노베이션 등 정유주

2017년 말 OPEC과 비OPEC 산유국 국가들의 산유국 감산에 대한 기간연장 기대감에 유가가 상승했다. 2017년 상반기 원유재고 급증에 따라 하락했다. 달러가치 강세에 따른 유가 상승이 이루어졌다(오일가격은 달러 결제시스템으로 오일을 더 비싼 가격으로 만든 달러 강세가 다른나라의 통화에서 유가에 가격압력 지속). 유가 하락 시 화학·항공 업종에 긍정적이고, 유가 상승 시 조선·정유 업종에 긍정적이다.

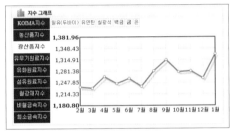

**금**
수혜주: 고려아연

전 세계 금 소비 2위국인 인도에서 연말 웨딩시즌이 되면서 금의 행운을 가져다준다고 믿고 있어, 수요 증가에 따른 금가격이 상승했다. 2017년 12월~2018년 1월 달러가치 하락으로 금의 수요가 증가할 것으로 예상하며 금가격이 상승했으며, 2017년 10월~12월 금의 대체자산으로 꼽히는 비트코인 가격 폭등 등으로 하락했다. 금은 대체적으로 안전자산에 묶인다.

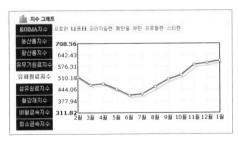

**나프타**
수혜주: 대한유화, 카프로, 롯데케미칼

글로벌 경기 회복과 하반기 이후 수요 증가로 가격이 상승했다. 에틸렌 가격 조정 및 나프타 가격 상승으로 인해 스프레드가 축소했다. 면화가격 상승에 따라 원재료인 나프타 가격이 상승했다.

## 유동성 시장과 원자재지수의 관계 추이

자료: 블룸버그, 대신증권 리서치 센터

## 달러인덱스와 원자재지수의 관계 추이

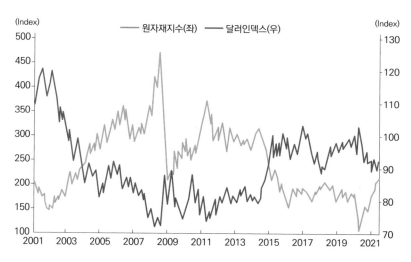

자료: 블룸버그, 대신증권 리서치 센터

## 섹터별 투자 선호도 변화

| 섹터 | 상품 | 투자 선호도 | | | 변화 (2021년 상반기 대비) | 투자 포인트 |
|---|---|---|---|---|---|---|
| | | 부정 | 중립 | 긍정 | | |
| 에너지 | 원유 | | | ● | – | 글로벌 경기 회복과 미국 드라이빙 시즌 돌입으로 원유 수요 회복 기대. 단기간 내 원유 공급이 급격하게 증가할 가능성은 낮다고 판단. 3/4분기 또는 4/4분기 초까지 투자 매력도가 높을 것으로 예상 |
| | 천연가스 | | ● | | – | 미국 폭염에 따른 냉방용 전력 수요 증대 기대감은 장기간 지속되기 어려울 것 |
| 귀금속 | 금, 은 | ● | | | ▼ | 인플레이션 우려 진정과 달러 강세로 원자재 투자 환경 매력도가 낮아질 것 |
| | 백금, 팔라듐 | | ● | | – | 타이트한 수급 환경 지속으로 트레이딩 관점에서 투자 추천 |
| 비철 금속 | 구리, 알루미늄, 니켈 | | ● | | ▼ | 중국의 원자재 시장 개입으로 비철금속 가격 추가 하락 가능성 존재. 중장기적으로 신재생에너지 산업 구조 변화에 따른 구조적 수요 확대 전망 |
| 농산물 | 옥수수, 소맥, 대두 | | ● | | ▼ | 브라질의 가뭄 지속과 미국의 폭염에 따른 농산물 가격 추가 상승 가능성 존재. 하지만 기상여건 호전 시 가격 조정 가능성 높음 |

자료: 대신증권 리서치 센터

2021년 하반기 원자재 시장은 기저효과 약화로 상반기보다 상승 동력이 약해질 것으로 보인다. 우선 6월 FOMC에서 연준은 물가 전망치를 상향 조정하고, 점도표를 통해 2023년 2번의 기준금리 인상을 시사했다. 시장은 연준이 테이퍼링 논의를 시작으로 연준의 금리 인상 시기가 빨라질 것이라는 전망하에 달러화 강세를 유발하며 원자재 시장에도 조정이 나타날 것으로 보인다. 이를 기점으로 코로나19로 인한 원자재 공급 차질도 점차 해소되고 있어 공급이 늘어날 것으로 예상된다. 중국은 인플레이션을 통제하며 시장 개입을 하고 있어 중국 수요 비중이 높은 원자재 가격은 조정이 나타날 수 있다.

하반기 이후에도 원자재 슈퍼사이클 가능성은 낮아 보인다. 2000년과 같이 신흥국의 폭발적인 경제성장을 기대하기 어렵기 때문이다. 2021년 상반기에 원자재 가격 상승은 코로나19 극복을 위한 정책 혼합에 따른 수요 회복 기대감이 반영된 것으로 보인다. 따라서, 원자재 상품 모두 상승하기보다는 일부 상품만이 상승하는 스몰사이클이 나타날 것으로 전망된다. 다만 그린뉴딜 재정 확대 정책으로 산업 금속과 일부 귀금속 부문의 수요는 증가할 것으로 예상된다.


정리해보자. 원자재 가격 상승으로 주식이 오를 경우는 원자재 가격 상승분을 제품가격에 반영했을 때 소비가 큰 폭으로 줄지 않으면 원자재 가격 상승이 주가 상승으로 이어질 수 있다(대표 업종: 음식료, 제분업체). 경기 활황이 되면 대부분의 원재료 가격이 제품가격에 반영되어도, 소득이 높아져 소비에 대한 탄력성이 둔감하기 때문에 주가가 오른다. 또한 원자재 가격 상승은 원자재 수출국의 소비가 늘어나므로, 우리나라는 더 많은 공산품을 팔 수 있어 수출국과 수입국 모두 주가 상승 요인이 된다.

반면 원자재 가격 상승으로 주식이 내릴 경우는 원자재 가격이 지나치게 빠르게 올랐을 때, 국민이 감당하기 어려운 수준까지 오를 때다. 경기불황기였을 때 스태그플레이션을 말한다(경기불황과 인플레이션 동시 수반).

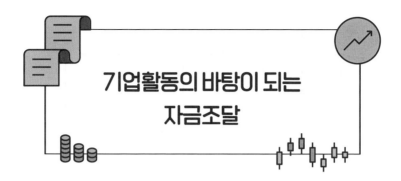

기업활동의 바탕이 되는
자금조달

기업은 경영을 하는 데 있어 자금조달에 대한 수요 니즈를 항상 갖고 있다. 설비 투자, 대주주 지분 강화, 운영자금, 차입금 상환, 기업 인수·합병 등 영업활동의 일시적인 부진의 발생과 재무활동, 외형 증가에 필요한 부분을 고려해 자금조달 계획을 이사회에서 결정하게 된다.

자금조달은 회사의 주가와도 밀접한 연관이 있기 때문에 기본적 분석 파트에서 다루어보도록 하겠다. 자금조달 방식으로는 금융기관 단기운영자금 차입, 기업어음(CP 발행), 장기시설자금 차입, 회사채 발행, 유상증자, 메자닌(CB, BW, RCPS, CPS 등) 발행 등이 있다.

이번 챕터에서는 금융시장에 대해서 알아보고, 자금조달에 필요한 이자율 방식과 특징을 알아보겠다. 그리고 회사채와 주식의 조달에 대한 개념과 사례 공시를 통해 주가의 흐름을 익혀보겠다.

# 금융시장 구분 및 사례

**자금의 수요자와 공급자를 연결시켜주는 자금중개**

금융시장은 중개기관의 유무에 따라서는 간접금융과 직접금융으로 나뉜다. 간접금융의 조달방식은 운영자금조달방식, 시설투자 조달방식으로 나뉜다. 운영자금조달방식으로는 일반대출, 기업통장대출, 당좌차월, 어음할인, 구매자금대출, 전자결제B2B 금융, 신용장 등이 있고, 시설투자 조달방식으로는 중장기론, 신디케이트론, PF 등이 있다. 직접금융의 조달방식으로는 회사채발행, CB, BW, EB, 보통주, 우선주 발행 등이 있다.

간단하게 금융시장을 구분 정리하면 다음과 같다.

중개기관의 유무  간접금융시장, 직접금융시장

금융상품의 만기  단기금융시장, 장기금융시장

금융시장의 유통단계  발행시장, 유통시장

금융상품의 종류  주식시장, 채무시장

거주성과 거래통화  국내금융시장, 국제금융시장

예를 들어보자. ABC기업의 최근 시설투자를 위해 자금을 조달할 계획을 세웠다. ABC기업은 DEF기업을 통해 3자배정방식으로 100억 원의 전환사채를 발행할 계획이다. 발행하는 사채의 만기는 5년이고 전환권 청구기간은 1년 후부터 가능하다. 상환은 원화로 한다. 그렇다면 ABC기업은 어떤 금융시장과 맞닿아 있는가?

ABC기업은 중개기관이 없는 직접금융시장이고, 만기가 5년인 장기금융시장이다. 또 발행 후 유통할 수 있으며, 주식과 채권이 혼합된 상품(메자닌채권)이다. 거주성과 거래통화를 보았을 때 국내금융시장으로 구분할 수 있다.

## 자금조달 시 중요한 이자율

자금조달은 금융시장을 통해 이루어지기 때문에 이자율 변동의 개념도 알아야 한다. 채권을 통환 자금조달 방식일 때는 회사의 재무제표상에 부채비율이 올라가게 된다. 채권금리가 높아짐에 따라 금융비용이 많이 발생하여 당기순이익에 영향을 끼치기 때문에 시장의 상황에 맞게 결정을 해야 한다.

이자율의 변동요인에 대해서 살펴보도록 하자. 일반적으로 호황이면 금리가 오르고, 불황이면 금리가 낮아진다. 금리 인하는 경기부양 시, 금리 인상은 경기과열 시 정책수단이다. 변동요인은 다음과 같다.

- 물가가 오르면 금리가 오른다.
- 기간이 장기일수록 금리가 높다.
- 차입자의 신용도가 높으면 차입금리가 낮아진다.
- 유동성이 높은 금융상품은 금리가 낮다.
- 담보를 제공하면 차입금리가 낮아질 수 있다.
- 메자닌상품(CB, BW)처럼 옵션이 부가된 상품은 금리를 낮출 수 있다.
- 투자자에게 유리한 발행방식(풋옵션)일수록 금리(수익률)는 낮아진다.

그렇다면 우리나라에서 사용하고 있는 기준이자율은 무엇일까? 한번 알아보자.

## 기준이자율의 종류

| | |
|---|---|
| 한국은행 기준금리 | 매월 둘째 주 또는 마지막 주 목요일이나 금요일에 결정. 한국은행 금융통화위원회에서 단기자금을 공여하기 위한 7일짜리 RP(환매조건부 채권) 금리 |
| 콜금리 | 금융기관 사이의 단기자금 과부족을 조정해주는 콜시장에서 형성되는 금리 |
| 국고채 유통수익률 | 정부가 발행하는 국채 중 대표적인 채권으로 한국은행이 발행사무. 5년 만기 국고채 유통수익률이 대표적인 지표금리 |
| 회사채 유통수익률 | 기업이 자금조달을 위해 발행하는 회사채의 유통수익률로써 발행기업의 신용등급과 만기에 따라 다르게 고시 |
| CD금리 | 기업이 은행에서 단기 운영자금 및 일반 대출자금을 차입할 경우 폭넓게 사용되는 기준금리 |
| LIBOR금리 | 런던은행 간 자금운영 금리로서 영국 런던의 은행 간 자금시장에서 자금을 제공하는 측이 제시하는 금리 |

한국은행 기준금리는 일반은행이 채권을 한국은행에게 되팔 때 적용되는 금리다. 물가안정 및 금융안정을 위한 정책수단으로 사용된다. 회사채의 만기 3년의 신용등급을 가지고 자금조달비용을 추정한다. 금융투자협회 한국은행 홈페이지(www.bok.or.kr)에서 확인 가능하다.

CD금리는 91일짜리 CD 유통수익률을 사용한다. 한국은행 홈페이지에서 확인 가능하다. LIBOR금리는 기업이 외화, 특히 미국 달러를 차입할 때 적용되는 금리로 3개월 US 달러 리보금리를 사용한다.

다음 예시 자료는 금융투자협회에서 나온 회사채 및 CD금리 자료다. 회사나 채권 투자자 입장에서는 반드시 참고해야 될 지표다.

최종호가수익률

자료주기 월간 ▼   기준일자 2018/03/02   조회

[총 17건]   단위 :% ▲ 1흥

| 구분 | 잔존기간 | 당일 | | 최종호가수익률 | | | |
|---|---|---|---|---|---|---|---|
| | | 11시30분 | 15시30분 | 전일대비 | 전일 | 연중최고 | 연중최저 |
| 국고채권(1년) | 10월 ~ 1년 | 1,839 | 1,854 ▲ | 0.010 | 1,844 | 1,874 | 1,816 |
| 국고채권(3년) | 2년6월 ~ 3년 | 2,255 | 2,290 ▲ | 0.024 | 2,266 | 2,316 | 2,099 |
| 국고채권(5년) | 4년6월 ~ 5년 | 2,501 | 2,544 ▲ | 0.025 | 2,519 | 2,592 | 2,338 |
| 국고채권(10년) | 9년6월~10년 | 2,706 | 2,741 ▲ | 0.005 | 2,736 | 2,807 | 2,489 |
| 국고채권(20년) | 18년 ~ 20년 | 2,715 | 2,734 ▼ | -0.006 | 2,740 | 2,787 | 2,470 |
| 국고채권(30년) | 28년~30년 | 2,695 | 2,716 ▼ | -0.001 | 2,717 | 2,774 | 2,455 |
| 국고채권(50년) | 48년~50년 | 2,698 | 2,728 ▲ | 0.009 | 2,719 | 2,771 | 2,453 |
| 국민주택1종(5년) | 4년6월 ~ 5년1월 | 2,690 | 2,727 ▲ | 0.021 | 2,706 | 2,741 | 2,496 |
| 통안증권(91일) | 85일 ~ 91일 | 1,595 | 1,544 ▲ | 0.005 | 1,539 | 1,561 | 1,523 |
| 통안증권(1년) | 10월~1년 | 1,852 | 1,869 ▲ | 0.010 | 1,859 | 1,878 | 1,817 |
| 통안증권(2년) | 1년9월 ~ 2년 | 2,163 | 2,204 ▲ | 0.032 | 2,172 | 2,231 | 2,064 |
| 한전채(3년) | 2년9월 ~ 3년 | 2,442 | 2,478 ▲ | 0.023 | 2,455 | 2,493 | 2,288 |
| 산금채(1년) | 10월 ~ 1년1월 | 1,974 | 1,990 ▲ | 0.010 | 1,980 | 1,995 | 1,916 |
| 회사채(무보증3년)AA- | 2년9월 ~ 3년 | 2,807 | 2,840 ▲ | 0.023 | 2,817 | 2,852 | 2,644 |
| 회사채(무보증3년)BBB- | 2년9월 ~ 3년 | 9,036 | 9,067 ▲ | 0.022 | 9,045 | 9,084 | 8,915 |
| CD(91일) | 91일 | 1,650 | 1,650 | 0.000 | 1,650 | 1,660 | 1,650 |
| CP(91일) | 85일 ~ 91일 | 1,790 | 1,790 | 0.000 | 1,790 | 1,790 | 1,790 |

# 회사채와 주식 조달방식

## 불특정 다수 투자자로부터의 자금조달

금융시장에서 기업은 다양한 조달방식을 채택할 수 있다. 주가에 가장 밀접하게 연관성 있는 회사채와 주식 조달방식을 살펴보도록 하자. 그리고 메자닌채권인 전환사채와 신주인수권부사채에 대한 특징을 알아보겠다.

### 회사채와 주식 비교

| 회사채 | 주식 |
|---|---|
| · 타인자본(부채)<br>· 기한분(일반적으로 만기가 있음)<br>· 부채비율 증가<br>· 경영권 간섭이 없음   · 이자가 있음<br>· 주식에 우선에 재산분배권(회사 청산 시 주식투자자보다 먼저 재산 배분) | · 자가자본   · 영구적(상환의무 없음)<br>· 경영실적에 따라 배당금 지급<br>· 부채비율 하락<br>· 주주에 의결권이 주어짐<br>· 잔여재산 분배권(회사 청산 시 마지막에 잔여재산 배분) |

## 회사채

회사채는 채무증서로 채권과 채무의 관계를 나타낸 정형화된 증권으로 표준화해 증권시장에서 자유롭게 양도할 수 있다. 정리하면 다음과 같다.

**발행방법** 사모, 공모

**이자지급방법** 이표채, 할인채, 복리채

**보증담보의 유무** 보증사채, 담보부사채(부동산 등 물적담보가 붙여짐), 무보증 사채(무보증사채의 경우가 일반적 무보증 사채의 발행시 2개 이상의 신용평가기관에서 신용등급을 받아야 함)

다음으로 전환사채(CB)와 신주인수권부사채(BW)를 비교해보자. 전환사채와 신주인수권부사채는 기업공시에 자주 볼 수 있다. 주식 투자를 하는 데 반드시 알아야 할 내용이기 때문에 비교해보겠다.

전환사채(CB)란 콜옵션, 풋옵션이 부여된 사채다. 주식전환권이 부여된 것으로 전환권 행사 시 채권은 소멸되고 주식에 대한 전환권은 별도 분리되어 거래되지 않는다.

전환사채는 보통사채보다 낮은 이자율로 발행할 수 있고, 주식전환 시 고정적인 이자지급에 대한 부담을 회피할 수 있어 부채비율이 감소해 발행기업의 재무구조가 개선되는 장점이 있다. 투자자는 주가 상승 시 주식전환권을 행사해 추가적인 자본이득을 취하고, 주가 하락 시에는 만기까지 채권을 보유해 채권 수익률을 보장받을 수 있다.

신주인수권부사채(BW) 역시 콜옵션, 풋옵션이 부여된 사채다. 신주인수권이 부여된 것으로 신주인수권 행사 시 채권보유자는 행사 금액에 해당하는 금액을 별도로 납입해 신주를 인수할 수 있다. 기존채권은 존속되며 채권과 신주인수권을 분리해 각각 거래가 가능하다.

보통사채보다 낮은 이자율로 발행 가능한 신주인수권부사채는 신주인수권 행사 시 추가적으로 자금이 유입되고, 부채비율 감소로 발행기업의 재무구조가 개선된다. 주가가 상승하면 신주인수권 행사를 통해 투자자는 추가적인 자본이득을 얻을 수 있다.

## 주식

주식발행 중에 대표적인 방법인 유상증자와 무상증자에 대해서 살펴보자.

일반적으로 회사를 설립하거나 또는 필요에 따라 추가로 주식을 발행할 때 증자를 하게 된다. 유상증자는 자금을 추가로 조달하기 위해 주주로부터 주식발행 대금을 받는 것이다. 유상증자는 실제로 현금이 기업에 유입되어 자본 내에서 재무 상태표에 자산과 자본이 모두 늘어난다.

무상증자는 자금조달 없이 주식만 발행하는 경우다. 회사에 유보된 잉여금을 자본금으로 전환해 기존 주주에 무상으로 주식을 발행해준다. 자산과 자본의 총계에 아무런 변화가 없다. 다만 자본 내에서 자본잉여금 항목이 자본금으로 대체된다.

유상증자 방식으로는 주주배정증자, 주주우선공모증자, 일반공모증자, 제3자배정증자가 있다. 주주배정증자는 기존 주주에게 주식수에 따라 배정하며, 신주인수권부여는 기존 주주에게 한다. 정관으로 주주의 신주인수권을 배제하거나 제한하지 않는 한 모든 신주인수권 기존 주주에게 부여한다.

주주우선공모증자는 구 주주와 우리사주조합에게 우선 청약기회를 부여한다. 이에 더해 청약하지 않은 실권주는 일반인에게 추가로 청약 기회를 부여한다.

일반공모증자는 불특정 다수인에게 청약기회를 부여하며 신주인수권 부여는 불특정다수에게 한다. 정관에 일반공모증자에 대한 근거조항이 있는 경우 이사회 결의로써 기존 주주의 신주인수권을 배제하고 불특정 다수인(해당 법인의 주주 포함) 대상으로 신주 발행하는 방식이다. 주관회사 가 총액인수해 우리사주조합과 일반인에게 청약받는 방식이다.

제3자배정증자는 특정인에게 부여하며, 신주인수권부여는 제3자에게 한다. 특별법 또는 발행회사의 정관이나 주주총회 특별결의에 의해서 특 정의 제3자에게 신주인수권을 부여하는 방식이다. 위 방식은 기존 주주의 지분율 및 이해관계에 중대한 영향을 미칠 수 있다.


## 공시 분석과 주가의 움직임

실제 사례로 자세히 들여다보기


자금조달 공시와 관련된 내용은 다트(dart.fss.or.kr)에서 '주요사항보고' 탭 을 검색하면 공시 내용을 살펴볼 수 있다.

## 사례 1 │ KH필룩스

다음은 KH필룩스(코스피)기업이 2018년 2월 27일 유상증자를 한 공시다.

### 유상증자 결정

| | | |
|---|---|---|
| 1. 신주의 종류와 수 | 보통주식 (주) | 6,300,000 |
| | 기타주식 (주) | – |
| 2. 1주당 액면가액 (원) | | 500 |
| 3. 증자전 발행주식총수 (주) | 보통주식 (주) | 31,787,257 |
| | 기타주식 (주) | – |
| 4. 자금조달의 목적 | 시설자금 (원) | – |
| | 운영자금 (원) | – |
| | 타법인 증권 취득자금 (원) | 37,800,000,000 |
| | 기타자금 (원) | – |
| 5. 증자방식 | | 제3자배정증자 |

※ 기타주식에 관한 사항

| | |
|---|---|
| 정관의 근거 | – |
| 주식의 내용 | – |
| 기타 | – |

| | | |
|---|---|---|
| 6. 신주 발행가액 | 보통주식 (원) | 6,000 |
| | 기타주식 (원) | – |
| 7. 기준주가에 대한 할인율 또는 할증율 (%) | | 할증율 41.84% |
| 8. 제3자배정에 대한 정관의 근거 | | 정관 제10조 |
| 9. 납입일 | | 2018년 05월 10일 |
| 10. 신주의 배당기산일 | | 2018년 01월 01일 |
| 11. 신주권교부예정일 | | 2018년 05월 24일 |
| 12. 신주의 상장 예정일 | | 2018년 05월 25일 |
| 13. 현물출자로 인한 우회상장 해당여부 | | 아니오 |
| – 현물출자가 있는지 여부 | | 아니오 |
| – 현물출자 재산 중 주권비상장법인주식이 있는지 여부 | | 해당없음 |
| – 납입예정 주식의 현물출자 가액 | 현물출자가액(원) | – |
| | 당사 최근사업연도 자산총액 대비(%) | – |
| – 납입예정 주식수 | | – |
| 14. 우회상장 요건 충족여부 | | 아니오 |
| 15. 이사회결의일(결정일) | | 2018년 02월 27일 |
| – 사외이사 참석여부 | 참석 (명) | 0 |
| | 불참 (명) | 2 |
| – 감사(감사위원) 참석여부 | | – |
| 16. 증권신고서 제출대상 여부 | | 아니오 |
| 17. 제출을 면제받은 경우 그 사유 | | 면제(사모, 1년간 전량 보호예수) |
| 18. 공정거래위원회 신고대상 여부 | | 미해당 |

KH필룩스는 LED 감성조명 및 문화콘텐츠 사업, 트랜스포머, 라인필터, 인덕터 등을 생산하는 부품사업, 비드를 생산하는 소재사업을 하는 기업이다. 기본 정보는 다음과 같다.

**시가총액** 2,100억 원

**증자방식** 3자배정(증자 대상: Coagentus Pharma, LLC)

**증자금액** 378억 원(타법인 증권 취득)

**발행방식** 직접발행, 사모형태 발행(1년간 보호예수)

**발행가액** 6,000원(할증률 41.84% 적용)

공시 순서는 다음과 같다.

**1월 8일** 100억 원 전환사채 발행결정, 발행가액 3,026원, 발행대상 블루커넬(최대 주주), 풋옵션 부여

**1월 22일** 50억 원 전환사채 발행결정, 전환가액 3,832원, 발행대상 블루레인2호조합, 풋옵션 부여

**2월 26일** 100억 원 유상증자 발행결정, 발행가액 3,170원, 발행대상 블루비스타 – 3자배정

**2월 26일** 100억 원 전환사채 발행결정, 전환가액 3,832원, 발행대상 블루레인2호조합, 풋옵션 부여

시나리오를 분석해보자.

1월 8일에 3,020원 종가 당시 최대 주주인 블루커넬에게 3,026원으로

100억 원의 전환사채를 발행하면서 KH필룩스는 회사의 경영권을 더욱 강하게 하는 공시자료를 게시했다. 최대 주주의 자금이 들어왔다는 것은 앞으로 회사가 좋은 일들이 벌어질지에 대해서 감지할 수 있는 부분이다.

1월 22일에 대량보유상황보고서가 공시됐다. 취득자금의 경위 및 원천을 살펴보면 주주임원종업원 차입금이 41억 원, 썬라이트 투자조합 77억 원, 공평저축은행 70억 원, 세종저축은행 30억 원이 들어왔다. 저축은행에서 들어온 차입금은 KH필룩스의 전환사채를 담보로 들어왔으며, 썬라이트 투자조합은 KH필룩스의 보통주 약 430만 주를 담보로 잡았다. 이는 기관에서도 충분한 담보가치가 있다고 판단하고 회사의 실사를 통해 충분히 투자와 리스크 점검이 되고 투자가 집행되었다고 추정된다.

2월 26일에 시간 외로 블루비스타 3자배정을 통해 120억 원 유상증자를 실시했다. 발행가액은 3,170원이다. 2월 26일 상한가 4,965원으로 종가를 마무리했다. 오후 4시 30분경 블루비스타 3자배정 공시가 나왔다. 위 자금도 타법인취득과 운영자금의 목적으로 발행했다.

2월 26일 유상증자 공시가 뜬 후, 20분이 지나고 전환사채 발행공시가 나왔다. 전환가액은 3,832원이고 총 150억 원 자금조달을 하며 타법인 증권취득 100억 원, 운영자금 50억 원 목적으로 발행했다. 종가 대비 약 20% 할인된 가격으로 전환사채를 발행했다. 둘 다 블루 관련 이해관계인이 있는 법인 대상으로 진행했기에 KH필룩스와 블루커넬과는 밀접한 연관성이 있음을 추정할 수 있다.

2월 27일에 378억 원 유상증자 공시를 했다. 당일 종가는 6,465원이다. 대상은 Coagentus Pharma, LLC 3자배정으로 타법인 증권 취득으로 자금조달을 진행했다. 할증률이 약 42% 적용된 6천 원으로 발행을 결정했다. 하루 사이에 발행가액이 무려 2배 가까이 오르게 되었다. 위 회사는 제약·바이오 관련 기업으로 추정된다.

공시 후 3월 3일까지 주가가 1만 850원까지 올랐다.

다음으로 차트흐름을 살펴보자.

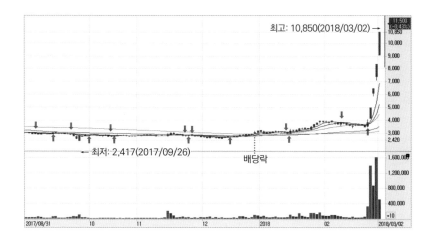

KH필룩스는 유상증자와 전환사채 3자배정 발행을 통해 주가가 크게 뛴 사례다. 아무래도 내부자들이 알 수밖에 없는 정보여서 구체적 이유는 모를 수 있지만, 자금조달 발행공시를 통해 좋은 호재가 있다는 것을 눈치 챌 수 있다.

종가 대비해서 할증을 하면서 3자배정을 했다는 것은 큰 확률로 좋은 호재다. 큰 수익을 안겨줄 수 있는 공시이기 때문에 위 기업과의 3자배정과의 연결고리를 잘 찾았다면 좋은 결과가 나타났을 거라 생각한다.

## 사례 2 │ 삼성중공업

이번에는 일반 유상증자 배정을 통해 주가가 하락한 공시를 살펴보도록 하자.

### 수시공시의무관련사항(공정공시)

| | 공시제목 | 유상증자 계획 |
|---|---|---|
| 1. 정보내용 | 관련 수시공시내용 | - 당사는 재무구조 개선을 위해<br>  주주배정 후 실권주 일반공모 방식으로<br>  1.5조원 규모의 유상증자를<br>  2018년 5월초 완료 일정으로 추진할 계획임 |
| | 예정 공시 일시 | 2017-12-06 |
| 2. 정보제공내역 | 정보제공자 | 재무팀 |
| | 정보제공대상자 | 투자자 및 언론기관 |
| | 정보제공(예정)일시 | 2017년 12월 6일 공정공시 이후 |
| | 행사명(장소) | - |
| 3. 연락처(관련부서/전화번호) | | 재무팀(자금기획): 031-5171-7900 |
| 4. 기타 투자판단과 관련한 중요사항 | | |
| - 상기 사항은 경영 상황에 따라 일부 변경이 있을 수 있음<br><br>- 향후 이사회를 개최하여 유상증자에 대한 결의를 할 예정이며<br>  확정 이후 공시를 실시할 예정임 | | |
| ※ 관련공시 | - | |

### 유상증자 결정

| | | |
|---|---|---|
| 1. 신주의 종류와 수 | 보통주식 (주) | 240,000,000 |
| | 기타주식 (주) | - |
| 2. 1주당 액면가액 (원) | | 5,000 |
| 3. 증자전<br>   발행주식총수 (주) | 보통주식 (주) | 390,000,000 |
| | 기타주식 (주) | 114,845 |
| 4. 자금조달의 목적 | 시설자금 (원) | - |
| | 운영자금 (원) | 1,562,400,000,000 |
| | 타법인 증권<br>취득자금 (원) | - |
| | 기타자금 (원) | - |
| 5. 증자방식 | | 주주배정후 실권주 일반공모 |

※ 기타주식에 관한 사항

| | |
|---|---|
| 정관의 근거 | - |
| 주식의 내용 | - |
| 기타 | - |

| 4. 자금조달의 목적 | 운영자금 (원) | | 1,562,400,000,000 |
|---|---|---|---|
| | 타법인 증권<br>취득자금 (원) | | – |
| | 기타자금 (원) | | – |
| 5. 증자방식 | | | 주주배정후 실권주 일반공모 |

※ 기타주식에 관한 사항

| 정관의 근거 | – |
|---|---|
| 주식의 내용 | – |
| 기타 | – |

| 6. 신주 발행가액 | 확정발행가 | 보통주식 (원) | – | | |
|---|---|---|---|---|---|
| | | 기타주식 (원) | – | | |
| | 예정발행가 | 보통주식 (원) | 6,510 | 확정예정일 | 2018년 04월 09일 |
| | | 기타주식 (원) | – | 확정예정일 | – |
| 7. 발행가 산정방법 | | 23. 기타 투자판단에 참고할 사항<br>(가) 신주 발행가액 산정 방법 참조 | | | |
| 8. 신주배정기준일 | | 2018년 03월 08일 | | | |
| 9. 1주당 신주배정주식수 (주) | | 0.5272546496 | | | |
| 10. 우리사주조합원 우선배정비율 (%) | | 20.0 | | | |
| 11. 청약예정일 | 우리<br>사주조합 | 시작일 | 2018년 04월 12일 | | |
| | | 종료일 | 2018년 04월 12일 | | |
| | 구주주 | 시작일 | 2018년 04월 12일 | | |
| | | 종료일 | 2018년 04월 13일 | | |
| 12. 납입일 | | 2018년 04월 20일 | | | |
| 13. 실권주 처리계획 | | 23. 기타 투자판단에 참고할 사항<br>(나) 신주의 배정방법 참조 | | | |
| 14. 신주의 배당기산일 | | 2018년 01월 01일 | | | |
| 15. 신주권교부예정일 | | 2018년 05월 03일 | | | |
| 16. 신주의 상장예정일 | | 2018년 05월 04일 | | | |
| 17. 대표주관회사(직접공모가 아닌 경우) | | 한국투자증권(주), 미래에셋대우(주), 엔에이치투자증권(주) | | | |
| 18. 신주인수권양도여부 | | 예 | | | |
| – 신주인수권증서의 상장여부 | | 예 | | | |
| – 신주인수권증서의 매매 및 매매의 중개를<br>담당할 금융투자업자 | | 한국투자증권(주), 미래에셋대우(주), 엔에이치투자증권(주) | | | |

삼성중공업은 삼성그룹 계열회사로 1974년 설립되었으며 조선해양 부문과 E&I 부문 사업을 영위하고 있다. 기본 정보를 보자.

**시가총액** 약 3조 원(12월 6일 당시) → 30% 가까이 하락(실적 하락도 포함)

**증자방식** 3자배정

**증자금액** 1조 5,624억 원(운영자금)

**발행방식** 미래에셋대우, 한국투자증권, NH투자증권을 통한 간접발행방식

**예정 발행가액** 6,510원(실제 발행가액은 4월 9일 확정)

**권리락** 2018년 3월 7일


   삼성중공업은 지속적인 조선업 불황에 따라 운영에 어려움을 겪고 있었다. 이에 따라 불가피하게 주주배정 후 실권주 방식으로 유상증자를 단행하게 되었다. 운영에 어려움이 있었기 때문에 자금의 목적은 운영자금으로 쓰인다. 구조조정에 따라 실적 정상화가 되기까지는 오랜 시간이 걸릴 것이다.

   차트 흐름을 살펴보자.

12월 6일 유상증자 계획 공시 후에 주가는 6,940원인 고점 대비 50% 정도 하락하게 되었다. 발행주식사가 65% 증가하기 때문에 주가는 60% 이상 하락할 가능성을 염두에 두고 12월 7일 시초가에 매도를 하는 것이 바람직하다. 이후 조선업의 구조조정에 따른 재무개선 기대감에 따라 1개월 정도 바닥을 다지며 1개월 동안 바닥 대비 약 40% 정도 상승했다. 이후 다시 주가는 내림세를 보였다.

## 사례 3 | 엔케이맥스

마지막으로 무상증자 공시에 대해서 살펴보겠다.

### 무상증자 결정

| 1. 신주의 종류와 수 | 보통주식 (주) | 11,988,565 |
| | 기타주식 (주) | – |
| 2. 1주당 액면가액 (원) | | 500 |
| 3. 증자전 발행주식총수 | 보통주식 (주) | 11,988,565 |
| | 기타주식 (주) | – |
| 4. 신주배정기준일 | | 2018년 01월 01일 |
| 5. 1주당 신주배정 주식수 | 보통주식 (주) | 1 |
| | 기타주식 (주) | – |
| 6. 신주의 배당기산일 | | 2018년 01월 01일 |
| 7. 신주권교부예정일 | | 2018년 01월 25일 |
| 8. 신주의 상장 예정일 | | 2018년 01월 26일 |
| 9. 이사회결의일(결정일) | | 2017년 12월 11일 |
| – 사외이사 참석여부 | 참석(명) | 1 |
| | 불참(명) | – |
| – 감사(감사위원)참석 여부 | | 참석 |

엔케이맥스는 생물학적제제 제조와 공급을 목적으로 실험용 시약 생산 및 판매업을 주사업으로 영위하고 있다. 기본 정보는 다음과 같다.

시가총액  약 4,200억 원(12월 11일 기준)

증자방식  무상증자(1대1 증자방식), 주식수는 비례해 지급하고 주가는 50% 할인되는 방식

증자 전 발행주식수  2017년 12월 11일 11,988,565주에서 1월 25일 2배 늘어난 24,354,687주

기준가  18,000원(12월 26일 확정)

권리락  2018년 12월 27일

암과 면역력 관련 진단키트를 만드는 엔케이맥스는 12월 11일 무상증자 공시가 나오면서 당일 주가가 10% 이상 올랐다. 이후 제약바이오 업종의 순환매가 들어오면서 업황 센티가 좋아져 주가가 무증공시 이후 40% 이상 올랐다가 최근 다시 가격조정이 나타났다.

기존에 100주를 가지고 있었던 주주는 1월 25일 100주를 추가로 받을 수 있으며, 주식수는 200주가 되고 주가는 반으로 줄어들게 된다. 무상증자는 회사의 이익이 증가할 경우 주주들에게 무상으로 주식을 증여하는 것이다. 또는 주식수가 적어 유통되는 주식수를 늘리기 위해 무상증자를 실시하기도 한다.

엔케이맥스는 전자보다 후자일 가능성이 높다. 보통 무상증자 공시가 나오게 되면 당일 주가가 급등하는 경우가 많다. 하지만 지속적으로 주가가 올라간다는 보장은 없다. 회사의 수익성과 성장성이 높다면 주가가 지속적으로 상승랠리를 펼칠 수 있지만, 단순 주식수를 늘리는 작업이면 주가가 다시 아래로 내려올 수 있기 때문이다. 다만 보통 무상증자는 호재로 반영되기 때문에 당일 주가가 올라가는 경우는 많다.

차트 흐름을 살펴보자.

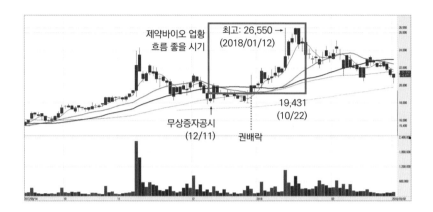

12월 11일 무상증자 공시 후 1개월 동안 약 50% 정도 상승했다. 무상
증자 효과에 따른 주가 상승으로 풀이된다.

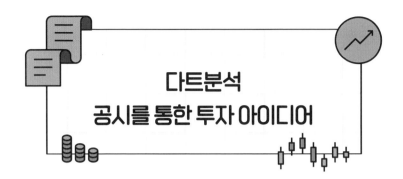

다트분석
공시를 통한 투자 아이디어

금융감독원 전자공시시스템인 다트(DART)분석법에 대해서 배워보는 시간을 갖겠다. 전자공시시스템 공시는 주가에 밀접하게 영향을 주기 때문에 잘 활용한다면 투자 포인트를 잡는 데 이용할 수 있다.

이번 챕터에서는 지분공시, 공급/수주 계약공시, 오버행 이슈라는 세 가지에 대해서 공시를 보는 과정부터 공시 내용에 대해 하나하나 살펴보도록 하자.

## 지분공시 보는 법

상장 주식의 대량 보유 현황 및 변동 정보를 공시

### 다트(DART)

금융감독원 전자공시시스템 다트 홈페이지(dart.fss.or.kr)에 접속한다.

# 1. 홈페이지 메인 화면에 접속한다.

# 2. [공시서류 검색]에서 [상세검색]을 클릭한다.

3. 기관 또는 슈퍼개미 제출인명에 기입 후 검색한다.

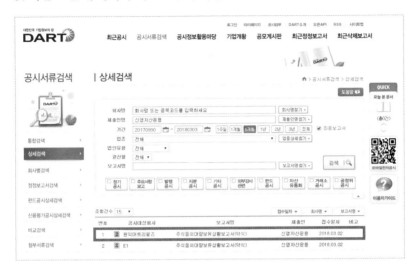

4. 공시체크 후 자세히 검색한다.

# 주식등의 대량보유상황보고서

(약식서식 : 자본시장과 금융투자업에 관한 법률 제147조에 의한 보고 중 '경영권에 영향을 주기 위한 목적'이 아닌 경우)

금융위원회 귀중
한국거래소 귀중

보고의무발생일    :    2018.02.21
보고서작성기준일 :    2018.02.28
보고자 :                 신영자산운용(주)

| 요약정보 | | | |
|---|---|---|---|
| 발행회사명 | (주)원익머트리얼즈 | 발행회사와의 관계 | 주주 |
| 보고구분 | 변동 | | |
| 보유주식등의 수 및 보유비율 | | 보유주식등의 수 | 보유비율 |
| | 직전 보고서 | 421,800 | 6.69 |
| | 이번 보고서 | 434,395 | 6.89 |
| 보고사유 | 특별관계자(뮤추얼 펀드) 변동 | | |

| 신영플러스<br>안정형투자<br>회사11(채권<br>혼합) | 107-86-73808 | 2018.02.21 | 장내매수(+) | 의결권있는<br>주식 | 0 | 1 | 1 | 66,600 | – |
|---|---|---|---|---|---|---|---|---|---|
| 신영플러스<br>안정형투자<br>회사11(채권<br>혼합) | 107-86-73808 | 2018.02.22 | 장내매수(+) | 의결권있는<br>주식 | 1 | 55 | 56 | 66,820 | – |
| 신영플러스<br>안정형투자<br>회사11(채권<br>혼합) | 107-86-73808 | 2018.02.23 | 장내매수(+) | 의결권있는<br>주식 | 56 | 36 | 92 | 66,392 | – |
| 신영플러스<br>안정형투자<br>회사11(채권<br>혼합) | 107-86-73808 | 2018.02.27 | 장내매수(+) | 의결권있는<br>주식 | 92 | 30 | 122 | 67,547 | – |
| 신영자산운<br>용(주) | 116-81-60433 | 2018.02.05 | 장내매도(-) | 의결권있는<br>주식 | 421,800 | -2,629 | 419,171 | 60,276 | 일임매매분 |
| 신영자산운<br>용(주) | 116-81-60433 | 2018.02.05 | 장내매수(+) | 의결권있는<br>주식 | 419,171 | 1,623 | 420,794 | 60,762 | 일임매매분 |
| 신영자산운<br>용(주) | 116-81-60433 | 2018.02.06 | 장내매도(-) | 의결권있는<br>주식 | 420,794 | -2,235 | 418,559 | 57,452 | 일임매매분 |
| 신영자산운<br>용(주) | 116-81-60433 | 2018.02.07 | 장내매수(+) | 의결권있는<br>주식 | 418,559 | 136 | 418,695 | 65,320 | – |
| 신영자산운<br>용(주) | 116-81-60433 | 2018.02.07 | 장내매도(-) | 의결권있는<br>주식 | 418,695 | -1,180 | 417,515 | 63,832 | 일임매매분 |
| 신영자산운<br>용(주) | 116-81-60433 | 2018.02.07 | 장내매수(+) | 의결권있는<br>주식 | 417,515 | 2,582 | 420,097 | 65,276 | 일임매매분 |
| 신영자산운<br>용(주) | 116-81-60433 | 2018.02.08 | 장내매수(+) | 의결권있는<br>주식 | 420,097 | 45 | 420,142 | 66,307 | – |
| 신영자산운<br>용(주) | 116-81-60433 | 2018.02.08 | 장내매수(+) | 의결권있는<br>주식 | 420,142 | 185 | 420,327 | 65,951 | 일임매매분 |
| 신영자산운<br>용(주) | 116-81-60433 | 2018.02.09 | 장내매수(+) | 의결권있는<br>주식 | 420,327 | 212 | 420,539 | 64,982 | – |
| 신영자산운<br>용(주) | 116-81-60433 | 2018.02.12 | 장내매도(-) | 의결권있는<br>주식 | 420,539 | -1,559 | 418,980 | 66,530 | – |
| 신영자산운<br>용(주) | 116-81-60433 | 2018.02.12 | 장내매도(-) | 의결권있는<br>주식 | 418,980 | -1,889 | 417,091 | 66,514 | 일임매매분 |
| 신영자산운<br>용(주) | 116-81-60433 | 2018.02.13 | 장내매수(+) | 의결권있는<br>주식 | 417,091 | 56 | 417,147 | 66,791 | 일임매매분 |
| 신영자산운<br>용(주) | 116-81-60433 | 2018.02.19 | 장내매수(+) | 의결권있는<br>주식 | 417,147 | 1,811 | 418,958 | 66,234 | – |
| 신영자산운<br>용(주) | 116-81-60433 | 2018.02.19 | 장내매수(+) | 의결권있는<br>주식 | 418,958 | 1,539 | 420,497 | 66,227 | 일임매매분 |
| 신영자산운<br>용(주) | 116-81-60433 | 2018.02.20 | 장내매도(-) | 의결권있는<br>주식 | 420,497 | -925 | 419,572 | 65,100 | – |

※ 빨간색 박스: 최근 신영자산운용 매매수량 분석(-는 매도, +는 매수), 파란색 박스: 매매단가

신영자산운용은 1996년 설립 이래로 25년간 가치투자 철학을 원칙으로 가치주, 즉 저평가 우량주의 장기 투자를 일관성 있게 유지하며 기업을 발굴하는 운용사로 알려져 있다. 2018년에는 장기간 시장에서 소외되었던 저평가 중소형주에서 투자의 기회를 찾기 위해 중소형주 펀드를 출시해 기대 이상의 관심을 받기도 했다.

워낙 수익률이 높은 운용사로 알려져 있기 때문에, 신영자산운용이 투자하는 종목을 찾기 위해 다트를 통해 역으로 종목을 검색하는 방식이라 보면 될 것이다. 아무래도 기관투자자는 개인투자자보다 정보가 빠르기 때문에 기관의 수급을 체크하는 분석방법이라 보면 된다. 반드시 올라간다는 보장은 없지만, 안전하게 분할 투자하다 보면 좋은 결과를 맺을 수 있다고 생각한다.

신영자산운용은 원익머트리얼즈 종목을 꾸준히 담아가고 있는 모습이 포착된다. 최근 수급을 분석해보면 신영자산운용은 2월 20일부터 28일까지 6만 5천~6만 7천 원 사이에서 1만 5천 주 정도 매수를 했다. 대략 매수금액은 10억 원 정도로 추정할 수 있다.

원익머트리얼즈 일봉차트에서 위 종목은 박스권 하단에서 반등하는 모습이 나타나고 있다.

## 한국투자밸류자산운용

다음은 한국투자밸류자산운용으로 종목을 찾아보겠다.

1. 기관(한국투자밸류자산운용)을 검색한다.

## 2. 공시체크 후 자세히 검색한다.

### 다. 세부변동내역

| 보고사유 | 변동일* | 특정증권등의 종류 | 소유 주식 수 (주) | | | 취득/처분 단가(원)** | 비 고 |
|---|---|---|---|---|---|---|---|
| | | | 변동전 | 증감 | 변동후 | | |
| 장내매수(+) | 2018년 02월 21일 | 보통주 | 5,215,529 | 13,000 | 5,228,529 | 15,080 | – |
| 장내매수(+) | 2018년 02월 22일 | 보통주 | 5,228,529 | 1,000 | 5,229,529 | 15,200 | – |
| 장내매수(+) | 2018년 02월 23일 | 보통주 | 5,229,529 | 9,813 | 5,239,342 | 15,050 | – |
| 장내매수(+) | 2018년 02월 26일 | 보통주 | 5,239,342 | 3,000 | 5,242,342 | 14,991 | – |
| 장내매수(+) | 2018년 02월 27일 | 보통주 | 5,242,342 | 1,000 | 5,243,342 | 15,150 | – |
| 합 계 | | | | 27,813 | – | – | – |

※ 빨간색 박스: 주식수 증가, 파란색 박스: 취득단가. 평균 단가 약 15,000원 취득

한국투자밸류자산운용은 현재의 주가보다 내재가치가 우수한 기업을 발굴해 분석하는 운용사다. 빙산의 일각보다 바닷속에 잠겨 있는 빙산 전체를 읽는 투자방식을 채택하고 있다.

NICE는 1986년 한국신용정보 주식회사로 출발해 2004년 2월 유가증권시장에 상장되었다. 2010년 11월 투자사업부문과 신용조회사업부문을 인적분할했으며, 동일자로 동사의 투자사업부문을 존속법인으로 해 한국신용평가정보(주)로부터 인적분할된 투자사업부문을 흡수합병하고 상호를 한국신용정보 주식회사에서 주식회사 나이스홀딩스로 변경했다. 현재 26개의 종속회사를 두고 있으며, 종속회사 및 기타 투자회사로부터의 배당수익, 상표권 사용수익 등으로 수익을 올리는 회사다. 어떠한 이유로 최근 매집을 했는지는 확인하기는 어렵지만 최근 외국인과 기관의 매수세가 계속해서 들어오고 있다.

한국투자밸류자산운용은 1만 5천 원 부근에서 2만 8천 주 매수했다. 약 4억 2천만 원 정도 매수를 한 것이다. 그 후 최근 거래량이 터지면서 주가가 강하게 올라가는 모습이 나타났다.

일봉차트는 고점과 저점을 낮추는 우하향 차트를 보여주고 있다. 한국
투자밸류자산운용에서 지분공시가 나온 후 7일 내에 거래량이 실리면서
20% 가까이 상승했다.

## 슈퍼개미

최근 증권가에서는 소위 '슈퍼개미'로 불리는 30억 원 이상 고액 자산가
가 급증하고, 가계 순자산도 11% 늘어나 가구당 5억 원을 돌파한 것으로
나타났다. 2021년 7월 22일 통계청에 따르면 2020년 말 가구당 순자산
은 5억 1,220만 원으로, 전년 대비 10.6% 증가했다고 한다. 가구당 순자
산 금액과 증가율 모두 역대 최고치다. 증권가의 슈퍼개미의 증가와 함께
유튜브를 통해 슈퍼개미 투자를 배우는 투자자들도 늘어나고 있다. 이번
에는 슈퍼개미가 취득한 지분을 통해 주가의 움직임이 어떻게 되었는지
살펴보자.

# 1. 슈퍼개미(유준원)를 검색한다.

# 2. 공시체크 후 자세히 검색한다.

## 2. 세부변동내역

| 성명 (명칭) | 생년월일 또는 사업자등록번호 등 | 변동일* | 취득/처분 방법 | 주식등의 종류 | 변동 내역 변동전 | 변동 내역 증감 | 변동 내역 변동후 | 취득/처분 단가** | 비고 |
|---|---|---|---|---|---|---|---|---|---|
| 김진수 | 630415 | 2017.05.19 | 장내매도(-) | 의결권있는 주식 | 63,028 | -11,000 | 52,028 | (8,047) | - |
| 김진수 | 630415 | 2017.05.22 | 장내매도(-) | 의결권있는 주식 | 52,028 | -10,000 | 42,028 | (8,158) | - |
| 김진수 | 630415 | 2017.05.23 | 장내매도(-) | 의결권있는 주식 | 42,028 | -10,000 | 32,028 | (8,115) | - |
| 김진수 | 630415 | 2017.05.24 | 장내매도(-) | 의결권있는 주식 | 32,028 | -3,050 | 28,978 | (8,006) | - |
| 김진수 | 630415 | 2017.05.25 | 장내매도(-) | 의결권있는 주식 | 28,978 | -11,000 | 17,978 | (7,823) | - |
| 김진수 | 630415 | 2017.05.26 | 장내매도(-) | 의결권있는 주식 | 17,978 | -10,010 | 7,968 | (7,825) | - |
| 김진수 | 630415 | 2017.05.29 | 장내매도(-) | 의결권있는 주식 | 7,968 | -7,968 | 0 | (7,808) | - |
| 김진호 | 720420 | 2017.06.16 | 장내매도(-) | 의결권있는 주식 | 5,555 | -2,500 | 3,055 | (9,800) | - |
| 김진호 | 720420 | 2017.06.19 | 장내매도(-) | 의결권있는 주식 | 3,055 | -3,055 | 0 | (9,803) | - |
| 제갈태호 | 601028 | 2017.06.19 | 장내매도(-) | 의결권있는 주식 | 22,000 | -15,000 | 7,000 | (9,956) | - |
| 제갈태호 | 601028 | 2017.06.20 | 장내매도(-) | 의결권있는 주식 | 7,000 | -1,750 | 5,250 | (9,986) | - |
| 제갈태호 | 601028 | 2017.06.21 | 장내매도(-) | 의결권있는 주식 | 5,250 | -5,250 | 0 | (9,477) | - |
| 유준원 | 740904 | 2017.08.16 | 장내매수(+) | 의결권있는 주식 | 10,650,000 | 18,608 | 10,668,608 | (9,522) | - |
| 유준원 | 740904 | 2017.08.17 | 장내매수(+) | 의결권있는 주식 | 10,668,608 | 4,392 | 10,673,000 | (9,570) | - |
| 유준원 | 740904 | 2017.08.18 | 장내매수(+) | 의결권있는 주식 | 10,673,000 | 12,000 | 10,685,000 | (9,527) | - |
| 유준원 | 740904 | 2017.09.22 | 장내매수(+) | 의결권있는 주식 | 10,685,000 | 7,700 | 10,692,700 | (9,238) | - |
| 유준원 | 740904 | 2017.09.25 | 장내매수(+) | 의결권있는 주식 | 10,692,700 | 2,500 | 10,695,200 | (9,096) | - |

※빨강색 박스: 매수 수량, 파랑색 박스: 취득단가(평균 9,400원)

2018년 2월 슈퍼개미 유준원의 이슈였다. 최근 골든브릿지투자증권 인수와 관련해서 뉴스가 나와, 다트를 통해 '유준원'을 검색했다. 공시를 보니 2017년 9월 25일 텍셀네트컴 지분취득 공시가 있었다. 현재는 상상인으로 사명을 변경했다.

유준원이라는 사람은 2009년 35세 때 증권시장에 모습을 드러낸 사람이다. 1974년생으로 연세대 법대를 나오고 일반회사의 대표를 맡았다. 상상인 경영을 맡은 후에는 금융사 네트워크 솔루션을 본업으로 하고 지주사 형태로 사업체 인수를 시작했다. 코스닥 상장사를 주고객으로 하며 명동 사채시장에서 자금을 조달하던 기업 고객을 싹쓸이했다.

유준원 대표는 다양한 기업을 직접 경영하고 투자하면서 외부 노출이

드물었다. 다만 이례적으로 2017년 상상인 투자자 설명회에서 경영전략을 설명하며 자기자본이익률이 8% 이상으로 경쟁 금융회사보다 높은 부분을 강조했다. 이런 부분들이 투자자에 좋은 투자 아이디어를 불러일으키며 상상인의 주가도 크게 올라가게 되었다.

　상상인 지분공시를 보면 유준원 대표는 9,500원대에서 4만 5천주 정도를 추가 매수한 공시가 있다. 약 4억 3천만 원 정도 매수를 한것이다. 슈퍼개미의 지분취득을 알았다면 분명 좋은 기회가 되었을 것이라 생각한다.

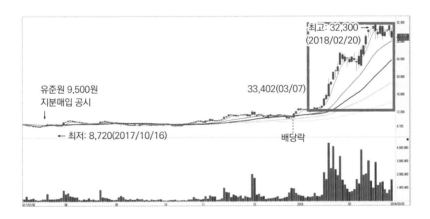

　일봉차트를 보자. 2017년 9월 최대 주주가 바뀌는 지분 공시 3개월 후 거래가 실리면서 본격적인 상승랠리가 시작했다. 3개월 만에 약 3배 이상 상승했다.

　한국 슈퍼개미들의 책을 살펴보면 철저한 자기분석과 기업분석을 바탕으로 성공적인 주식 투자를 만들어가는 방향에 대한 깊은 고민이 담겨 있다. 이들의 저서를 읽어보는 것도 투자에 많은 도움이 되리라 생각한다.

# 공급/수주 계약공시 보는 법

## 용역 혹은 서비스 제공 계약을 체결 시 제출하는 공시

1. 금감원 전자공시시스템 홈페이지 메인 화면의 [공시서류 검색]에서 [통합검색]을 클릭한다.

2. 공급계약 기입 후 검색한다.

# 3. 종목 선별 후 계약공시를 자세히 검색한다.

---

**기 신텍**   단일판매 · 공급계약체결(자율공시)

한솔신텍/단일판매 · **공급계약**체결(자율공시)/(2018.03.02)단일판매 · **공급계약**체결(자율공시) 단일판매 · **공급계약** 체결(자율공시) 1. 판매 · **공급계약** 내용 Saudi SABIC EO/EG MUA110 BOILER...

[거래소공시] [본문] 제출인 : 신텍                                   2018.03.02

---

**코 에코마이스터**   [기재정정] 투자설명서

...체결) 06 현대제철과 SAP **공급계약** 체결 11 자회사 ㈜에코큐빅타이 설립 11 일본 OSAKA SHOJI사와 제강컨설팅 및 장비공급 계약 12 ㈜에코마이스터 통해공장 설치(동부메탈) 12 제49회 무역의 날...

[발행공시] [본문] 제출인 : 에코마이스터                           2018.03.02

---

**코 기가레인**   단일판매 · 공급계약체결

기가레인/단일판매 · **공급계약**체결/(2018.03.02)단일판매 · **공급계약**체결 단일판매 · **공급계약**체결 1. 판매 · **공급계약** 내용 식각장비 2. 계약내역 계약금액(원) 9,317,700,000 최근 매출액(원)...

[거래소공시] [본문] 제출인 : 기가레인                             2018.03.02

---

**코 CS**   단일판매 · 공급계약체결(자율공시)

CS/단일판매 · **공급계약**체결(자율공시)/(2018.03.02)단일판매 · **공급계약**체결(자율공시) 단일판매 · **공급계약** 체결(자율공시) 1. 판매 · **공급계약** 내용 LTE RF중계기 **공급계약** 2. 계약내역 계약금액 (원)...

[거래소공시] [본문] 제출인 : CS                                    2018.03.02

---

**코 디아이엔티**   단일판매 · 공급계약체결

디아이엔티/단일판매 · **공급계약**체결/(2018.03.02)단일판매 · **공급계약**체결 단일판매 · **공급계약**체결 1. 판매 · **공급계약** 내용 OLED 제조장비 2. 계약내역 계약금액(원) 7,121,079,000 최근 매출액(원)...

[거래소공시] [본문] 제출인 : 디아이엔티                           2018.03.02

---

**코 테스**   단일판매 · 공급계약체결(자율공시)

테스/단일판매 · **공급계약**체결(자율공시)/(2018.03.02)단일판매 · **공급계약**체결(자율공시) 단일판매 · **공급계약** 체결(자율공시) 1. 판매 · **공급계약** 내용 반도체 제조장비 2, 계약내역 계약금액 (원)...

[거래소공시] [본문] 제출인 : 테스                                   2018.03.02

---

**코 시공테크**   단일판매 · 공급계약체결(자율공시)

시공테크/단일판매 · **공급계약**체결(자율공시)/(2018.03.02)단일판매 · **공급계약**체결(자율공시) 단일판매 · **공급계약** 체결(자율공시) 1. 판매 · **공급계약** 내용 경기도학생종합안전체험관 전시 체험시설 설계 및 제작설치...

[거래소공시] [본문] 제출인 : 시공테크                             2018.03.02

---

## (주)테스 (정정)단일판매 · 공급계약체결(자율공시)
테스

### 정정신고(보고)

| | | |
|---|---|---|
| | 정정일자 | 2018-01-29 |
| 1. 정정관련 공시서류 | 단일판매 · 공급계약 체결(자율공시) | |
| 2. 정정관련 공시서류제출일 | 2018.01.02 | |
| 3. 정정사유 | 납기일정 변경에 따른 정정 | |
| 4. 정정사항 | | |

| 정정항목 | 정정전 | 정정후 |
|---|---|---|
| 5. 계약기간 종료일 | 2018-02-01 | 2018-02-26 |
| - | | |

### 단일판매 · 공급계약 체결(자율공시)

| | | |
|---|---|---|
| 1. 판매 · 공급계약 내용 | 반도체 제조장비 | |
| 2. 계약내역 | 계약금액 (원) | 13,500,000,000 |
| | 최근 매출액 (원) | 178,907,933,853 |
| | 매출액 대비 (%) | 7.5 |
| 3. 계약상대방 | SK하이닉스 | |
| -회사와의 관계 | - | |
| 4. 판매 · 공급지역 | 대한민국 | |
| 5. 계약기간 | 시작일 | 2017-12-29 |
| | 종료일 | 2018-02-26 |
| 6. 주요 계약조건 | - | |
| 7. 판매 · 공급 방식 | 자체생산 | 해당 |
| | 외주생산 | 미해당 |
| | 기타 | - |
| 8. 계약(수주)일자 | 2017-12-29 | |

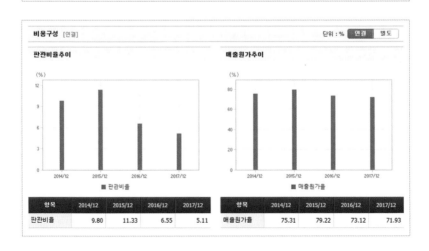

| IFRS(연결) | Annual | | | | Net Quarter | | | |
|---|---|---|---|---|---|---|---|---|
| | 2015/12 | 2016/12 | 2017/12 | 2018/12(E)📊 | 2018/03 | 2018/06 | 2018/09 | 2018/12(E)📊 |
| 매출액 | 1,003 | 1,789 | 2,758 | 2,915 | 1,004 | 950 | 464 | 552 |
| 영업이익 | 95 | 364 | 633 | 568 | 233 | 202 | 77 | 81 |
| 당기순이익 | 125 | 313 | 543 | 447 | 204 | 127 | 67 | |

테스는 반도체 장비의 제조 및 개조사업을 영위하기 위해 2002년에 설립되었다. 반도체 장비 중에서도 전 공정 핵심장비인 CVD와 ETCH장비 제조를 주력으로 영위하고 있으며, 2010년도부터 가스방식의 Dry Etcher장비의 개발에 성공하며 건식기상식각 장비시장에 진입했고, 2012년도엔 여러 공정을 동시에 수행하는 복합장비(Hybrid System) 양산에 성공했다. 2013년은 반도체 전공정 장비인 LPCVD와 새로운 PECVD의 양산에 성공했으며, 2017년 반도체 호황으로 삼성전자, SK하이닉스 등의 업체가 투자를 늘리면서 매출이 2배가량 증가했다

위 회사는 최근 자율공시로 공급계약 공시를 했다. 계약기간은 1개월짜리며 공급계약은 SK하이닉스로부터 135억 원 정도 나왔다. 2016년 매출액인 1,789억 원 대비해서는 7.5% 수준 정도다. 2018년 매출추정 대비해서는 약 6% 정도 될 것이다.

매출 공급계약 공시로 영업이익을 추정했을 때는 매출원가율과 판관비율을 따져서 대략적인 영업이익을 추정해볼 수 있을 것이다.

2016년 매출원가율이 73%, 판관비율은 6.5% 수준이다. 이 부분은 비용적인 측면이기 때문에 줄어들수록 수익성이 좋아진다. 2014년과 2015년 대비 매출원가율과 판관비율은 줄어들고 있다.

공급계약 150억 원에 매출원가율이 73%면 매출원가는 약 110억 원 정

도 나온다. 매출액 150억 원에서 매출원가 110억 원을 차감해주면 매출 총이익은 40억 원 정도 나올 것으로 계산된다.

판관비율은 공급예약의 6.5%인 약 10억 원을 차감해주면 영업이익은 30억 원이 계산될 것이다. 영업이익률은 20% 정도 나오는 것이다.

2017년 영업이익이 630억 원으로 추정했을 때 약 6% 정도 공급계약에 대한 영업이익이 증가하기 때문에 단순히 보면 주가는 5~6% 정도 올라가야 맞다고 볼 수 있다.

공급계약 공시는 회사의 호재다. 계약공시가 나오면 오르는 경향이 더 많다. 각 회사의 판관비율과 매출원가율을 살피면서 영업이익 추정치를 계산해보면 주가의 업사이드를 예측할 수 있다. 다만 기업은 다양한 사업을 하고 있기 때문에 해당 사업의 판관비율과 매출원가율이 맞는지는 기업에 확인한 후 투자하는 것이 바람직할 것이다.

## 오버행 이슈 물량 체크하는 법
잠재적인 과잉 물량 주식인 오버행

기업이 자금조달을 했을 때 전환되지 않는 물량이나, 신주물량이 추가 상장될 때 보통 전환가보다 주가가 높거나 신주인수권 행사가액보다 주가가 높게 형성되어 있다. 이때 추가 대기물량을 오버행 물량이라고 한다. 이는 주가 상승에 걸림돌이 된다.

회사의 분기보고서, 사업보고서를 보면 주석부분에 미상환되거나 미전환된 사채 물량들이 있다. 보통주로 유입되는 것이기에 보통 차익물량으로 출회될 수 있으며, 주가가 굉장히 무거워질 수 있다.

전환사채나 신주인수권부사채 발행공시가 떴을 때 해당 보고서에서 전환청구기간과 신주인수권부여 기간을 잘 파악해서 미리미리 오버행 이슈를 점검해야 된다. 다음 자료는 과거에 아프리카TV, 바이넥스, 주성엔지니어링에서 메자닌채권을 발행한 내역이다.

## 사례 1 │ 아프리카TV

| | | | | | 미상환 신주인수권부사채 등 발행현황 | | | | | |
|---|---|---|---|---|---|---|---|---|---|---|
| (기준일 : 2016.06.30 ) | | | | | | | | | | (단위 : 원, 주) |
| 종류\구분 | 발행일 | 만기일 | 권면총액 | 행사대상 주식의 종류 | 신주인수권 행사가능기간 | 행사조건 | | 미행사신주인수권부사채 | | 비고 |
| | | | | | | 행사비율 (%) | 행사가액 | 권면총액 | 행사가능 주식수 | |
| 제4회 무기명식 이권부 무보증 분리형 사모 신주인수권부사채 | 2011.12.28 | 2017.12.28 | 6,000,000,000 | 보통주 | 2012.12.28 ~2017.11.28 | 100 | 7,550 | 3,000,000,000 | 397,350 | 주1) |
| 합 계 | – | – | 6,000,000,000 | – | – | – | – | 3,000,000,000 | 397,350 | – |

주1) 제4회 무기명식 이권부 무보증 분리형 사모 신주인수권부사채는 권리자의 조기상환 청구에 따라, 2013년 12월 30일 전액 취득(금액 : 6,497,142,000원, 이자 포함) 후 소각되었습니다.
주) 제3회 무기명식 이권부 무보증 분리형 사모 신주인수권부사채는 권리자의 조기상환 청구에 따라, 2013년 6월 28일 전액 취득(금액 : 6,369,120,000원, 이자 포함) 후 소각되었고, 2016.05.27 미행사 신주인수권 397,350주가 행사되어 3회차 신주인수권부사채는 모두 소멸되었습니다.

만기  6년

신주인수권 행사기간  발행 1년 후부터

행사가능 주식  약 40만 주

아프리카TV가 2012년 12월 28일~2017년 11월 28일까지 주가가 7,550원 위에 있다고 가정하면 신주인수권을 행사해 보통주를 받아서 차익물량이 출회될 수 있다. 다만 위 신주인수권부사채는 공시에 나오다시피 권리자의 조기상환 청구에 따라 모두 소멸되었음을 확인할 수 있다.

## 나. 미상환 전환사채 발행현황

(기준일 :  2016년 03월 31일  )  (단위 : 원, 주)

| 종류\구분 | 발행일 | 만기일 | 권면총액 | 전환대상 주식의 종류 | 전환청구가능기간 | 전환조건 전환비율 (%) | 전환조건 전환가액 | 미상환사채 권면총액 | 미상환사채 전환가능주식수 | 비고 |
|---|---|---|---|---|---|---|---|---|---|---|
| 제4회 사모 전환사채 | 2015년 06월 01일 | 2020년 06월 01일 | 20,000,000,000 | 보통주 | 2016.06.01~ 2020.05.01 | 100% | 14,400 | 20,000,000,000 | 1,388,888 | - |
| 합계 | - | - | 20,000,000,000 | 보통주 | | 100% | 14,400 | 20,000,000,000 | 1,388,888 | - |

## 전환가액의 조정

| 1. 조정에 관한 사항 | 회차 | 조정전 전환가액 (원) | | 조정후 전환가액 (원) | |
|---|---|---|---|---|---|
| | 4 | 14,400 | | 10,080 | |
| 2. 전환가능주식수 변동 | 회차 | 미전환사채의 권면총액 (통화단위) | | 조정전 전환가능 주식수 (주) | 조정후 전환가능 주식수 (주) |
| | 4 | 20,000,000,000 | KRW : South-Korean Won | 1,388,888 | 1,984,126 |
| 3. 조정사유 | 시가하락에 따른 전환가액 조정 | | | | |

만기 5년

전환청구기간  발행 후 1년부터

전환가액  14,400원, 미상환사채 200억 원. 오버행 이슈물량 존재

환권 행사시 상장물량 주식수  1,388,888주

바이넥스는 미전환된 물량이 200억 원이나 있다. 그리고 3월 2일 주가는 10,700원에 머물러 있다. 아마 전환사채 발행 시 주가하락에 대한 전환가액조정(Refixing) 조건이 붙었다. 현재 전환가액은 10,080원이다. 전환가가 낮아졌기 때문에, 전환주식수는 1,984,126주로 증가했다.

2018년 3월 2일 기준 시가총액은 3,350억 원이고 200억 원이 미전환

되었기 때문에 전환 시 시총 비중의 약 6~7%로 주가는 6~7% 정도 하락 조정이 나올 수 있다.

## 사례 3 | 주성엔지니어링

미상환 전환사채 발행현황

(기준일 : 2016년 03월 31일 )                                                    (단위 : 백만원, 주)

| 종류 \ 구분 | 발행일 | 만기일 | 권면총액 | 전환대상 주식의 종류 | 전환청구가능기간 | 전환조건 | | 미상환사채 | | 비고 |
|---|---|---|---|---|---|---|---|---|---|---|
| | | | | | | 전환비율 (%) | 전환가액 | 권면총액 | 전환가능주식수 | |
| 제 4회 무기명식 무보증 사모 전환사채 | 2011년 01월 21일 | 2016년 01월 21일 | 30,000 | 보통주 | 2012.01.21 ~ 2016.01.14 | 100 | 15,547 | 0 | 0 | - |
| 합 계 | - | - | 30,000 | - | - | | | 0 | 0 | - |

– 제 4회 전환사채는 전전기 중 주주배정 유상증자를 실시하였기에 전환가액이 조정되었습니다. (관련공시 : 2014.07.14 전환가액의 조정)
– 제 4회 전환사채는 당분기 중 만기 상환 하였습니다.

만기 5년

전환청구기간 발행 후 1년부터

전환청구 가액 155억 원

전환청구가 이루어지지 않았고, 채권자는 만기까지 보유 후 만기상환 이루어졌다.

오버행 관련 이슈는 특히 IPO 투자를 진행할 때 자세히 검토해야 한다. 상장 후 1~6개월 사이에 기관투자자 등 보호예수(지분락업)가 풀린 물량들이 생기며 오버행(대규모 매각 대기 물량 출회) 우려가 나타날 수 있기 때문이다. 오버행 이슈는 주가 하락의 빌미로 작용한다는 점을 명심해야 한다.

PART 03

# 다양한 차트 자료를 이용한 기술적 분석

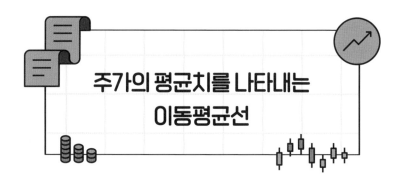

이동평균선이란 일정 기간 동안의 주가(종가 기준)를 산술 평균한 값으로 주가의 이동평균을 차례로 연결해 만든 선이다. 해당 시점에서 시장의 전반적인 주가 흐름과 주가의 추이를 파악해 미래의 움직임을 예상하는 데 사용되는 지표다.

### 이동평균선의 종류

단기 이동평균선 3일, 5일, 10일, 20일

중기 이동평균선 60일, 120일

장기 이동평균선 200일

대표 이동평균선의 정의와 성질을 정리해보자.

## 대표 이동평균선

| 종류 | 정의 |
|---|---|
| 5일<br>이동평균선 | • 1주일 동안의 평균 매매가격. 단기매매선이라 하며 '생명선'으로 불림<br>• 단기추세 파악 및 데이트레이더와 단기매매자에게 중요한 역할을 한다. 현재 주가 수준과 가장 밀접하게 움직이는 이동평균선으로 5일선의 기울기와 현 주가 대비 위치를 살펴야 한다. |
| 20일<br>이동평균선 | • 1개월 동안의 평균 매매가격. 중기매매선이라 하며 '세력선'으로 불림<br>• 20일선의 기울기는 현 주가 흐름 방향을 나타내는 지표다. 상승기울기인지, 하락기울기인지, 횡보인지 살펴야 한다. |
| 60일<br>이동평균선 | • 4개월 동안의 평균 매매가격. 중기적 추세선이라 하며 '수급선'으로 불림<br>• 하락조정 시 60일선에서 지지가 이루어지지만, 60일선 아래 위치에서 상승 시 매물부담이 작용된다. 추세전환 시 많이 사용한다. |
| 120일<br>이동평균선 | • 6개월 동안의 평균 매매가격. 장기적 추세선이라 하며 '경기선'이라 불림<br>• 기울기를 통해 현 시장의 전체적인 흐름을 본다. |

# 이동평균선의 특징

## 관성의 법칙

주가가 움직이는 방향으로 계속 움직이는 경우다. 흔히 말해서 "추세를 탄다"라고 한다. 상승추세를 타게 되면 주가는 지속적으로 우상향하게 된다. 저점과 고점이 높아지면 이동평균선은 정배열 상태로 지속하게 된다. 5일 → 20일 → 60일 → 120일 이동평균선이 순서대로 상승하게 된다.

반대로 하락추세가 된다면 주가는 지속적으로 우하향하게 된다. 저점과 고점이 낮아지면서 이동평균선은 역배열 상태로 지속하게 된다. 120일 → 60일 → 20일 → 5일 이동평균선이 순서대로 하락하게 된다.

## 회귀현상

주가가 이동평균선을 향해 회귀하는 것을 말한다. 이동평균선과 주가와의 간격(갭)이 크면 가격을 줄이는 성질이다. 이동평균선은 후행적인 지표다. 주가가 크게 오르게 되면 이동평균선은 후행적으로 올라간다. 이동평균선과 주가와의 갭이 커지게 되면 주가는 낮아져서 이동평균선의 갭을 줄이게 된다. 반대로 주가가 크게 하락하게 되면 이동평균선은 내려간다. 주가와의 갭이 커지게 되면 주가가 오르게 되어 이동평균선과 주가와의 갭을 줄이게 된다. 이러한 현상을 회귀 또는 이격을 좁힌다고 말한다.

## 정배열과 역배열

정배열은 5일 > 10일 > 20일 > 60일 > 120일 > 200일 순으로 단기 이동평균선에서 장기 이동평균선으로 배열된 상태를 지칭한다. 반대로 역배열은 200일 > 120일 > 60일 > 20일 > 10일 > 5일 순으로 장기 이동평균선에서 단기 이동평균선으로 배열된 상태를 지칭한다.

배열도를 분석할 때는 완전한 정배열이 되기 전에 각 이동평균선 간에 각도를 벌리면서 상승할 때 가장 신뢰할 수 있다.

## 크로스분석

이동평균선을 그리다 서로 교차하게 되는 것을 크로스라고 한다. 단기 이동평균선이 장기 이동평균선을 위로 뚫었을 때를 골든크로스, 단기 이동평균선이 장기 이동평균선을 아래로 뚫었을 때를 데드크로스라고 한다. 보통 골든크로스는 매수신호, 데드크로스는 매도신호로 생각한다. 주로 크로스분석에는 5일, 10일, 20일, 60일 이동평균선을 많이 사용한다.

그동안의 필자의 경험을 바탕으로 한 이동평균선 매매기법에 대해서 설명하겠다. 바로 '밀집도 분석'이다. 이동평균선 간의 간격이 멀어질수록 기존 추세가 계속되고, 멀어지던 간격이 좁혀지기 시작하면 추세 전환이 가까워짐을 예고한다. 이동평균선이 수렴하게 되면, 즉 한 점에 모이게 되면 시세 반전이 나타날 수 있다. 주로 수렴형은 바닥권에서 많이 나타나며 이동평균선이 모인 상태해서 급등하는 양상이 자주 나타난다.

### 이것만은 꼭!

▪ 이동평균선은 일정 기간 동안의 주가를 산술평균한 값이며, 주가 이동평균선을 차례로 연결해 만든 선이다.
▪ 이동평균선은 시장의 전반적인 주가 흐름을 판단하고 향후 주가 추이를 전망하는 데 사용되는 주식시장의 대표적인 기술지표다.


## 35일 이동평균선 매매기법

필자가 자주 사용하는 이동평균선 매매기법을 사례를 통해 살펴보자. 먼저 35일 이동평균선 매매기법이다. 일봉상 정배열(60일, 120일, 200일 이동평균선 정배열)일 때 주가가 35일 이동평균선까지 가격조정 시 1분할 매수하는 방법이다. 차트에서 보라색은 35일 이동평균선, 분홍색은 60일 이동평균선, 회색은 120일 이동평균선, 파랑색은 200일 이동평균선을 나타낸다.

### 사례 1 | 에코프로

에코프로는 환경오염 방지 관련 소재 및 설비 산업, 정리화학 소재 제조 및 판매업, 에너지 절약 소재 및 설비 산업, 2차전지 소재(양극재) 제조 및 판매업, 부동산 및 설비 임대업 등을 주요 사업으로 영위하고 있다. 그럼 일봉차트를 살펴보자.

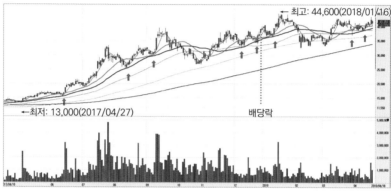

보라색: 35일, 분홍색: 60일, 회색: 120일, 파랑색: 200일

60일, 120일, 200일 이동평균선이 차례로 위치하면서 주가조정이 나타나면서 35일선에서 지지를 받고 가는 모습이다. 2017년 4월부터 2018년 4월까지 총 7번의 35일 이동평균선 지지를 받아주면서 올라갔다. 지지라인마다 화살표 표시를 했으니 확인해보자. 35일 이동평균선을 아래로 깼을 때가 2번이 있었지만 확률상 35일 이동평균선을 맞고 올라갔을 때가 많았기 때문에 신뢰도가 높다.

100% 집중 투자가 아니기 때문에 분할 투자 시 1차적으로 35일선 매매기법을 활용하면 좋다.

## 사례 2 │ 티웨이홀딩스

티웨이홀딩스는 1945년 태화고무공업사로 설립됐으며 1977년 상장되었다. PHC파일 사업 부문을 운영 중이며 2014년 반도체 회사(한국화천)를 합병해 반도체 패키징 사업 부문도 영위하고 있다. 테마파크 사업 부문은 2013년 물적 분할 후 신규회사를 설립해 전문성, 책임경영 등을 강화했다. 동사의 종속회사는 국내외 항공운송업을 영위하는 LCC(저가항공사) 티웨이항공 1개사가 있다. 다음은 티웨이홀딩스의 일봉차트다.

보라색: 35일, 분홍색: 60일, 회색: 120일, 파랑색: 200일

2018년 1월 26일, 29일 대량거래가 터지고 장대양봉을 만들면서 이동평균선이 정배열로 바뀌었다. 60일, 120일, 200일 이동평균선이 정배열되면서 주가조정이 나왔을 때 35일 이동평균선을 지지하면서 눌림목 매수가 형성되었다. 이후 주가는 전고점을 돌파하면서 신고가 랠리가 나타났다.

신흥에스이씨는 1979년 5월에 설립되어 리튬이온전지 부품제조업, 자동화기계 제작업 등을 영위하고 있으며, 2017년 3분기 현재 4개의 해외 비상장 계열회사를 보유 중이다. 2016년 기준으로 소형제품의 경우 원형 1위, 각형 1위, 중대형제품 각형 1위, 캔 2위 등 모든 제품 영역에서 시장 점유율이 상위권에 위치하고 있다. 일봉차트를 살펴보자.

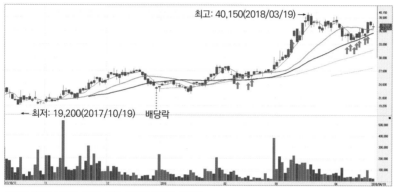

보라색: 35일, 분홍색: 60일, 회색: 120일, 파랑색: 200일

    신흥에스이씨도 2017년 9월 말 상장 이후 3개월여 동안 조정을 거친 후 주가가 상승하기 시작했다. 상장한 지 얼마 안 됐기 때문에 200일 장기 이동평균선은 생성되지 않았다. 60일과 120일 이동평균선이 정배열로 바뀌면서 주가가 상승했고, 35일 이동평균선 지지 후 재차 상승하는 모습을 보여주었다.

35일 이동평균선 매매기법은 거래량이 터지고 주가가 오르면서 단기 이동평균선부터 차례로 우상향하는 기울기가 만들어진다. 60일, 120일, 200일선이 차례로 위치하면서 우상향 기울기가 만들어질 때 주가가 35일 이동평균선까지 조정 시(눌림목 시) 매수하는 기법이다. 35일 이동평균선을 이탈할 가능성도 있기 때문에 1차로 분할매수를 하고, 추가적인 조정 시 2차, 3차 매매전략으로 접근하면 된다.

## 200일 이동평균선 매매기법

200일 이동평균선 매매기법은 주가가 200일 이동평균선까지 가격조정이 나타났을 시 매수하는 기법이다. 주가가 상승하면서 정배열로 만들어졌던 이동평균선이 차례로 주가가 이동평균선을 깨면서 200일 이동평균선에서 마지막으로 매수하는 방법이다. 다만 200일 이동평균선의 기울기는 하락 기울기 시에는 매수하면 안 된다. 기울기가 완만하게 상승했을 때 지지 매수기법으로 활용한다.

예시를 통해 살펴보겠다.

### 사례 1 | 덱스터

덱스터는 영화 〈신과 함께〉, 〈국가대표〉 등을 제작한 김용화 감독을 중심으로 2011년 12월 설립된 한국 최고의 영상제작물 시각특수효과(VFX) 전문기업이다. VFX의 디지털 사업 외에 광고 및 영화 관련 제작, 콘텐츠 개발 등 사업영역을 확장하기 위해 덱스터디지털에서 덱스터로 상호를 변경했다. 자체 개발 소프트웨어를 활용해 동물 크리쳐, 디지털 휴먼, 메카닉 등 다양한 분야에 적용 가능한 제작 능력을 확보한 국내 유일의 업체다. 일봉차트를 살펴보자.

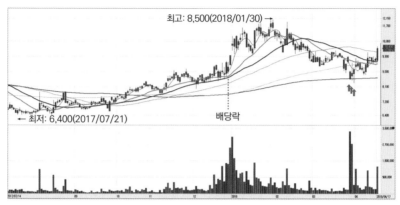

보라색: 35일, 분홍색: 60일, 회색: 120일, 파랑색: 200일

35일 이동평균선을 지지하면서 올라갔던 주가가 1월 30일 이후 힘에 부치면서 12,150원에서 8,320원선까지 주가조정이 나타났다. 이때 주가는 거래량이 동반되면서 200일 이동평균선을 종가상 지지해주며 다시 반등하게 되었다. 매수세가 강한 거래량이 동반하면서 200일 이동평균선을 지지해주면 바닥 신호로 볼 수 있다. 즉 하단에서 하방을 지지해주는 세력의 진입으로 해석할 수 있다.

200일 이동평균선을 최후의 마지막 지지선이라고 생각하고 매수하면 된다.

액토즈소프트는 1996년에 설립된 온라인 및 모바일게임 개발업체로 2001년 코스닥시장에 상장했다. 동사의 최대 주주인 중국 샨다게임즈가 100%를 보유하고 있는 샨다게임즈 코리아 인베스트먼트로, 51.1%의 지분을 소유하고 있다. 과거 매출의 대부분은 중국 샨다를 통해 서비스되는 '미르의 전설2'에서 발생했으며, 2012년 12월 출시된 모바일게임 '밀리언아서'의 흥행으로 모바일게임 개발사로 변모했다. 국내 기업 3개, 중국 기업 2개 포함 총 5개의 계열사를 보유하고 있다. 다음은 액토즈소프트의 일봉차트다.

보라색: 35일, 분홍색: 60일, 회색: 120일, 파랑색: 200일

액토즈소프트는 거래가 계속해서 많은 종목이다. 2018년 3월 12일 2만 4천 원 고점을 만들며, 지속적으로 하락해 1만 7천 원까지 조정이 나왔다. 고점 대비 약 30% 정도 조정이 나타났다. 이후 거래가 다시 증가하면서 200일 이동평균선 지지 후 반등에 성공했다.

인지콘트롤스는 1978년 자동차 부품 제조, 판매를 목적으로 설립되었다. 동사는 자동차 엔진 냉각제어 분야에서 핵심적인 기술력을 바탕으로 온도제어시스템 부품 등을 납품한다. 현재 관련 부품 시장에서 90% 이상 점유율을 지속적으로 차지하고 있다. 친환경차에 적용하게 될 전자식 써모스타트와 멀티밸브의 연구개발, 양산화에 매진하고 있다. 최근 주력품목으로 부상한 엔지니어링 플라스틱 부품도 국내 시장에서 40% 비중을 차지하고 있다. 일봉차트를 보자.

보라색: 35일, 분홍색: 60일, 회색: 120일, 파랑색: 200일

인지컨트롤스는 세 차례 200일 이동평균선 지지하는 모습을 보였다. 2017년 12월에 두 차례 200일 이동평균선을 지지해주며 이중바닥을 만든 후 대량거래가 발생하면서 주가가 크게 올랐다. 이후 가격조정이 나타나면서 35일선까지 하락 후 반등했지만, 다시 추가 조정이 나타났다. 4월 초중반까지 주가가 내리다가 200일선을 지지하며 반등하는 모습이 나타났다.

200일 이동평균선도 35일 이동평균선과 마찬가지로 지지선 매매기법으로 활용한다. 다만 200일 이동평균선은 가격이 이미 충분히 오른 후 조정이 나타났을 때(30~50% 내) 가격조정이 형성된다면 매수하는 기법이다. 200일 이동평균선 부근에서 대량 매수세가 강한 거래량이 터졌을 때는 신뢰도가 더 높아진다.

35일 이동평균선 매매기법을 1분할 매수기법이라고 하면, 200일 이동평균선은 2분할 매수기법이라고 보면 된다.


## 200일 이동평균선 매도기법

200일 이동평균선 매도기법은 장기 이동평균선을 활용해 매도하는 기법이다. 매도한다는 뜻은 청산한다는 의미로 신규 매수로 수익을 창출하거나, 보유 중인 주식에 손실을 줄일 때 활용할 수 있다.

반대로 매수한 후 보유 중인 가운데 매도하는 기법을 설명하도록 하겠다. 바로 200일 이동평균선 매도기법이다. 매도조건은 역배열을 위치했을 때만 진행하는 것이다.

## 사례 1 | 덕성

덕성은 1966년 설립된 국내 최초 합성피혁 전문생산 업체다. 수원, 인천, 오산, 평택, 중국(광주)에서 생산공장을 가동 중이다. 2002년 한일월드컵 공인구인 피버노바, 2006년 독일월드컵 공인구인 팀가이스트, 2014년 브라질월드컵 공인구인 브라주카의 원단을 공급함은 물론 유로2004, 2008의 공인구 원단도 아디다스에 독점 공급했다. IT기기 관련 액세서리와 화장품용 소재 분첩도 공급하고 있다. 일봉차트를 살펴보자.

보라색: 35일, 분홍색: 60일, 회색: 120일, 파랑색: 200일

덕성은 3천 원대 초중반 바닥권에서 상승했지만 매도세 거래량이 계속 나타나며 200일선에서 저항을 받으며 주가가 내려오는 모습을 보였다. 2018년 1월과 4월 두 차례 부딪치며 주가가 힘에 부치는 모습이 나타났다. 하방은 막아주고 있지만 고점은 계속해서 낮아지고 있다. 만약 거래가 터지면서 200일 이동평균선을 세게 돌파하면 추세 전환의 의미가 나타날 수 있지만, 거래량 없이 주가가 간다면 결국 200일선에서 저항을 받으며 주가가 지지부진한 모습을 보일 가능성이 높다.

## 사례 2 | SH에너지화학

EPS시장 1위 업체로서 합성수지 제조사업을 주력 사업 부문으로 영위하고 있다. 대표적인 생산품인 EPS는 스티로폼의 원료로 건축단열재 및 고급 포장 완충재로 쓰이며, 농수산물 상자와 토목공사용으로 연약지반 대책공법에도 활용되는 등 용도가 확대되고 있다. 경쟁업체로는 제일모직, LG화학 등 6개 업체가 있으며, 합성수지 부문에서 2017년 3분기 동사의 시장점유율은 약 20.7%로 추정된다.

보라색: 35일, 분홍색: 60일, 회색: 120일, 파랑색: 200일

SH에너지화학 차트를 살펴보면 역배열 상황에서 200일 이동평균선이 두 차례 저항에 부딪치면서 가격 하락조정이 나타났다. 덕성과 마찬가지로 고점이 낮아지면서 하방을 지지해주는 모습을 보였다. 마지막 거래량과 이전 거래량에서 매수세가 강한 거래량이 나타났다는 게 덕성과 차이점이다.

이 점은 전에 손실을 보고 있는 투자자 매물대를 소화하고 있는 것으로 해석할 수 있다. 하지만 아직 대량거래량이 터졌다고 보기는 어렵고 더 지켜봐야 될 상황이다. 보수적 관점에서 200일선까지 간다면 매도 후 재차 매수하는 방법으로 접근하는 것이 유효할 것으로 보인다.

### 사례 3 │ 아이컴포넌트

아이컴포넌트는 무선통신시스템용 중계기를 통신사업자에게 공급하고 있다. 주요 고객으로는 이동전화 사업자인 SK텔레콤, 주파수공용통신 사업자인 케이티파워텔, 디지털지상파방송 사업자인 KBS를 비롯한 각 방송사 등이 있다. 매출은 중계기류가 약 58.7%, 기타 41.3% 구성되어 있다. 일봉차트를 살펴보자.

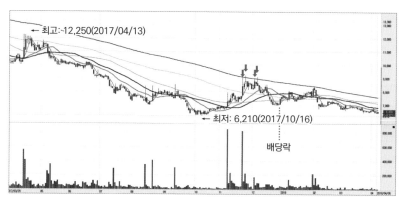

보라색: 35일, 분홍색: 60일, 회색: 120일, 파랑색: 200일

2017년 11월 이후 200일 이동평균선은 다섯 차례 종가상 저항을 받았다. 특별한 이슈나 모멘텀이 부재한 상황에서 주가는 계속해서 지지부진한 모습을 보였다. 주가가 올랐을 때 매도를 해 손실 폭을 줄이거나 또는 바닥권에서 매수했을 때 200일선에서 매도해 수익을 챙겨가는 전략을 취한다면 올바른 대응전략이 될 것이다.

200일 이동평균선 매도기법은 역배열(장기, 중기, 단기 이동평균선 차례)인 상황에서 주가가 바닥 또는 낙폭과대로 반등이 나타났을 때 200일 이동 평균선에서 매도를 하는 것이다. 역배열 상황에서 매매하는 것이기 때문에 정배열 전환에 대한 부분은 조금 더 살펴보고 진행을 해야 한다.

지속적으로 주가가 낮아진다는 것은 거래도 부진하고, 센티멘털도 약해지는 상황이기 때문에 주가를 끌어올릴 만한 이슈와 모멘텀이 없어 주가가 회복을 못 하는 상황으로 해석할 수 있다.

### 이것만은 꼭!

- 이동평균선 매매기법은 이동평균선의 중점을 두어 매매를 하는 것이다. 정배열과 역배열을 바탕으로 매매하는 것이며 거래량도 참고사항이 된다.
- 35일, 200일 이동평균선 매수기법은 주로 눌림목 매수 패턴 매매기법이며, 200일 이동평균선 매도기법은 반등 시 200일선 저항을 통한 매도기법으로 활용하면 된다.

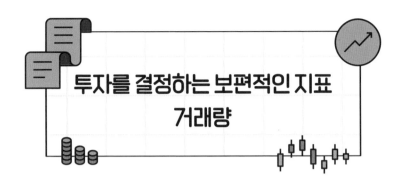

# 투자를 결정하는 보편적인 지표 거래량

거래량은 투자 결정을 확인하는 데 가장 일반적이고 보편적인 지표다. 주가는 시장의 일시적인 흐름을 나타내는 경우가 있으나, 거래량은 시장의 매수세와 매도세의 힘겨루기로 나타나는 결과물이기 때문에 시장의 실체라고 볼 수 있다.

거래량은 일반적으로 추세가 진행되고 있는 방향으로 가격이 움직일 때 거래량이 증가한다. 주가가 올라가고 있을 때 거래량이 강하게 붙어서 매수 체결량이 많아지면 매수세가 많은 것이고, 이와는 반대로 주가가 하락하고 있을 때 거래량이 강하게 붙어서 매도 체결량이 많아지면 매도세가 많아지는 것이다.

거래량을 통해 매집의 흔적을 찾을 수 있으며, 세력의 진입과 이탈의 시점을 감지할 수 있다. 세력의 의도를 파악하기 위해서는 거래량 분석이 중요하다.

### 거래량의 특성

- 주가는 속일 수 있어도 거래량은 속일 수 없다.
- 거래량은 주가의 위치에 따라 다르게 해석된다.
- 주가가 바닥일 때 거래량이 증가하면 주가가 오를 것으로 예고한다.
- 주가가 상투에서 거래량이 증가하면 주가가 하락할 것으로 예고한다.
- 주가와 거래량은 연관성이 많으며 사이클이 있다.

주가가 바닥권에서 거래량이 증가한다는 것은 낮은 가격에 물량을 매집한다는 의미로 주가가 곧 상승할 것이라는 의미다. 주가가 천장권, 즉 크게 오른 상태에서 거래량이 증가하는 것은 차익실현 매물이 쏟아지는 것을 의미해 주가는 곧 하락한다는 것을 의미한다.

주가와 거래량의 사이클은 거래량 바닥(주가 바닥) → 거래량 증가(주가 상승) → 거래량 폭증(주가 상투) → 거래량 감소(주가 하락) → 거래량 바닥(주가 바닥)을 의미한다.

### 거래량 차트의 의미

거래량 양봉차트  매수세가 강한 거래량을 의미

거래량 음봉차트  매도세가 강한 거래량을 의미

거래량에 대해서 다시 한번 정리해보자. 거래량은 세력의 진입과 이탈을 알려주는 신호다. 바닥권에서 거래량이 증가하면 곧 주가가 강하게 상승한다는 신호다. 천장권에서 거래량이 증가하면 곧 주가가 강하게 하락한다는 신호다.

거래량이 감소하더라도 반드시 주가가 하락하는 것은 아니다. 매집이 이루어진 상태를 뜻한다. 거래량이 증가하더라도 반드시 주가가 상승하는 것은 아니다. 매물대에서 저항을 받게 되는 상태를 뜻한다.

## 거래량을 통한 분석사례

오르비텍의 사례를 들어 거래량을 통한 분석을 해보자. 오르비텍은 1991년 3월에 설립되어 2010년 6월에 코스닥시장에 상장한 방사선 안전관리 및 원자력발전소 가동중검사 전문업체다. 주요 경쟁업체로는 방사선 안전관리 분야의 세안기술과 원자력발전소 가동중검사 분야의 한전 KPS 등이 있다. 2015년 기준 동사의 각 시장점유율은 8.16%와 9.48%였다. 2013년부터 Bulkhead Ass'y 등 항공기 정밀부품 제조 판매업을 진행하고 있다.

오르비텍은 항공기 부품사업 분야로 매출 비중이 늘어나면서 매출 성장 및 수익성이 점차적으로 개선되고 있다. 또한 2018년 3월에는 통일 이야기와 원자력발전소 해체 소식이 이슈로 부각되면서 통일 테마주로 주가가 급등했다.

본격적으로 거래량을 보자. 1~6, "1"~"6"번까지 차트에 표시해놓았다. 각 차트번호는 거래량(1~6)과 주가("1"~"6")의 차트로 표시했다. 다음의 차트를 보면 일반적으로 거래량이 증가할 때 주가가 올라가는 모습이 나타나고 있다. 번호별로 거래량과 주가에 대해 설명하겠다.

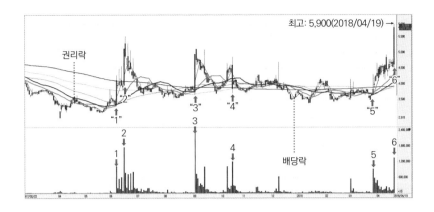

1번 거래량과 "1"번 캔들: 2017년 6월 9일 과거 6개월 평균 거래량에 비해 10배 이상 거래량이 터지면서 장대양봉을 그리며 주가는 20% 이상 급등했다. 이 말은 세력이 대량매집에 들어갔다고 해석할 수 있다.

2번 거래량과 "2"번 캔들: 1번에서 시세가 나온 후 5일간의 조정을 거치고, 1번 거래량보다 2배 가까이 증가하면서 상한가로 마감했다. 매수세가 강하게 들어오면서 주가를 강하게 올린 모습이다.

3번 거래량과 "3"번 캔들: 3개월간의 조정이 나타나면서 거래량이 없이 주가는 가격조정과 기간조정이 생겼다. 다만 3개월 안에 2번을 능가하는 거래량이 나타나지 않았기 때문에 매수세로 들어온 투자자가 빠지지 않았다고 볼 수 있다. 이후 3번에서 2번의 20% 이상 더 거래량이 증가한 대량거래가 터졌고 주가는 상한가로 마감했다. 거래가 수반하는 과정에서 1, 2번에 들어갔던 소액 개인투자자들은 차익매물 또는 원금매도 등으로 소화하는 과정도 거쳤다.

4번 거래량과 "4"번 캔들: 주가가 큰 폭으로 하락하면서 매물대에서 주가를 뚫지 못하고 가격이 조정되는 모습이다. 다만 4번 거래량은 매수세가 강한 파란 음봉을 그린 거래량이 나타났다.

5번 거래량과 "5"번 캔들: 2017년 10월부터 2018년 3월까지 약 6개월 동안 주가는 박스권에서 거래되고 있다. 간헐적(12월 초, 3월 초)으로 거래량이 실리면서 주가가 장중 크게 올랐지만 매물대에서 저항에 부딪치면서 윗꼬리 캔들로 마감되었다. 이후 3월 28일 5번에서 평소보다 강한 거래량이 동반되면서 다시 한번 매물대 소화과정을 거쳤다. 4번과 5번 사이의 과정은 세력이 주가를 계속해서 대량매집을 했다고 해석할 수 있다.

6번 거래량과 "6"번 캔들: 1개월 동안 주가는 꾸준히 오름세가 나타났다. 큰 폭의 거래량이 없더라도 주가는 계속해서 올랐다. 결국 어느 정도 대량매집이 되었기 때문에 작은 거래량으로도 주가를 강하게 올렸다고 보인다. 제한된 유통주식수에서 세력이 물량을 많이 보유하고 있다면 그만큼 주가는 가벼워질 수 있다. 6번 거래량에서 5번보다 더 많은 대량거래가 발생하면서 박스권 상단(5천~5만 4천 원) 부근을 강하게 돌파하는 캔들이 형성됐다. 결국 저항선이 지지선으로 바뀌는 모습이 나타난 것이다.

이렇듯 1~6번, "1"~"6"번 거래량과 캔들을 보면서 거래량의 흐름에 따라 주가의 캔들을 분석할 수 있다.

# 급등주 초기의 거래량 변화

급등주 초기 거래량 변화가 어떤지 살펴보자.

1. **급등 전 주가 변동 폭은 크지 않음** 급등 전에는 보통 지루한 횡보세를 나타낸다. 급등 타이밍을 기다리는 구간으로 거래량 변화도 없고 주가 변동 폭도 크지 않다. 횡보 중에는 매수세 호가가 얇기 때문에 큰 거래량 없이도 주가를 한 단계 하락시켜 개인투자자들의 투매를 유도하기도 한다.

2. **급등시점이 다가오면 거래량 변화가 옴** 급등시점이 임박할수록 거래량 증가와 감소가 반복된다. 하지만 주가는 큰 폭의 변화가 없다. 물량을 매집하는 시기라고 볼 수 있다.

3. **거래량의 점진적 증가** 주가가 저점을 높이면 1개월 평균 거래량을 상회하는 계단식 거래량 증가가 일어나면서 매수시점으로 접근할 수 있다. 대형주일수록 거래량 증가는 뚜렷하지만, 소형주는 적은 금액으로도 주가를 마음대로 좌지우지 할 수 있기 때문에 거래량만 보고 매수시점을 잡기는 거의 불가능하다. 이때는 단기 지지선과 저항선을 설정해서 매매시점을 포착하는 것이 좋다.

4. **거래량 증가 후 급감한 다음 다시 증가** 가장 정석적인 급등주 초기 거래량 모습이다. 일단 거래량이 증가하면서 투자자들의 관심을 끈다. 그러다 다시 감소하면 이내 관심을 보였던 투자자들이 관망하며 매수시점을 다소 늦춘다. 이 시점에서 다시 거래량이 증가하면 대기 매수자들은 이전과 같은 패턴을 보일 것으로 예상해 적극적인 매매를 자제한다. 이때를 틈타 세력은 주가를 급등시킨다.

5. 거래량 증가와 함께 급등세 연출   대표적인 세력 관리주에서 흔히 볼 수 있다. 이미 물량매집은 완료된 상태이기 때문에 대기 매수자가 추격할 틈도 없이 곧바로 급등시킨다. 이런 급등주는 대부분 세력이 매우 철저하게 관리하기 때문에 어지간해서는 개인투자자가 선취매하지 못한다. 급등시킬 명분만 찾으면 호재공시를 이용해 급등시킨다.

앞서 이야기했던 오르비텍도 대표적인 세력 급등주라고 볼 수 있다. 이외에 대표적인 급등주 종목들을 살펴보겠다.

**이것만은 꼭!**

- 거래량이 적으면 시장 참여자의 관심을 못 받는 것이다.
- 주가의 등락률(변동성)이 크다는 것은 거래량이 많다는 이야기다.
- 거래량이 많다고 주가가 상승하는 것은 아니다.
- 돌파매매 시점에 전고점 거래량을 넘게 되면 주가는 상승할 가능성이 크다.
- 박스권 돌파 시점에는 박스권 기간의 평균 거래량 대비 5배가 증가하면 상승 추세로 돌아설 가능성이 크다.

## 사례 1 │ 대아티아이

대아티아이는 철도신호제어 시스템 개발 및 공급업을 주사업으로 영위하고 있다. 1995년 설립돼 2001년 코스닥 증권시장에 상장했고, 코마스인터렉티브, 대아글로벌, 워터멜론, 북경코마스광고유한공사 등 4개의 연결 대상 종속회사를 보유하고 있다. 이들이 영위하는 사업으로는 온라인광고대행업, 철도신호 관련 용역 등이 있다. 총 매출액의 85.89%는 철도에서, 14.11%는 광고에서 나온다.

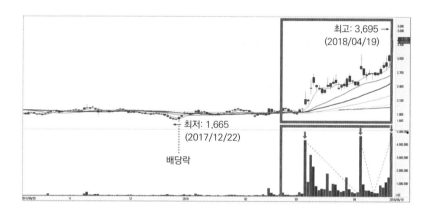

2018년 상반기 급등한 이유는 남북관계 개선에 따른 통일부각론으로 인해 철도 관련 인프라가 깔릴 것으로 기대되었기 때문이다. 주가가 급등하기 전에는 거래량이 크게 실린 것을 확인할 수 있다. 이후 꾸준하게 거래량이 유지되면서 주가는 상승랠리가 나타났다.

## 사례 2 | 티웨이홀딩스

티웨이홀딩스는 PHC파일의 제조, 유통과 반도체 패키징사업을 주요 사업으로 영위하고 있다. 연결대상 종속회사로는 국내외 항공운송업을 하는 티웨이항공과 항공운송 관련 지상조업 사업을 하는 티웨이에어서비스가 있다. 티웨이항공은 2017년 매출은 50% 이상, 영업이익은 370% 이상 증가했다. 2018년에는 새 항공기 5대를 추가할 예정이며 상장을 계획하고 있다. 중장거리 노선을 모두 운항할 수 있는 항공사로 거듭나겠다는 계획이다.

위 회사는 사드로 인해 주가에 타격을 받았다가 해빙기에 들어서면서 중국과의 분위기 개선과 평창올림픽, 동남아시아 항공편 증대, 티웨이항공 상장이슈, 환율 하락에 따른 원화강세 등으로 성장성과 실적이 개선되면서 주가가 큰 폭으로 올랐다.

위 종목도 주가가 크게 오를 때 대량거래가 터졌다. 매집을 마쳤기 때문에, 적은 거래량으로도 주가가 빠지지 않고 올라가는 모습이 나타났다.

### 사례 3 ｜ 파미셀

파미셀은 세계 최초의 줄기세포치료제(하티셀그램-에이엠아이)를 개발한 바이오 제약 전문기업이며 2개의 사업부(바이오제약사업부, 바이오케미컬사업부)를 두고 있다. 바이오제약사업부는 줄기세포치료제 개발을 핵심사업으로 하며, 성체줄기세포 보관사업도 수행하고 있다. 바이오케미컬사업부는 2012년 원료의약품 등의 정밀화학 제품을 생산하는 아이디비켐(주)을 자회사로 인수한 후 2013년 3월 합병을 통해 신설된 사업부다.

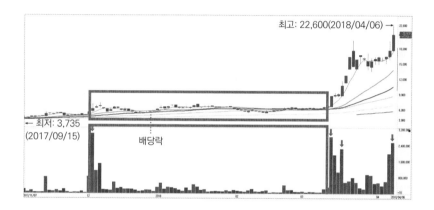

파미셀은 제약바이오 업황의 센티 개선과 문재인 정부의 대표적인 치매 관련주로 부각되면서 급등했다. 대량거래가 터지고 난 후 기간조정 후 다시 큰 거래량이 실리며 주가는 급등했다. 2018년 4월 이후에도 지속해서 많은 거래량이 나타나며, 단기 차익매물을 소화하며 재차 고점을 터치하는 모습이 나타났다.

앞서 오르비텍은 대량거래가 나타난 후 주가가 급등한 사례다. 엄청난 거래량과 함께 대량 매집이 이루어진 후 주가는 강한 탄력을 받았다. 반면 티웨이홀딩스, 파미셀은 대량거래가 터지고 횡보기간을 거친 후 재차 대량거래가 나타나며 주가를 강하게 올린 사례다. 대량거래가 들어온 날에는 반드시 종목을 체크하고, 정보와 이슈를 찾아내는 습관을 길러야 한다.

## 거래량을 통한 매매기법

앞서 거래량 분석 사례를 통해 거래량을 통한 매수기법을 활용해보겠다. 이는 필자가 주관적으로 생각하는 매수기법으로 참고하기 바란다.

매도에 대한 부분은 매도세 대량 거래량을 동반하는 장대음봉 또는 밸류에이션상으로 목표가 도달 시를 매도시점으로 설정한다. 먼저 매수조건을 살펴보자. 매수조건은 거래량이 터진 다음 날로부터 10거래일 내로 해당 주가에 오면 매수가를 잡는다.

**매수조건**

1. 거래량이 과거 3~6개월치 평균 거래량에 대비해 5배 이상 터진 종목을 찾는다. 기간이 길수록 매집의 응축도는 더 강해질 것이다.

2. 매수세 양봉거래량이 나타나며, 주가도 크게 올라야 한다.

3. 이동평균선이 정배열로 바뀌었다.

4. 첫 번째 거래량이 터졌던 날 주가의 저가와 고가의 중간값에서 1차 매수가를 잡는다.

5. 2차 매수시점은 거래량이 터졌던 그날 시가로 2차 매수가를 잡는다.

6. 3차 매수시점은 거래량이 터졌던 그날 저가로 3차 매수가를 잡는다.

위 매수조건을 바탕으로 거래량 매매기법 사례를 살펴보자.

### 사례 1 │ 파미셀 일봉차트

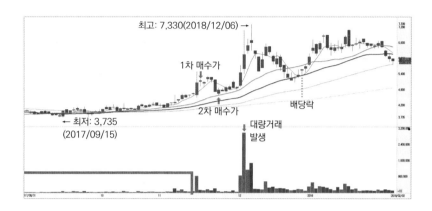

1. 2017년 11월 15일 3개월 평균 거래량보다 10배가 많은 800만 주 대량
   거래가 발생했다.
2. 양봉거래량이 나타나며 주가는 강하게 상승했다.
3. 이동평균선이 정배열로 바뀌었다.
4. 1차 매수가는 저가 4,500원, 고가 5,500원의 중간값인 5천 원으로
   1차 매수가를 잡는다.
5. 다음 날 1차 매수가 도달로 매수진입되었다.
6. 2차 매수가는 11월 15일 캔들 시가인 4,600원이다.
7. 2차 매수가는 11월 23일 편입되었다. 비중을 동일하게 넣었다면 평균
   매입가는 4,800원이다.
8. 3차 매수가는 11월 15일 저가인 4,500원이다. 하지만 4,500원에 도달
   하지 않고 2차 매수 이후 주가는 급등했다.

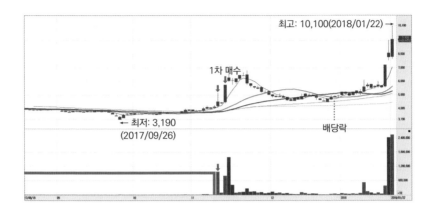

1. 2017년 11월 10일 과거 6개월 평균 거래량 대비 90배 많은 960만 주 이상 대량거래가 발생했다

2. 양봉거래량이 나타나며 주가는 강하게 오르면서 종가상 윗꼬리를 달고 내려왔다.

3. 단기 이동평균선이 정배열로 바뀌었다.

4. 1차 매수가는 저가 4,080원과 고가 5,130원의 중간값인 4,605원으로 잡는다.

5. 1차 매수가가 11월 10일 종가상 위에 있기 때문에 아래에 받혀두는 매 매가 아닌 주가가 올라갔을 때 따라가는 추격매수를 한다.

6. 다다음 날인 장대양봉 발생 시 추격매수하면서 1차 매수가 4,605원 진 입에 성공했다.

7. 2차 매수가, 3차 매수가는 시가와 저가 미달로 진입하지 못했다.

8. 1차 진입한 후, 대량 음봉거래량 및 음봉캔들이 발생하지 않으면 홀딩 을 하고 관망한다.

192

## 사례 3 │ 대성창투 일봉차트

1. 2017년 12월 21일 과거 6개월 평균 거래량 대비 10배 많은 1,600만 주 이상 대량거래가 발생했다.

2. 양봉거래량이 나타나며 주가는 강하게 오르면서 장대양봉을 만들었다.

3. 단기 이동평균선이 정배열로 바뀌었다.

4. 1차 매수가는 저가 2,065원과 고가 2,925원의 중간값인 2,495원으로 잡는다.

5. 1차 매수가가 12월 23일에 2,495원에 도달하면서 편입되었다.

6. 2차 매수가는 12월 21일 시가 2,220원, 3차 매수가인 저가 2,065원에 도달하지 못해 진입하지 못했다.

7. 이후 거래량이 감소하면서 가격조정을 거친 후, 2018년 1월 5일 다시 대량거래가 터지면서 주가는 랠리를 한다.

8. 1차 진입한 후, 대량 음봉거래량 및 음봉캔들이 발생하지 않으면 홀딩을 하고 관망한다.

지금까지 거래량을 통한 매수기법에 대해서 살펴보았다. 매도기법은 매수기법과 반대로 고점에서 대량 음봉거래량이 발생하고, 주가도 장대음봉 캔들을 만들었을 때 매도를 하고 대응을 하면 된다. 거래량을 통한 매매기법 조건을 정리해보자.

**거래량을 통한 매매기법 조건**

1. 과거 3~6개월 평균 거래량 대비 5배 이상 발생한 종목을 검색한다. 기간이 길수록 응축은 강하다.

2. 매수세 대량 양봉거래량이 나타나며, 주가도 크게 상승해야 한다.

3. 이동평균선이 정배열로 전환되어야 한다.

4. 1차 거래량이 터졌던 날 주가의 저가와 고가의 중간값에서 1차 매수시점을 잡는다.

5. 2차 매수시점은 거래량이 터졌던 날의 시가로 2차 매수가를 잡는다.

6. 3차 매수시점은 거래량이 터졌던 날의 저가로 3차 매수가를 잡는다.

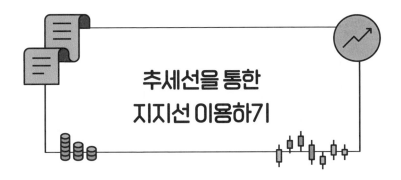

추세선을 통한
지지선 이용하기

주가흐름의 특성 가운데 일반적으로 어느 기간 동안 같은 방향으로 움직이는 경향이 있는데 이것을 '추세'라고 한다. 그리고 차트의 캔들을 직선 또는 곡선으로 나타내는 선을 추세선이라 한다. 추세선의 종류는 상승추세선, 하락추세선, 평행추세선이 있다.

주가가 상승할 때 투자자 입장에서는 앞으로 주가가 더욱 상승할 것이라고 기대한다. 이 때문에 주가의 현재 방향으로 계속 진행되는 경향을 갖게 된다. 반대로 주가가 하락하는 경우에도 떨어진다는 사실 자체가 주가 하락을 더욱 부채질한다. 이와 같이 주가는 일정한 추세선을 따라 상당한 기간 동안 상승과 하락을 반복하는 경향이 있다.

추세선은 주로 단기적인 변동보다는 장기적인 변동을 그리는 데 사용한다. 주가에서 추세선이 꺾일 때 새로운 전환 추세의 시작을 나타내기도 한다. 추세선을 그리면 지지선과 저항선을 찾을 수 있다. 지지선과 저항선의 정의 및 특징에 대해서 알아보도록 하자.

# 지지선과 저항선, 그리고 추세선

주가가 하락과 상승을 반복하면서 어떤 일정한 가격 수준까지 하락하면 매수세력이 등장해 더 이상의 하락을 막아주는데 이를 지지선이라 한다. 반면 일정 수준 이상 주가가 상승하면 매도세력이 등장해 더 이상의 상승을 억제하는데 이를 저항선이라 한다.

지지선과 저항선을 바탕으로 상승추세선, 하락추세선, 수평추세선을 그릴 수 있다. 다음으로 상승추세선과 하락추세선, 수평추세선의 특징에 대해서 알아보도록 하자.

**상승추세선 vs. 하락추세선 vs. 수평추세선**

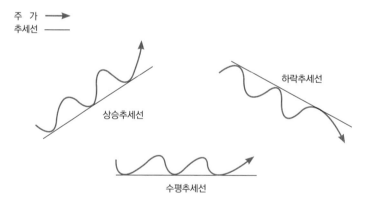

상승추세선은 상승추세 중 각각의 의미 있는 저점을 연결해서 선으로 표시한 것이다. 이 경우 주가의 저점이 높아지면서 저점라인을 지지라인으로 작용한다.

하락추세선은 하락추세 중 각각의 의미 있는 고점을 연결해서 선으로 표시한 것으로, 주가의 고점이 낮아지면 주가의 고점라인을 저항라인으로 작용한다.

수평추세선은 횡보구간 중 각각의 의미 있는 저점을 연결해서 선으로 표시한 것이다. 보통 박스권이라 말하며, 횡보기간 중에 나타난다.

수평추세선, 상승추세선, 하락추세선, 지지선, 저항선을 사례를 통해 살펴보도록 하자.

### 수평추세선 사례 | 호전실업 일봉차트

호전실업은 1985년 설립됐으며, 스포츠 의류 및 고기능성 아웃도어 의류를 제조, 판매, 수출하고 있다. 주로 OEM, ODM 방식으로 스포츠 및 아웃도어 의류를 생산해 글로벌 기업에 공급하는 의류 OEM 업체다. 동사는 1994년부터 인도네시아에서 가죽가공사업을 영위하고 있으며, 원피를 구매해 일련의 가공공정을 거쳐 운동화에 활용되는 가죽 제품을 인도네시아 내의 나이키, 아디다스 등 주요 신발 브랜드 현지 공장에 공급하고 있다. 동사는 우븐(Woven)의 원단을 사용하는 스포츠웨어 및 아웃웨어 시장에서 1.41%의 글로벌 점유율을 차지하고 있다.

2018년 9월 이후 환율이 하락(원화 절상)함에 따라 환차손이 발생하고, 섬유의류 시장의 업황 부진으로 상장 이후 공모가의 40% 이상이 하락했다. 특히 호전실업의 실적은 분기별 계절성이 큰 편인데 나이키 물량 감소분과 언더아머의 성장 둔화의 영향이 부진한 주가의 모습으로 풀이된다. 2017년 10월 이후 6개월 동안 박스권 장세가 나타났다.

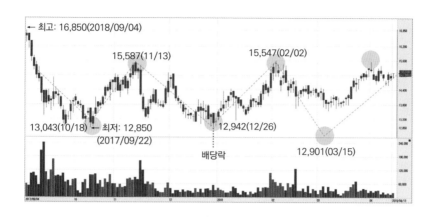

← 최고: 16,850(2018/09/04)

15,587(11/13)    15,547(02/02)

13,043(10/18) ← 최저: 12,850
(2017/09/22)    12,942(12/26)

배당락    12,901(03/15)

차트를 살펴보자. 박스권 하단인 1만 2천 원대 후반, 박스권 상단인 1만 5천 원대 중반에서 박스권 흐름이 나타났다. 하단은 지지라인으로 작용하는 지지선이고, 상단은 저항라인으로 작용하는 저항선이다. 지지라인에서는 매입세력이 등장해 주가를 방어해주고, 저항라인에서 매도세력이 등장해 주가가 하락했다.

지지선과 저항선이 수평으로 되어 있기 때문에 수평추세선이라고 하며, 박스권이라고도 한다. 여기서 만약 저항선을 상향 돌파하는 강한 양봉거래량과 양봉캔들이 실리면 새로운 상승추세로 바뀌게 될 수 있다. 반면 지지선을 하향 돌파하는 강한 음봉거래량이 실리면 새로운 하락추세의 신호가 될 수 있다.

**상승추세선 사례 | 제이엠티 일봉차트**

제이엠티는 1998년 설립되어 TFT-LCD 패널의 주요 부품 중 하나인 PBA를 전문으로 생산하는 업체로서, 생산설비를 이용해 전자제품 제조 및 납품에 관한 서비스를 일괄 제공하고 있다. PBA는 TFT-LCD 내에서 신호의 변환 및 송출을 담당하는 장치로서, 모니터, LCD TV 등의 핵심부품으로 이용된다. 고객사의 예측(Forecast) 기준으로 동사의 시장점유율은 30~35%로 추정되며, 수출이 전체 매출의 약 70%가량을 차지하고 있다.

2017년 아이폰 OLED 채택으로 캐파(Capa, 생산량) 증설 및 가동률 증가에 따라 생산성이 높아지면서 매출성장이 급격하게 나타났다. 시가총액 대비 밸류에이션이 저평가되었지만, 밸류에이션 접근 방식으로 부각을 받지는 못했다. 그러나 IT 및 디스플레이 업종의 업황개선과 실적 증가에 힘입어서 주가는 1년 동안 4배 이상 상승했다.

차트를 살펴보자. 2016년 11월 대량거래가 발생하면서 추세가 전환되었다. 이후 1,900원에서 3천 원으로 1개월 동안 1차 상승을 하고 고점을 만든 후 조정을 거쳤다. 2차 지지선은 1차 지지선보다 높은 가격인 2,600원대에서 지지해주면서 2차 상승랠리를 펼치다 2017년 7월 2차 고점인 5,600원에서 저항을 맞고 가격조정 기간을 거치게 되었다.

2017년 10월에 3차 지지선인 3,800원대에서 지지해주면서 3차 상승랠리를 시작했다. 12월에 저항선인 7천 원대에서 저항라인에 부딪치면서 주가는 재차 하락했다. 2018년 2월 지지선인 4,300원선이 깨지면서 결국 하락추세로 전환되었다. 지지라인이 깨지면 손절을 하는 것이 일반적이다.

현재 추세선을 깬 후, 지지선이 저항선으로 바뀌게 되면서 저항선 돌파 유무를 살펴보고 대응을 하면 될 것이다. 거래량을 동반한 저항 돌파면 매수신호로 접근하면 된다.

### 하락추세선 사례 │ 중앙백신 사례

중앙백신은 2003년 7월 코스닥시장에 상장된 동물약품 전문 제조업체로 동물 백신의 생산 및 판매를 주력으로 하고 있으며 사료첨가제, 구충제 등의 상품 판매도 하고 있다. 가축 종류에 따라 양돈백신, 포울샷가금백신, 캐니샷애견백신, 보비샷축우백신 등의 동물 백신을 제조·판매하고 있다.

조류인플루엔자 테마주로서 백신 관련주로 부각되고 있는 회사다. 다만 일시적인 매출 증가 발생이 커서 회사의 실적 성장성이 결핍되어 주가가 하락했다.

2016년 6월에 4만 1,650원 최고점을 만든 후 하락을 시작했다. 1차 하락은 4만 1천 원대에서 하락을 하고 잠깐 반등을 하면서 3만 2천 원대에서 하락을 했다. 이후 2만 원대까지 50% 하락을 했다. 흔히 말해서 고점 대비 반토막이 난 것이다. 2만 원에서 1차 지지라인을 만들고, 낙폭과대에 따른 1차 반등이 나타났다.

2016년 9월 1차 고점인 3만 원에서 저항을 받았다. 3만 2천 원 고점에서 한 단계 레벨다운된 3만 원에서 저항선이 생겼다. 2차 지지선은 2만 원 부근에서 내려오지 않고 주가는 반등했다. 2016년 11월에 저항선인 2만 9천 원 선에서 부딪치며 고점이 낮아졌다.

이후 2차 하락구간은 2017년 3월 말까지 4개월 동안 하락하며 2만 원 가격보다 더 낮아진 1만 7천 원 선까지 추가로 하락했다. 1만 7천 원에서 지지를 성공한 후 2017년 2만 2천 원에서 다시 저항을 받았다. 이때는 장대 음봉거래량이 나타나며 지속해서 하락하는 추세 신호가 보였다. 이후 주가는 저점을 한 번 더 갱신하면서 1만 6천 원 선까지 하락했다.

3차 하락을 끝낸 후 주가는 반등을 보였다. 2017년 10월 27일 저항선을 돌파하며 하락추세에서 상승추세의 전환인 시그널로 바뀌는 모습이 나타났다.

정리해보자. 추세선은 주가의 흐름을 예측하는 데 많이 사용하는 지표다. 그 종류에는 상승추세선, 하락추세선, 수평추세선이 있으며, 지지선과 저항선과 같이 사용된다. 상승추세선인 경우에는 저점과 고점이 높아지는 경향이 있다. 하락추세선인 경우에는 고점과 저점이 낮아지는 경향이 있다. 수평추세선인 경우에는 횡보기간에서 나타나며, 박스권이라 한다.

박스권 하단에서는 지지, 박스권 상단에서는 저항받으며, 거래가 적은 것이 특징이다.


## 추세를 통한 매매기법

앞서 배운 매매기법과 함께 추세 매매기법을 활용해보겠다.

### 상승추세선을 이용한 매매기법 | 대주전자재료 일봉차트

다음은 대주전재자료 일봉 상승추세 차트다. 2018년 4월 13일 저항라인인 1만 7천 원 선 주가를 돌파하면서 매수 신호가 발생했다. 2018년 4월 17일 거래량이 실린 음봉거래량이 나오면서 하락 신호가 발생했다. 이후 가격조정이 나타나면 1만 7천 원 선에서 재차 매수진입을 한다.

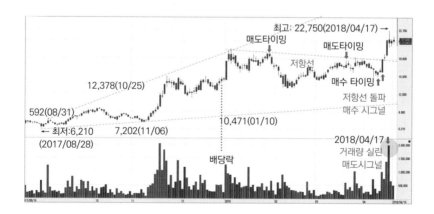

삼표시멘트의 경우 하락추세형 흐름이다. 하방은 지지해주지만 고점이 낮아지는 삼각수렴형 패턴이다.

2018년 3월 15일 대량 양봉거래가 나타나면서 저항선을 돌파할 것으로 보였으나, 종가상 저항선에 부딪쳤다. 이후 거래량이 없이 가격조정 흐름이 나타났다. 2018년 4월 19일 2번째 대량 양봉거래가 발생하면서 완벽하게 저항선을 돌파했다. 이후 5,100원대인 전고점에서 저항을 받고 하락했다.

**수평추세선을 이용한 매매기법** │ 피엔티 일봉차트

피엔티 일봉차트는 박스권 장세 흐름이다. 1만 5,500원이 중요한 구간으로 종가상 거래량이 실리며 주가가 박스권 상단선을 돌파하게 되면 추가 상승이 나타날 것으로 예상된다. 목표가는 이전 저항대 구간인 1만 9천 원 선까지 본다. 하지만 1만 5,500원에서 거래량이 적고 재차 하락한다면, 지지라인인 1만 2천 원대 중반에서 매수를 준비한다.

최고: 19,750(2017/09/13)

15,500원 돌파 시 목표가는
19,000원 전고점

15,500원 거래량이 실려
돌파하면 매수시그널

매도타이밍

매도타이밍

매수
타이밍

← 최저: 12,400
(2017/10/30)

매수
타이밍

배당락

 이것만은 꼭!

- 추세매매기법에서는 지지선과 저항선이 존재해야 된다. 시가와 종가를 바탕으로
  추세가 그려지며 추세의 의미를 파악해 매매에 대응하는 것이다.
- 상승추세매매기법은 저가와 고가가 높아지는 것을 말하며 추세지지선에서 매수한다.
- 하향추세매매기법은 고가와 저가가 낮아지는 것을 말하며, 추세저항선에서 매도한다.
- 수평추세매매기법은 박스권이라고 하며 박스권 하단에서 매수, 박스권 상단에서
  매도한다.
- 추세를 그리면 미래에 고점과 저점을 예상 할 수 있다. 지지하는 추세선을 하향 돌
  파하면 저항선으로 바뀌기 때문에 매도 대응을 하고, 저항받는 추세선을 상향 돌파
  하면 지지선으로 바뀌기 때문에 매수 대응을 하면 된다.

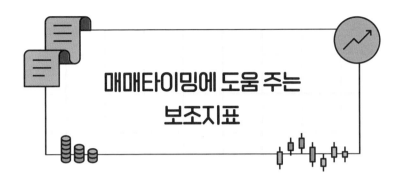

## 매매타이밍에 도움 주는 보조지표

주식 투자를 하는 데 이동평균선, 거래량 등 주요지표뿐만 아니라 주요지표를 보조해주는 보조지표가 있다. 보조지표는 말 그대로 매매타이밍을 잡는 데 보조로 참고할 수 있는 지표를 말한다.

보조지표는 MACD, 스토캐스틱, CSI, ADX, RSI, OBV, VR, 엔벨로프, 볼린저밴드, 일목균형표 등 다양한 종류가 있다. 보조지표의 내용을 간략히 정리해보자.

**보조지표의 종류**

| 종류 | | 내용 |
|------|------|------|
| 가격지표 | 가격이동평균 | 주식 가격으로 계산한 이동평균, 이동평균선 |
| | 볼린저밴드 | 주가 변동에 따라 상하밴드의 폭이 같이 움직이게 해 주가의 움직임을 밴드 내에서 판단하는 지표 |
| | 일목균형표 | 일본에서 개발된 지표로, 주가의 움직임을 5개의 선으로 주가 변화를 판단하는 데 사용하는 시간적 지표 |

| 가격지표 | 엔벨로프 | 주가의 이동평균선과 이동평균선의 ±m%선을 함께 그린 이동평균선에 대한 선 지표 |
|---|---|---|
| 추세지표 | MACD | 단기이평과 장기이평의 멀어질 시 가까워지게 되는 성질을 고안해서 만든 주가의 추세를 파악하는 지표 |
| | MACD Oscilator | MACD선에서 신호선을 차감한 값을 히스토그램으로 나타낸 지표 |
| | DMI | 전일 대비 당일의 고가, 저가, 종가의 최고값을 이용해 추세와 매매시점을 판단해주는 시장 방향성 지표 |
| | ADX | 당일의 주가 움직임과 전일의 주가 범위와의 이탈 정도를 파악해서 매수/매도세의 강도를 파악하는 지표 |
| 모멘텀지표 | 이격도 | 주가와 이동평균선 간의 괴리 정도를 보여주는 지표 |
| | RSI | 추세의 강도를 백분율로 나타내 언제 주가 추세가 전환될 것인가를 예측하는 데 사용되는 지표 |
| | 삼선전환도 | 주가가 상승에서 하락 또는 하락에서 상승으로 전환하는 시점을 포착하는 데 사용하는 지표 |
| | 스토캐스틱 | 주가 수준이 일정 기간 동안의 가격 변동 속에서 어느 정도의 수준에 있는지를 백분율로 보는 지표 |
| 변동성지표 | 볼린저밴드 | 주가의 변동에 따라 상하밴드의 폭이 같이 움직이게 해 주가의 움직임을 밴드 내에서 판단하는 지표 |
| | 표준편차 (Standard Deviation) | 변동성을 통계적으로 측정하는 지표. 값이 작으면 주가가 횡보 상태를 유지하는 것으로 조만간 주가의 이탈을 예상할 수 있음 |
| 시장강도지표 (거래량지표 포함) | OBV | 주가의 움직임과 밀접한 관계가 있는 거래량의 변화를 나타내는 지표 |
| | VR | 일정 기간 동안의 주가 상승일의 거래량과 주가 하락일의 거래량을 비율로 분석한 것 |
| | CCI | 시장 가격이 순환적인 움직임을 보인다는 점에 만든 기술적 지표. 이격도 개념이 내포 |
| | MFI | 추세 전환 시기를 예측하거나 시세 과열 및 침체 정도를 파악하는 데 사용되는 지표 |

이번 챕터에서는 필자가 자주 사용하는 MACD, 스토캐스틱, 볼린저밴드 대해 설명하겠다. 각 보조지표의 정의 및 매매의 활용에 대해서 알아보도록 하자.

## MACD(Moving Average Convergence Divergence)

단기 이동평균선과 장기 이동평균선이 멀어지게 되면 다시 가까워지게 되는 성질을 이용한 것으로 해당 종목에 대한 단기지수 이동평균선에서 장기지수 이동평균을 차감해서 주가의 추세를 파악하려는 기술적 지표로서 모멘텀과 추세를 하나의 지표에 종합한 지표다.

MACD에는 12일 단기 이동평균선, 26일 장기 이동평균선, 9일 시그널선이, 기준선 "O" 값이 있다. 시그널선이란 단기 MACD선을 9일 지수 이동평균한 값이다.

주가가 오를 때는 단기 이동평균값이 장기 이동평균값보다 높기 때문에 MACD는 양의 값을 가진다. 주가가 빠른 속도로 계속 오르면 단기 이동평균선과 장기 이동평균선 간격이 커지게 되므로 MACD값이 높아진다. 반대로 주가가 떨어질 때는 단기 이동평균선이 장기 이동평균선 아래로 가기 때문에 MACD는 음의 값을 가진다.

MACD선이 양의 값인 상태로 기준선(0)에서 멀어지고 있다면 이는 주가가 상승추세가 진행 중이라는 의미이고, 양의 값을 갖기는 하지만 기준선에 점점 가까워지면 이는 주가 상승추세가 약화되고 있음을 의미한다. 이와 반대로 MACD선이 음의 값인 상태에서 기준선(0)에서 점점 아래로 멀어지고 있다면 이는 주가가 하락추세가 진행 중임을 의미한다. MACD 값이 음의 값이긴 하지만 기준선(0)에 가까워지면 이는 주가하락세가 약화되고 있음을 의미한다.

**지표의 계산방식**

먼저 12일 종가지수 이동평균(단기이평)과 26일 종가지수 이동평균(장기이평)을 계산한다. 단기 이동평균(12일)에서 장기 이동평균(26일)을 차감한 차이를 계산한다. 이 값을 연결한 선을 단기 MACD라고 한다.

단기 MACD선을 9일 지수 이동평균한다. 이를 장기 MACD 또는 시그널선이라고 한다.

**매매적용방법 1 | 기준선(0)을 활용한 매매방법**

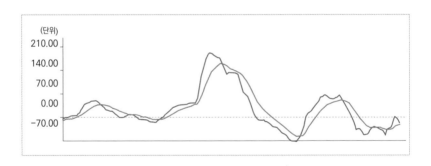

**매매조건** 12일/26일 MACD가 기준선을 돌파 시

1. 수평으로 그려진 기준선(0값)을 MACD 12일, 26일선이 상향 돌파 시 매수한다.

2. 수평으로 그려진 기준선(0값을) MACD 12일, 26일선이 하향 돌파 시 매도한다.

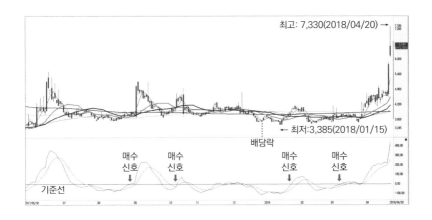

최고: 7,330(2018/04/20) →

← 최저:3,385(2018/01/15)

배당락

매수
신호

매수
신호

매수
신호

매수
신호

기준선

MACD와 기준선매수접근법을 사례를 보며 이야기해보자. 위 차트는
오르비텍 일봉차트다. 매수조건은 MACD 12일/26일선이 기준선을 상향
돌파 시로 잡으면 된다. 오르비텍 일봉차트에서는 매수신호가 총 4회 발
생했다. 수평기준선을 4회 상향 돌파했다. 이와 같이 상향 돌파가 발생했
을 때 매수관점으로 본다.

← 최고: 29,600(2017/11/24)

배당락

매도
신호

최저: 15,600
(2018/04/10)

다음은 MACD와 기준선매도접근법이다. 자화전자 일봉차트를 보자.
매도조건은 MACD 12일/26일선이 기준선을 하향 돌파할 시점이다. 자화전자 일봉차트에서는 매도신호가 총 1회 발생했다. 수평기준선을 1회 하향 돌파했다. 하향 돌파 시 매도관점으로 본다.

## 매매적용방법 2 │ 시그널선(MACD 9일 이동평균) 활용방법

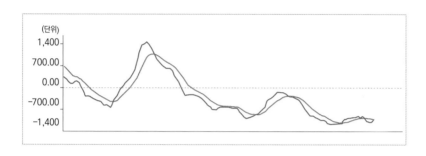

매매조건 12일/26일 MACD가 시그널선을 돌파 시

1. MACD 12일/26일선(빨간 선)이 시그널선(하늘색 선) 상향 돌파 시 매수한다.

2. MACD 12일/26일선(빨간 선)이 시그널선(하늘색 선) 하향 돌파 시 매도한다.

MACD와 시그널선매수접근법을 사례를 보며 이야기해보자. 엑시콘 일
봉차트다. 매수조건은 MACD 12일/26일선이 시그널선을 상향 돌파할 시
점이다. 엑시콘 일봉차트에서는 매수신호가 총 4회 발생했다. 상향 돌파
시에 매수관점으로 본다.

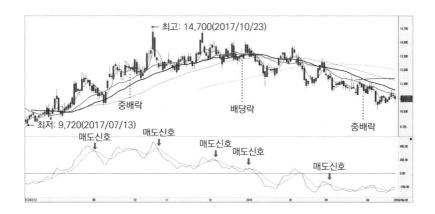

다음으로 MACD와 시그널선매도접근법이다. 위는 한온시스템 일봉차
트다. 매수조건은 MACD 12일/26일선이 시그널선을 하향 돌파할 시점이
다. 한온시스템 일봉차트에서는 매도신호가 총 5회 발생했다. 하향 돌파
시에 매도관점으로 본다.

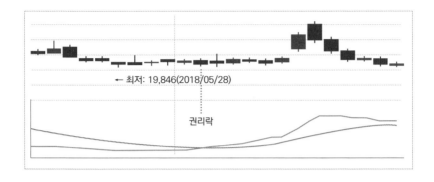

주가의 저점은 낮아지나 MACD는 저점을 높이는 경우 매수조건으로 잡는다. 주가는 낮아지고 있으나, MACD선이 높아지는 그래프다.

주가와 MACD 간의 다이버전스매수접근법을 사례를 들어 살펴보자. 한국컴퓨터 일봉차트다. 주가는 하락하지만 MACD 12일/ 26일선이 상승을 하는 경우 매수시점으로 보고 접근하면 된다. 한국컴퓨터 일봉차트에서는 주가 하락구간에서 다이버전스가 발생했다.

다음으로 우리은행 일봉차트 내에서 주가와 MACD 간의 다이버전스매도접근법을 살펴보자. 주가는 상승하지만 MACD 12일/26일선이 하락하는 경우 매도시점으로 보고 접근하면 된다. 우리은행 일봉차트에서는 주가 상승구간에서 다이버전스가 발생했다.

정리해보자. MACD지표는 단기이평 평균에서 장기이평을 차감해서 주가의 추세를 파악하려는 기술적 지표로서 모멘텀과 추세를 하나의 지표에 종합한 지표다. 매도와 매수 포인트는 다음과 같다.

• MACD가 기준선을 상향 돌파 시 매수, 하향 돌파 시 매도한다.
• MACD가 시그널선을 상향 돌파 시 매수, 하향 돌파 시 매도한다.
• MACD가 상승하는데, 주가가 하락하면 매수관점으로 접근한다.
• MACD가 하락하는데, 주가가 상승하면 매도관점으로 접근한다.

# 스토캐스틱

스토캐스틱(Stochastics)은 주어진 기간 n일 동안 고가와 저가 사이(변동폭)에서 금일의 종가가 어느 위치에 있는가를 백분율로 나타낸 것이다. "가격이 하락 추세일 때는 종가가 가격의 변동폭의 고가(아랫부분)에 가깝게 형성되는 경향이 있고 현재 시장이 상승추세일 때는 종가가 가격의 변동폭의 고가(윗부분)에 가깝게 형성되는 경향이 있다"라는 전제하에서 시장에서의 과매도 및 과매수 상황을 나타내주는 지표다.

지표의 값은 0~100 사이의 값을 갖는다. 예를 들어 9일간의 고가가 1천 원, 저가가 500원일 때를 가정해보자. 만약 현재의 주가가 저가와 같은 값의 500원이라면 0%, 중간의 750원이라면 50%, 고가와 같은 1천 원이라면 100%가 된다.

## 지표의 계산방식

$$\text{Fast \%K} = 100 \times \frac{\text{당일 종가} - \text{최근 n일간의 저가}}{\text{최근 n일간의 고가} - \text{최근 n일간의 저가}}$$

2) Slow %K = Fast %K의 n일간 이동평균

3) Slow %D = Slow %K의 n일간 이동 평균

Fast 스토캐스틱과 Slow 스토캐스틱은 어떤 차이일까? Fast 스토캐스틱은 급등주나 환율 등 특히 변동성이 자주 발생했을 때, 단기매매에 유리한 지표로 사용한다. 반면 Slow 스토캐스틱은 잦은 변동으로 투자 판단

에 어려움이 발생했을 때, 문제를 해결하기 위해 만든 지표다.

Slow 스토캐스틱은 일정 기간의 주가 변동폭 중에서 금일 종가의 위치를 백분율로 나타내는 지표로서 주가가 움직이는 특성을 가장 잘 반영하는 지표 중 하나다. %K가 20% 이하로 하락했다가 다시 상승하는 경우 매수신호이며, 80% 이상으로 상승했다가 다시 하락하는 경우 매도신호다. %K 값이 %D 값을 상향 돌파해 상승하게 되면 매수신호이고 하향 돌파해 하락하게 되면 매도신호다. 주가와 %K 추세 사이에 다이버전스가 발생하면 곧 추세 전환이 발생하리라는 신호다.

Slow %K를 활용한 매매사례를 알아보도록 하겠다.

## 매매적용방법 1 │ 기준선 활용

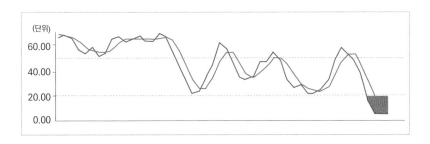

매매조건 Slow 스토캐스틱이 기준선(50)을 돌파 시

0~100 사이의 중간값인 50을 기준선으로 활용한다.

1. 수평으로 그려진 기준선(50값)을 Slow 스토캐스틱 상향 돌파 시 매수한다.

2. 수평으로 그려진 기준선(50값)을 Slow 스토캐스틱 하향 돌파 시 매도한다.

최고: 124,100(2018/04/05) →

← 최저: 41,850(2017/10/31)

배당락

매수신호  매수신호  매수신호  매수신호  매수신호  매수신호  매수신호
매수신호

사례를 통해 살펴보자. Slow 스토캐스틱과 기준선을 사용한 매수접근법이다. 제넥신 일봉차트다. 매수조건은 Slow 스토캐스틱 기준선을 상향 돌파 시점으로 본다. 제넥신 일봉차트에서는 매수신호가 총 8회 발생했다. 수평기준선을 8회 상향 돌파했다. 상향 돌파 시점을 매수관점으로 본다.

← 최고: 11,800(2017/11/21)

← 최저: 8,010(2017/09/28)

배당락

매도신호  매도신호  매도신호

다음은 Slow 스토캐스틱과 기준선을 사용한 매도접근법이다. 위는 예림당 일봉차트다. 매도조건은 Slow 스토캐스틱이 기준선을 하향 돌파 시

점으로 본다. 예림당 일봉차트에서는 매도신호가 총 3회 발생했다. 수평 기준선을 3회 하향 돌파했다. 하향 돌파 시점을 매도관점으로 본다.

**매매적용방법 2 | 침체권(20 이하), 과열권(80 이상) 활용**

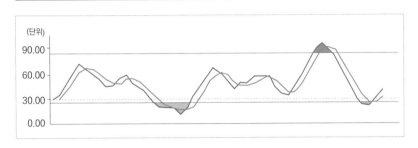

매매조건 침체선(20)과 과열선(80) 값 돌파 시

1. 분홍선 값(20)을 상향 돌파 시 매수시점으로 한다.

2. 보라선 값(80)을 하향 돌파 시 매도시점으로 한다.

사례를 통해 살펴보자. Slow 스토캐스틱과 침체선을 사용한 매수접근 법이다. 일진머트리얼즈 일봉차트다. 매수조건은 Slow 스토캐스틱이 침 체권 파란 웅덩이에서 분홍선(침체선=20)을 상향 돌파 시점으로 본다. 일 진머트리얼즈 일봉차트에서는 매수신호가 총 3회 발생했다. 즉 침체 선을 3회 상향 돌파했다. 상향 돌파 시점을 매수관점으로 본다.

다음으로 Slow 스토캐스틱과 침체선을 사용한 매도접근법이다. 대현 일봉차트 살펴보자. 매도조건은 Slow 스토캐스틱이 과열권 빨간 천장에 서 보라선(과열선=80)을 하향 돌파 시점으로 본다. 대현 일봉차트에서는 매도신호가 총 2회 발생했다. 다시 말해 과열선을 2회 하향 돌파했다. 이 렇게 하향 돌파 시점을 매도관점으로 본다.

**매매조건**  Slow %K가 Slow %D 돌파 시

> 1. Slow %K가 Slow %D 상향 돌파 시 매수시점으로 한다.
>
> 2. Slow %K가 Slow %D 하향 돌파 시 매도시점으로 한다.

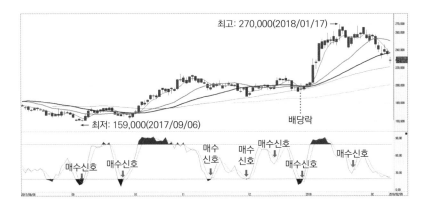

사례를 통해 알아보자. Slow %K가 Slow %D를 상향 돌파한 사례다. 삼성에스디에스 일봉차트에서 볼 수 있다. 매수조건은 Slow %K가 Slow %D를 상향 돌파 시점으로 본다. 삼성에스디에스 일봉차트에서는 매수신호가 5회 이상 발생했다. Slow %K가 Slow %D를 8회 상향 돌파했다.

최고: 171,000(2017/09/21)

매도신호  매도신호  매도신호  매도신호  배당락  최저: 119,500 → (2018/03/18)  매도신호  매도신호  매도신호  매도신호  매도신호

매도신호  매도신호

　다음은 Slow %K가 Slow %D를 하향 돌파한 사례를 보자. CJ 대한통운 일봉차트다. 매도조건은 Slow %K가 Slow %D를 하향 돌파 시점으로 본다. CJ 대한통운의 일봉차트에서는 매도신호가 10회 이상 발생했다. Slow %K가 Slow %D를 10회 이상 하향 돌파했다.

　이렇듯 스토캐스틱은 과열권, 침체권 매매기법으로 많이 사용하는 모멘텀 지표다. 100% 보조지표대로 움직이지는 않지만 통계적으로 일치할 확률이 매우 높다. 매도 및 매수 포인트를 정리해보자.

· Slow %D가 기준선(50)을 상향 돌파 시 매수, 하향 돌파 시 매도한다.
· Slow %D가 침체선(20)을 상향 돌파 시 매수, Slow %D가 과열선(80)을 하향 돌파 시 매도한다.
· Slow %K가 Slow %D를 상향 돌파 시 매수, Slow %K가 Slow %D를 하향 돌파 시 매도한다.

# 볼린저밴드

볼린저밴드(Bollinger Band)는 주가데이터의 분포가 정규분포를 이루고 있다고 가정할 경우 연속적인 주가데이터의 95%가 평균으로부터 표준편차의 ±2배 내에 위치하게 된다는 통계적 원리를 이용해 주가의 변동가능 범위를 나타내주는 기법이다. 볼린저밴드는 중심선을 이동평균선으로 사용했으며 상하변동 가능범위(간격)는 주어진 대상기간 동안의 표준편차를 사용했다. 상층밴드와 하층밴드는 단순 이동평균 위와 아래에 일정한 표준편차값을 더한 값과 뺀 값으로 나타낸다.

볼린저밴드는 이동평균선을 중심으로 고정비율을 사용해서 일정한 간격의 밴드를 그리는 일반적인 트레이딩밴드와 달리 변동성을 명쾌하게 보여줄 수 있는 표준편차를 사용함으로써 여타의 밴드를 이용한 지표에 비해 각광받게 되었다.

볼린저밴드를 사용하는 이유를 간단히 정리하면 시장의 변동성이 높은 상태에서는 주가가 평균을 중심으로 보다 더 멀리 움직임을 보이기 때문이다. 이로 인해 볼린저밴드의 폭이 넓어지고, 주가가 횡보국면을 보이는 시장의 변동성이 낮은 상태에서는 주가의 표준편차값이 적어지므로 밴드가 평균을 중심으로 보다 가까워짐으로써 밴드의 폭(상·하한폭)이 좁아지게 된다. 따라서 수렴과 확장을 반복하는 주가데이터를 흐름을 따라가는 볼린저밴드로 수렴과 확장의 반복을 예상하는 것이다.

### 지표의 계산방식

- 중심선밴드: n일 이동평균선

- 상한밴드: n일 이동평균＋폭×n일 표준편차

- 하한밴드: n일 이동평균－폭×n일 표준편차

※n일은 이동평균일수

※밴드 내에 포함될 데이터의 빈도에 따라 폭의 값을 조정한다.

### 매매적용방법(박스권,언더슈팅,오버슈팅 활용)

먼저 조건 및 특징을 살펴보자.

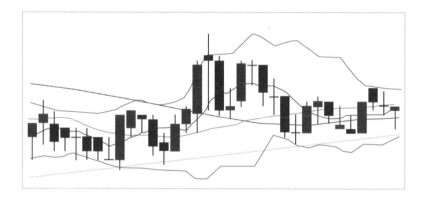

1. 기간은 10, 승수는 2로 설정한다.

2. 볼린저밴드 하한선(분홍선) 0~3% 하향 이탈 시 매수, 볼린저밴드 상한선(갈색선) 0~3% 상향 이탈 시 매도한다.

3. 볼린저밴드는 횡보 시(박스권)에 활용하면 신뢰도가 높다.

4. 볼린저밴드 하단에서는 장중 밑꼬리를 달고 올라오고, 볼린저밴드 상단에서는 장중 윗꼬리를 달고 내려오는 경향이 높다.

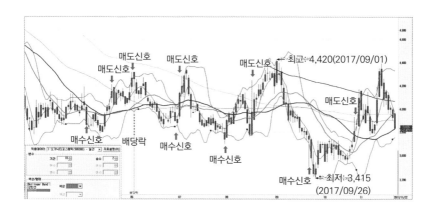

본격적인 볼린저밴드 활용법을 사례로 살펴보자. 오가니틱코스메틱 일봉 차트다. 볼린저밴드 하한선(분홍선)이 0~3% 하향 이탈 시점 매수, 볼린저밴 드 상한선(갈색선)이 0~3% 상향 이탈 시점에 매도한다. 오가니틱코스메틱 일봉차트에서는 매수신호가 총 4회 발생했으며, 매도신호는 5회 발생했다.

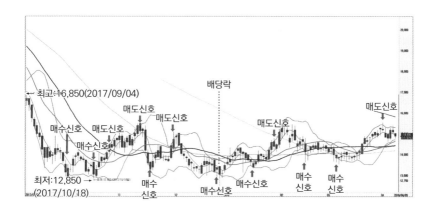

호전실업 일봉차트다. 볼린저밴드 하한선(분홍선)이 0~3% 하향 이탈 시 점 매수, 볼린저밴드 상한선(갈색선)이 0~3% 상향 이탈 시점에 매도한다. 호전실업 일봉차트에서는 매수신호가 총 7회, 매도신호는 6회 발생했다.

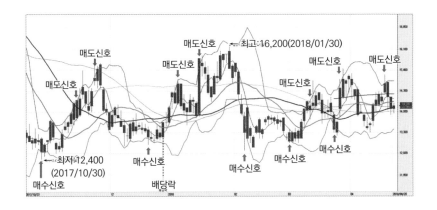

피엔티 일봉차트다. 볼린저밴드 하한선(분홍선)이 0~3% 하향 이탈 시점 매수, 볼린저밴드 상한선(갈색선)이 0~3% 상향 이탈 시점에 매도한다. 피엔티의 일봉차트에서는 매수신호가 총 5회 발생했으며, 매도신호는 7회 발생했다.

볼린저밴드는 박스권에서 언더슈팅, 오버슈팅을 할 때, 즉 하락폭과대, 상승폭과대 반발매매로 많이 사용한다. 후행성지표이기 때문에 추세를 따라 지속적으로 따라가는 단점이 있다. 하지만 박스권에서는 하방과 상방을 막아주기 때문에 볼린저밴드의 사용이 신뢰도를 높일 수 있다.

볼린저밴드 하한선(분홍선)이 0~3% 하향 이탈 시점 매수, 볼린저밴드 상한선(갈색선)이 0~3% 상향 이탈 시점에 매도한다.

## 일목균형표

일목균형표에 대해서는 간단히 내용만 정리하겠다. 일목균형표는 호소다고이치(필명:일목선인)라는 사람에 의해 1935년에 '신동전환선'이라는 이름으로 일본의 동경신문사에 처음으로 발표된 지표다. 5개의 선으로 구성되어 있으며, 시간개념도 포함되어 있다. 각 선을 그리는 방법으로는 일목균형표의 대등수치 개념에서 중요한 일수로 인식되는 9, 26, 52를 사용하며, 역사적 고가와 저가의 중간값을 다양한 방식으로 이용한다.

그럼에도 불구하고 이를 이용해서 완성된 차트들은 가격의 전반적인 흐름 등 인간의 눈에 보이지 않는 투자자의 심리와 그 변화를 한눈에 알아볼 수 있도록 파노라마식의 가격흐름 화면을 제공해준다. 작성방법은 다음과 같은 5개의 선을 사용한다.

**일목균형표 지표의 종류**

| | |
|---|---|
| 전환선 | 과거 9일간(당일 포함)의 (최고치+최저가)/2 |
| 기준선 | 과거 26일간(당일 포함)의 (최고치+최저가)/2 |
| 선행스팬1 | (전환선+기준선)/2 |
| 선행스팬2 | 과거 52일간(당일 포함)의 (최고치+최저가)/2 |
| 후행선 | 당일 종가를 과거 26일 이전(당일 포함)에 써넣음 |
| 구름대 | 선행스팬1과 선행스팬2 사이의 구간 |

여기에서 구름대는 주가가 그 구름보다 위에 있을 경우에는 구름대가 지지선으로 작용하고, 주가가 그 구름대보다 아래에 있을 경우에는 저항선으로 작용한다. 주가가 구름대 위에 위치할 경우 시장은 강세를 의미하고, 구름 아래 위치할 경우 약세를 의미한다. 일목균형표는 사람에 따라 의견이 나뉜다. 난해한 부분이 많지만 일반적으로 폭넓게 받아들여지고 있다.

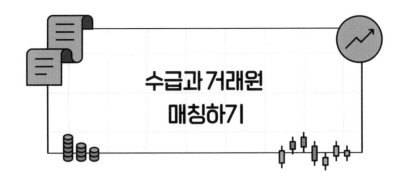

수급과 거래원
매칭하기

수급이란 수요와 공급을 이루는 말이다. 경제학적으로 수요가 많아지면 가격이 오르고, 공급이 많아지면 가격이 내려간다. 주식에서도 수급이라는 용어가 쓰인다. 매수하는 투자자가 많으면 주가가 오르고, 매도하는 투자자가 많으면 주가가 내려간다.

매수하는 사람들이 많은 이유는 주가가 오를 만한 여러 이슈들이 존재하고 있기 때문이다. 실적성장, 모멘텀, 이벤트, 테마 등 다양한 긍정적인 이슈들이 나타나면 주가는 오르는 경향이 높다. 반대로 실적악화, 모멘텀 부재, 이벤트 소멸, 테마 소멸 등의 이슈들이 나타나면 주가가 내리는 경향이 높다.

이처럼 여러 이유로 수급이 붙거나 떨어지는 경우가 있다. 수급 참가자들에 대해 알아보고, 수급과 거래원을 매칭하는 방법에 대해 알아보겠다. 그리고 마지막으로 세력주의 진입 여부를 판단해보도록 하겠다.

226

# 수급의 주체

삼성전자 투자자 동향을 사례로 들어 개념과 주체별 특징을 살펴보자.

| 일자별 | 현재가 | 전일비 | 등락률 | 거래량 | 프로그램 | 개인 | 외국인 | 기관계 | 기관 | | | | | | | | 기타법인 |
| --- | --- | --- | --- | --- | --- | --- | --- | --- | --- | --- | --- | --- | --- | --- | --- | --- | --- |
| | | | | | | | | | 금융투자 | 보험 | 투신 | 은행 | 기타금융 | 연기금등 | 사모펀드 | 국가/자치 | |
| 2018/08/20 | 49,850 ▼ | 250 | 0.57 | 7,289,124 | 147,890 | 1,084,679 | -1,252,675 | 215,108 | 402,789 | -29,821 | -54,814 | -63,986 | -16,895 | -344,096 | -30,737 | 346,688 | -47,110 |
| 2018/04/23 | 2,595,000 ▲ | 14,000 | 0.54 | 232,380 | -15,979 | 19,990 | -38,626 | 14,013 | 7,126 | -1,291 | 479 | -927 | 610 | 2,615 | 7,614 | -3,012 | 4,623 |
| 2018/04/20 | 2,581,000 ▼ | 58,000 | 2.20 | 235,220 | -38,847 | 43,519 | -73,992 | 25,050 | 16,968 | 584 | -4,916 | 517 | 700 | 3,586 | -91 | 8,760 | 4,423 |
| 2018/04/19 | 2,639,000 ▲ | 71,000 | 2.76 | 343,811 | 72,459 | -67,866 | 77,525 | -13,120 | -9,407 | -1,149 | -4,114 | 498 | 47 | 5,701 | -3,236 | -1,541 | 3,461 |
| 2018/04/18 | 2,568,000 ▲ | 69,000 | 2.76 | 269,252 | 41,952 | -78,437 | 57,500 | 10,672 | 11,424 | 1,135 | -24 | -516 | -413 | -6,114 | 0,452 | -3,272 | 265 |
| 2018/04/17 | 2,499,000 ▼ | 18,000 | 0.72 | 155,440 | -30,485 | 22,943 | -27,209 | 3,784 | 854 | -2,053 | -1,016 | 358 | 140 | 1,507 | 1,784 | 2,210 | 482 |
| 2018/04/16 | 2,517,000 ▲ | 27,000 | 1.08 | 157,549 | -4,874 | -27,550 | 12,666 | 14,968 | -140 | 2,203 | 5,197 | 377 | 548 | -1,332 | 6,924 | 591 | 516 |
| 2018/04/13 | 2,490,000 ▲ | 40,000 | 1.63 | 205,566 | 29,424 | -42,269 | 44,665 | -3,094 | -24,749 | 5,263 | 6,243 | 920 | 258 | 3,421 | 4,030 | 1,520 | 698 |
| 2018/04/12 | 2,450,000 ▼ | 7,000 | 0.29 | 249,325 | 41,803 | 5,739 | 31,421 | -39,821 | -39,299 | 1,322 | -4,056 | 224 | 592 | 9,001 | 1,495 | -8,980 | 2,662 |
| 2018/04/11 | 2,443,000 ▼ | 1,000 | 0.04 | 201,022 | 19,209 | 8,076 | 13,222 | -20,162 | -23,556 | -1,014 | 1,880 | -186 | 292 | 12,586 | -988 | -6,076 | -1,136 |
| 2018/04/10 | 2,444,000 ▼ | 16,000 | 0.65 | 219,887 | 9,266 | 19,910 | -21,422 | 1,509 | 4,524 | 1,675 | -674 | 138 | -27 | -654 | -1,944 | -1,729 | 3 |
| 2018/04/09 | 2,460,000 ▲ | 40,000 | 1.65 | 199,008 | 616 | -21,212 | -13,850 | 34,172 | 16,715 | 734 | 3,773 | -62 | 522 | 8,560 | -2,844 | 6,774 | 890 |
| 2018/04/06 | 2,420,000 ▼ | 17,000 | 0.70 | 250,654 | -33,684 | 38,501 | -47,044 | 7,872 | 9,181 | 2,725 | 2,280 | 970 | -351 | 10,641 | -24,712 | 6,929 | 871 |
| 2018/04/05 | 2,437,000 ▲ | 91,000 | 3.88 | 264,912 | 17,628 | -53,610 | -6,432 | 60,054 | 25,175 | 2,788 | 8,187 | 1,376 | 600 | -3,091 | 15,253 | 8,746 | -12 |
| 2018/04/04 | 2,346,000 ▼ | 60,000 | 2.49 | 247,684 | -10,434 | 102,861 | -55,456 | -50,960 | -23,348 | -568 | -4,273 | -183 | 138 | -6,537 | -7,529 | -8,861 | 3,555 |
| 2018/04/03 | 2,406,000 ▼ | 21,000 | 0.87 | 255,365 | -10,138 | 63,855 | -44,019 | -21,168 | -5,169 | -1,483 | 1,483 | -77 | 233 | -6,004 | -10,088 | -613 | 1,532 |
| 2018/04/02 | 2,427,000 ▼ | 34,000 | 1.39 | 142,313 | -16,492 | 52,203 | -38,107 | -13,986 | -9,484 | -1,552 | -3,166 | 139 | -7 | 678 | -6,183 | -411 | -110 |
| 2018/03/30 | 2,451,000 ▲ | 9,000 | 0.37 | 155,542 | -5,040 | 11,165 | -92,767 | 17,369 | 10,710 | -680 | 1,438 | -293 | -927 | 8,980 | 2,091 | -2,010 | 8,233 |

| 프로그램 | 개인 | 외국인 | 기관계 | 기관 | | | | | | | | 기타법인 |
| --- | --- | --- | --- | --- | --- | --- | --- | --- | --- | --- | --- | --- |
| | | | | 금융투자 | 보험 | 투신 | 은행 | 기타금융 | 연기금등 | 사모펀드 | 국가/자치 | |

수급동향표를 보며 각 항목을 설명하겠다. 현재가는 시장가격을 뜻하며, 현재 시장에서 거래되고 있는 가격이다. 전일대비는 전일대비 가격의 변동폭을, 등락률은 전일대비 가격의 등락률을 %로 나타낸다. 거래량은 매수, 매도 체결 거래량을 말한다. 프로그램은 시스템을 통한 매매를, 개인은 일반적인 소액투자자를, 외국인은 외국계 운용사 펀드를 일컫는다. 국내에 투자하는 국가 중에는 중동국가 자금 비중이 대부분이다. 기관은 금융투자(증권사), 보험, 투신(운용사), 은행, 기타금융, 연기금, 사모펀드, 국가를 의미한다.

투자주체별 특징을 좀 더 자세하게 살펴보자.

## 투자주체별 특징

| | | |
|---|---|---|
| 개인 | | 일반 투자자. 주로 소액으로 운용하는 사람이 많음 |
| 외국인 | | 다른 국적을 갖고 있는 투자자. 거래소 장내거래를 통해 거래된 투자자 데이터를 볼 수 있음 |
| 기관 | 금융투자 | 금융투자업자의 고유자산을 자체운용하는 주체. 증권사, 선물사, 자산운용사, 투자자문사 등 |
| | 보험 | 보험사 내의 자산운용. 생명보험, 손해보험, 보증보험 등 |
| | 투신 | 투자신탁, 투자회사, 투자조합, 투자합자회사 등의 공모펀드. 펀드를 통해 자산을 운용함 |
| | 은행 | 일반은행이 운용. 농협중앙회, 수산업협동조합중앙회, 특수은행(수출입은행, 산업은행) |
| | 기타금융 | 종금사, 저축은행, 자금중개회사, 여신전문금융회사, 신협중앙회 |
| | 연기금 | 연금, 기금 및 공제회에서 자산운용 |
| | 국가 | 국가, 지자체 등 공익 목적 전문투자자인 비금융기관 |
| | 사모펀드 | 50인 미만 펀드. 사모투자전문회사 |
| | 기타 | 금융기관과 공공기관을 제외한 나머지 기관 |

금융투자는 주로 증권사 계정에서 많이 매수세가 들어온다. 국가지차체로는 예금보험공사, 한국자산관리공사, 한국투자공사, 금융투자협회 등이 있다. 기타는 흔히 일반법인(상장, 비상장) 등이 주체로 많이 참여한다. 개인투자자 중 수십억~수백억 원대를 운용하는 사람은 슈퍼개미라고 일컫는다.

프로그램 매매는 외국인 또는 기관이 프로그램을 통해 매매하는 것을 말한다. 어느 주가 수준으로 오르거나 떨어뜨렸을 때 자동적으로 매매가 이루어진다. 수량이 반복적으로 나오는 것이 일반적이다.

세력이란 흔히 자금이 많아서, 주가를 좌지우지할 수 있는 힘 있는 투자자를 말한다. 주로 시장가 매수 또는 매도를 통해 주가를 상승시키거나 하락시키는 경우가 많다. 일반 개인투자자들은 조금이라도 더 싸게 사거나 더 비싸게 팔기 위해 지정가매매(가격을 정하는 매매)를 하는 경우가 많다. 그러나 세력은 개인투자자들에 매매가를 잘 안 주는 경우가 많다. 그렇기 때문에 세력의 매매패턴에 대해서도 인지하는 것이 중요하다.

## 수급과 거래원 매칭

거래원이란 흔히 말해서 증권사 창구를 말한다. 미래에셋대우, 삼성증권, NH투자증권, 키움증권 등 여러 증권사를 통해 수급주체와 거래창구를 찾을 수 있다. 여기서 하나 미리 알아야 될 것은 개인투자자가 가장 많이 사용하는 증권사는 키움증권이라는 것이다. 그래서 키움증권의 창구는 대개 개인투자자의 단타 물량들이 굉장히 많다. 급등주, 세력주를 좋아하기 때문이다.

수급을 통해 기관, 외국인 거래원을 매칭시키는 과정은 다음과 같다.

### 매칭 과정

1. 투자자 수급동향 파악

2. 거래원 분석: 대량매집 또는 대량매도 거래원 분석

3. 거래원 분석: 실시간 매매패턴 분석

4. 매매단가 파악

5. 전체 유통주식수 대비 비중 추정

6. 전환사채, 유상증자, 신주인수권부사채, 상환전환우선주 등 오버행 물량 파악

## 사례로 파악하기

호전실업의 사례를 보며 차트, 수급, 거래원 동향을 파악해보자.

현재 호전실업의 차트는 수평추세선(박스권)의 차트흐름을 보이고 있다. 주가가 1만 2천 원 중반에서는 하방경직이 나타나고 있으며, 1만 5천 원 중후반대에서는 상방저항을 받고 있다. 거래는 점진적으로 감소하는 하락추이가 나타나고 있으며, 이동평균선은 수렴하는 방향으로 흐르고 있다.

전체적인 주가 흐름을 살펴보면 주가의 모멘텀과 이슈가 부재한 상황에서 투자심리가 낮아진 가운데 주가는 횡보 흐름을 연출하고 있다.

수급과 거래원 동향을 파악해보자.

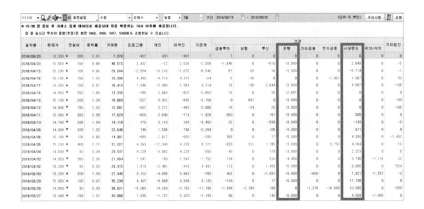

호전실업 거래원을 보면 지속적으로 은행에서는 매도세, 사모펀드에서
는 매수세가 들어오고 있다. 기관의 매매 주체는 한정된 가운데 수급에서
강하게 매수가 들어오는 모습은 포착되지 않고 있다.

은행과 사모펀드의 거래를 좀 더 자세하게 살펴보도록 하자.

## 호전실업 특정 증권사 거래원 동향

| 순위 | 회원사 | 매도수량 | 매수수량 | 순매수수량 | | 순위 | 회원사 | 매도수량 | 매수수량 | 순매수수량 |
|---|---|---|---|---|---|---|---|---|---|---|
| 1 | NH투자증권 | 258,326 | 674,408 | 416,082 | | 1 | 신한투자 | 367,055 | 216,039 | -151,016 |
| 2 | 한국증권 | 263,733 | 320,056 | 56,323 | | 2 | IBK증권 | 149,744 | 26,793 | -122,951 |
| 3 | 리딩투자 | 2,185 | 54,048 | 51,863 | | 3 | 미래에셋대우 | 447,989 | 375,555 | -72,434 |
| 4 | JP모간 | 28,913 | 53,881 | 24,968 | | 4 | 삼성증권 | 265,291 | 208,394 | -56,897 |
| 5 | 씨엘 | 21 | 24,481 | 24,460 | | 5 | 키움증권 | 876,583 | 821,183 | -55,400 |
| 6 | 비엔피 | 0 | 21,667 | 21,667 | | 6 | CS증권 | 119,654 | 66,715 | -52,939 |
| 7 | 신영증권 | 6,496 | 23,546 | 17,050 | | 7 | 모간서울 | 93,846 | 43,129 | -50,717 |
| 8 | BNK증권 | 4,587 | 19,327 | 14,740 | | 8 | DB금투 | 221,536 | 180,966 | -40,570 |
| 9 | UBS | 5,628 | 20,114 | 14,486 | | 9 | 유진증권 | 152,376 | 119,295 | -33,081 |
| 10 | KTB증권 | 193,775 | 206,888 | 13,113 | | 10 | 유안타증권 | 133,902 | 104,135 | -29,767 |
| 11 | 부국증권 | 4,061 | 16,734 | 12,673 | | 11 | 현대차증권 | 42,118 | 13,384 | -28,734 |
| 12 | 유화증권 | 0 | 11,721 | 11,721 | | 12 | 하나금융투자 | 193,257 | 168,157 | -25,100 |
| 13 | 코리아에셋 | 2,096 | 12,783 | 10,687 | | 13 | 한화투자 | 53,240 | 32,273 | -20,967 |
| 14 | 바로증권 | 5,692 | 15,624 | 9,932 | | 14 | 대신증권 | 134,052 | 116,910 | -17,142 |
| 15 | 다이와 | 0 | 9,224 | 9,224 | | 15 | 하이증권 | 38,926 | 32,806 | -6,120 |
| 16 | HSBC증권 | 0 | 9,156 | 9,156 | | 16 | KB증권 | 377,601 | 376,294 | -1,307 |
| 17 | CGS-CIMB | 0 | 8,468 | 8,468 | | 17 | 한양증권 | 18,317 | 18,165 | -152 |

증권사별 창구를 보면 국내는 NH투자증권, 한국투자증권, 해외는 JP모간, 씨엘증권에서 6개월 동안 매수 유입이 증가하고 있으며, 매도세는 신한금융투자, IBK투자증권, 키움증권 등에서 매도물량이 증가했다.

## 호전실업 IBK증권 수급 동향

| 일자 | 주가 | 전일대비 | 등락률 | 거래량 | 순매수 | 매수수량 | 매도수량 |
|---|---|---|---|---|---|---|---|
| 2018/04/23 | 16,150 ▲ | 800 | 5.21 | 44,932 | -450 | 0 | 450 |
| 2018/04/20 | 15,350 ▲ | 150 | 0.99 | 48,573 | -3,000 | 0 | 3,000 |
| 2018/04/19 | 15,200 ▲ | 100 | 0.66 | 29,004 | -3,200 | 0 | 3,200 |
| 2018/04/17 | 14,950 ▲ | 100 | 0.67 | 18,413 | -3,000 | 0 | 3,000 |
| 2018/04/16 | 14,850 ▼ | 250 | 1.66 | 13,339 | -2,898 | 0 | 2,898 |
| 2018/04/13 | 15,100 ▲ | 200 | 1.34 | 19,860 | -3,015 | 0 | 3,015 |
| 2018/04/12 | 14,900 ▼ | 150 | 1.00 | 12,891 | -3,015 | 0 | 3,015 |
| 2018/04/11 | 15,050 ▲ | 350 | 2.38 | 17,620 | -3,000 | 0 | 3,000 |
| 2018/04/10 | 14,700 ▼ | 200 | 1.34 | 14,118 | -3,000 | 0 | 3,000 |
| 2018/04/09 | 14,900 ▼ | 200 | 1.32 | 22,648 | -3,070 | 0 | 3,070 |
| 2018/04/06 | 15,100 ▼ | 100 | 0.66 | 14,981 | -5,000 | 0 | 5,000 |
| 2018/04/05 | 15,200 ▼ | 400 | 2.70 | 31,027 | -4,000 | 0 | 4,000 |
| 2018/04/04 | 14,800 ▼ | 50 | 0.34 | 29,537 | -3,000 | 0 | 3,000 |
| 2018/04/03 | 14,850 ▼ | 350 | 2.30 | 21,884 | -4,400 | 0 | 4,400 |
| 2018/04/02 | 15,200 ▼ | 50 | 0.33 | 29,315 | -5,000 | 0 | 5,000 |
| 2018/03/30 | 15,250 ▲ | 200 | 1.33 | 21,345 | -6,859 | 0 | 6,859 |
| 2018/03/29 | 15,050 ▲ | 100 | 0.67 | 35,238 | -4,928 | 72 | 5,000 |
| 2018/03/27 | 15,000 ▲ | 150 | 1.01 | 30,888 | -4,968 | 32 | 5,000 |

일자별 수급을 살펴보면 IBK투자증권에서 지속적으로 3천~5천 주 사이의 매도 물량이 나오고 있다.

## 호전실업 NH투자증권 수급동향

| 일자 | 주가 | | 전일대비 | 등락률 | 거래량 | 순매수 | 매수수량 | 매도수량 |
|---|---|---|---|---|---|---|---|---|
| 2018/04/23 | 16,050 | ▲ | 700 | 4.56 | 45,066 | -1,296 | 0 | 1,296 |
| 2018/04/20 | 15,350 | ▲ | 150 | 0.99 | 48,573 | 18,935 | 19,882 | 947 |
| 2018/04/19 | 15,200 | ▲ | 100 | 0.66 | 29,004 | -1,849 | 1,138 | 2,987 |
| 2018/04/18 | 15,100 | ▲ | 150 | 1.00 | 19,398 | 28 | 324 | 296 |
| 2018/04/17 | 14,950 | ▲ | 100 | 0.67 | 18,413 | 5,655 | 6,105 | 450 |
| 2018/04/16 | 14,850 | ▼ | 250 | 1.66 | 13,339 | 5,767 | 6,247 | 480 |
| 2018/04/13 | 15,100 | ▼ | 200 | 1.34 | 19,860 | 6,806 | 12,258 | 5,452 |
| 2018/04/12 | 14,900 | ▼ | 150 | 1.00 | 12,891 | 7,392 | 7,460 | 68 |
| 2018/04/11 | 15,050 | ▲ | 350 | 2.38 | 17,620 | 10,745 | 10,779 | 34 |
| 2018/04/10 | 14,700 | ▼ | 200 | 1.34 | 14,118 | 4,642 | 6,352 | 1,710 |
| 2018/04/09 | 14,900 | ▼ | 200 | 1.32 | 22,648 | 10,736 | 11,330 | 594 |
| 2018/04/06 | 15,100 | ▼ | 100 | 0.66 | 14,981 | 4 | 464 | 460 |
| 2018/04/05 | 15,200 | ▲ | 400 | 2.70 | 31,027 | -343 | 127 | 470 |
| 2018/04/04 | 14,800 | ▼ | 50 | 0.34 | 29,537 | 13,096 | 15,203 | 2,107 |
| 2018/04/03 | 14,850 | ▼ | 350 | 2.30 | 21,884 | 5,130 | 7,269 | 2,139 |
| 2018/04/02 | 15,200 | ▼ | 50 | 0.33 | 29,315 | -2,248 | 356 | 2,604 |
| 2018/03/30 | 15,250 | ▲ | 200 | 1.33 | 21,345 | -142 | 452 | 594 |
| 2018/03/29 | 15,050 | ▼ | 100 | 0.67 | 35,238 | 3,877 | 5,475 | 1,598 |

일자별 수급을 살펴보면 NH투자증권에서 매수세가 많이 유입되었으며, 18거래일 중 4거래일을 제외하고 매수를 했다.

## 호전실업 JP모건 수급동향

| 일자 | 주가 | | 전일대비 | 등락률 | 거래량 | 순매수 | 매수수량 | 매도수량 |
|---|---|---|---|---|---|---|---|---|
| 2018/04/23 | 16,100 | ▲ | 750 | 4.89 | 45,793 | 360 | 360 | 0 |
| 2018/04/20 | 15,350 | ▲ | 150 | 0.99 | 48,573 | -2,000 | 0 | 2,000 |
| 2018/04/19 | 15,200 | ▲ | 100 | 0.66 | 29,004 | -2,000 | 0 | 2,000 |
| 2018/04/17 | 14,950 | ▲ | 100 | 0.67 | 18,413 | 1,244 | 1,254 | 10 |
| 2018/04/11 | 15,050 | ▲ | 350 | 2.38 | 17,620 | 485 | 918 | 433 |
| 2018/04/10 | 14,700 | ▼ | 200 | 1.34 | 14,118 | 1,312 | 1,312 | 0 |
| 2018/04/09 | 14,900 | ▼ | 200 | 1.32 | 22,648 | 1,436 | 1,436 | 0 |
| 2018/04/06 | 15,100 | ▼ | 100 | 0.66 | 14,981 | 1,389 | 1,389 | 0 |
| 2018/04/05 | 15,200 | ▲ | 400 | 2.70 | 31,027 | 1,304 | 1,359 | 55 |
| 2018/04/04 | 14,800 | ▼ | 50 | 0.34 | 29,537 | 3,367 | 3,367 | 0 |
| 2018/04/03 | 14,850 | ▼ | 350 | 2.30 | 21,884 | 274 | 274 | 0 |
| 2018/04/02 | 15,200 | ▼ | 50 | 0.33 | 29,315 | 1,118 | 1,118 | 0 |
| 2018/03/30 | 15,250 | ▲ | 200 | 1.33 | 21,345 | 474 | 474 | 0 |
| 2018/03/27 | 15,000 | ▲ | 150 | 1.01 | 30,888 | 108 | 108 | 0 |
| 2018/03/26 | 14,850 | ▲ | 200 | 1.37 | 26,311 | 105 | 105 | 0 |
| 2018/03/23 | 14,650 | ▲ | 150 | 1.01 | 71,322 | 101 | 101 | 0 |
| 2018/03/22 | 14,800 | ▲ | 250 | 1.72 | 58,504 | 41 | 41 | 0 |

일자별 수급을 살펴보면 JP모건에서 매수세가 많이 유입되었으며, 18거래일 중 2거래일을 제외하고 매수를 했다.

## 상장 당시 지분구조

### 가. 5% 이상 주주와 우리사주조합 등의 주식소유 현황

(증권신고서 작성기준일 현재)

| 구분 | 주주명 | 소유주식수 | 지분율 | 비고 |
|---|---|---|---|---|
| 5% 이상 주주 | 한국산업은행 | 599,993주 | 8.73% | - |
| | 엔에이치엔인베스트먼트㈜ | 500,000주 | 7.28% | - |
| | ㈜케이오인베스트먼트 | 500,000주 | 7.28% | - |
| | 중소기업은행 | 433,326주 | 6.31% | - |
| | 한국투자 Future Growth투자조합 | 387,920주 | 5.64% | - |
| 우리사주조합 | | 236,865주 | 3.45% | - |

매출대상주식의 소유자에 관한 사항

(단위: 주)

| 보유자 | 회사와의 관계 | 보유증권 종류 | 매출전 보유증권수 | 매출증권수 주1) | 매출후 보유증권수 주2) |
|---|---|---|---|---|---|
| 산업은행 | - | 기명식 보통주 | 599,993주 | 266,660주 | 333,333주 |
| 기업은행 | - | 기명식 보통주 | 433,326주 | 150,000주 | 283,326주 |
| ㈜케이오인베스트먼트 | - | 기명식 보통주 | 500,000주 | 120,000주 | 380,000주 |
| 합계 | | | 1,533,319주 | 536,660주 | 996,659주 |

상장 당시 지분 소유현황은 한국산업은행, 엔에이치엔인베스트먼트, 케이오인베스트먼트, 중소기업은행, 한국투자 Future Growth투자조합(사모펀드 추정)으로 설정되었다. 이 중 매출, 즉 매도를 한 기관은 산업은행, 기업은행, 케이오인베스트먼트다. 구주 매출을 한 후 보유증권 수는 산업은행 33만 3,333주, 기업은행 28만 3,326주, 케이오인베스트먼트 38만 주다.

다음은 순매수와 순매도 가격대를 바탕으로 호전실업의 평균 가격을 살펴보자. 거래원을 살펴볼 때는 매집세력 및 대주주 보유지분 창구 위주로 수급과 평균 거래를 파악하면 된다.

## 거래원별 평균 가격: NH투자증권

| 일자 | 매수 | 매도 | 순매수 | 평균가격 |
|---|---|---|---|---|
| 2018/04/23 | 0 | 1,296 | -1,296 | 15,753 |
| 2018/04/20 | 19,882 | 947 | 18,935 | 15,321 |
| 2018/04/19 | 1,138 | 2,987 | -1,849 | 15,163 |
| 2018/04/18 | 324 | 296 | 28 | 15,042 |
| 2018/04/17 | 6,105 | 450 | 5,655 | 14,910 |
| 2018/04/16 | 6,247 | 480 | 5,767 | 14,912 |
| 2018/04/13 | 12,258 | 5,452 | 6,806 | 14,943 |
| 2018/04/12 | 7,460 | 68 | 7,392 | 14,901 |
| 2018/04/11 | 10,779 | 34 | 10,745 | 14,874 |
| 2018/04/10 | 6,352 | 1,710 | 4,642 | 14,698 |
| 2018/04/09 | 11,330 | 594 | 10,736 | 14,913 |
| 2018/04/06 | 464 | 460 | 4 | 15,159 |
| 2018/04/05 | 127 | 470 | -343 | 15,172 |
| 2018/04/04 | 15,203 | 2,107 | 13,096 | 14,705 |

종목 111110 증 40% 호전실업
회원사 00012 NH투자증권 -1,296 시간별 일별 조회

NH투자증권에서 1개월 동안의 거래내역을 보면 평균 가격 1만 4천 원대 중후반에서 1만 5천 원대 중후반에 거래된 것을 볼 수 있다. 매수한 세력은 대략 1만 5천 원 가격대에서 매수한 것으로 볼 수 있다.

## 거래원별 평균 가격: JP모건

| 일자 | 매수 | 매도 | 순매수 | 평균가격 |
|---|---|---|---|---|
| 2018/04/23 | 360 | 0 | 360 | 15,450 |
| 2018/04/20 | 0 | 2,000 | -2,000 | 15,300 |
| 2018/04/19 | 0 | 2,000 | -2,000 | 15,050 |
| 2018/04/17 | 1,254 | 10 | 1,244 | 14,800 |
| 2018/04/11 | 918 | 433 | 485 | 14,792 |
| 2018/04/10 | 1,312 | 0 | 1,312 | 14,679 |
| 2018/04/09 | 1,436 | 0 | 1,436 | 14,895 |
| 2018/04/06 | 1,389 | 0 | 1,389 | 15,194 |
| 2018/04/05 | 1,359 | 55 | 1,304 | 15,069 |
| 2018/04/04 | 3,367 | 0 | 3,367 | 14,729 |
| 2018/04/03 | 274 | 0 | 274 | 15,066 |
| 2018/04/02 | 1,118 | 0 | 1,118 | 15,255 |
| 2018/03/30 | 474 | 0 | 474 | 15,064 |
| 2018/03/27 | 108 | 0 | 108 | 14,922 |

종목 111110 증 40% 호전실업
회원사 00033 JP모간 360 ○시간별 ◉일별 조회

마찬가지로 JP모건 창구에서 1개월 동안의 거래내역을 보면 평균 가격 1만 4천 원대 중후반에서 1만 5천 원대 초중반에 거래된 것을 볼 수 있다. 매수한 세력은 대략 1만 4천 원대 후반 가격대에서 매수한 것으로 볼 수 있다.

**거래원별 평균 가격: IBK증권**

| 일자 | 매수 | 매도 | 순매수 | 평균가격 |
|---|---|---|---|---|
| 2018/04/23 | 0 | 450 | -450 | 15,500 |
| 2018/04/20 | 0 | 3,000 | -3,000 | 15,322 |
| 2018/04/19 | 0 | 3,200 | -3,200 | 15,096 |
| 2018/04/17 | 0 | 3,000 | -3,000 | 14,840 |
| 2018/04/16 | 0 | 2,898 | -2,898 | 14,939 |
| 2018/04/13 | 0 | 3,015 | -3,015 | 14,959 |
| 2018/04/12 | 0 | 3,015 | -3,015 | 14,875 |
| 2018/04/11 | 0 | 3,000 | -3,000 | 14,902 |
| 2018/04/10 | 0 | 3,000 | -3,000 | 14,689 |
| 2018/04/09 | 0 | 3,070 | -3,070 | 14,871 |
| 2018/04/06 | 0 | 5,000 | -5,000 | 15,156 |
| 2018/04/05 | 0 | 4,000 | -4,000 | 15,116 |
| 2018/04/04 | 0 | 3,000 | -3,000 | 14,817 |
| 2018/04/03 | 0 | 4,400 | -4,400 | 15,036 |

종목 111110 증 40% 호전실업
회원사 00068 IBK증권 -450 시간별 일별 조회

　IBK투자증권의 매도 가격대는 1만 4천 원대 중후반에서 1만 5천 원대 초중반에서 매도가 나왔다. IBK투자증권 매도물량을 NH투자증권, JP모건 창구에서 매수한 것으로 해석할 수 있다. 매수 가격은 1만 4,500~1만 5,500원 선에서 거래가 이루어졌다.

　지금까지 본 수급과 공시자료를 통해 호전실업을 세부적으로 분석해보자.

# 호전실업 분석

## 1. 투자자 수급동향 파악

- 호전실업은 2018년 3월 이후 기관 매집이 강해졌다. 매수주체는 주로 투신, 사모펀드에서 매수를 했다.

- 호전실업은 2017년 9~11월에는 금융투자업자 매수세가 강했다. 자사주 신탁을 통한 물량 매수세가 유입되었다. 자사주 신탁 지분매입 공시는 주가방어 및 경영권 방어를 위한 물량 유입으로 해석할 수 있다.

- 2018년 3월 중순 이후 은행에서 매도 물량이 출회했다.


## 2. 거래원 분석

- 은행 매도 물량출회: 기업은행 물량이 IBK투자증권으로 매도가 나왔다. 이유는 과거 상장 전 전환사채 물량이 보통주로 전환되면서 시장에 풀렸기 때문이다. 산업은행은 전환사채가 이미 보통주로 전환되어 매도 물량 출회가 끝났다.

  기업은행의 전환사채 전환가액은 1만 원 초반대 물량이다. 28만 주 중 약 12만 주 물량이 나왔다. 여기서 확인할 수 있는 것은 IBK증권과 은행 물량의 수급이 일치하고 있다는 것이다.

- NH투자증권 물량 대량매집: NH투자증권 창구로 대량의 물량 매집이 나타나고 있다. 주 수급주체는 사모펀드와 개인으로 추정된다. 최근 공시를 보면 최대 주주가 책임경영을 위해 장내매수했다고 공시했다.

- JP모건 매수세 지속: 외국인 매수는 주로 JP모건 창구로 들어오고 있다. JP모건은 1개월 동안 2거래일을 제외하고 지속적으로 매수세 유입했다. JP모건과 외국인 수급물량은 대부분 일치했다.

- 개인: 개인물량은 주로 키움증권에서 매도되고 있었다.
- 투신: 한국투자증권에서 투신물량이 간헐적으로 보였다. 한국투자밸류자산운용에서 운용하는 '가치주 펀드'로 추정된다.

## 3. 매매단가 파악

- NH투자증권: 1만 4천 원대 중후반에서 1만 5천 원대 중반 가격까지 꾸준히 매집했다. 평균 단가는 1만 4천 원 후반 가격이다. 최대 주주의 물량이 대부분일 것으로 추정된다.
- JP모건: NH투자증권가 마찬가지로 평균 단가 1만 4천 원 후반 물량으로 추정된다.
- IBK증권: 1만 원대 초반 전환된 물량으로 차익매물 출회했다. 매도단가는 1만 4,000~1만 5,500원에서 꾸준히 나오고 있다.

## 4. 전체 유통주식수 대비 비중

- NH투자증권: 2017년 10월~2018년 4월까지 6개월 동안 전체 유통주식수 800만 주 중 약 42만 주를 매수했다. 전체 물량의 5% 이상을 매수했다.

- 한국투자증권: 2017년 10월~2018년 4월까지 6개월 동안 전체 유통주식수 800만 주 중 5만 6천 주 매수했다. 전체 물량의 0.7%를 매수했다.

- JP모건: 2017년 10월~2018년 4월까지 6개월 동안 전체 유통주식수 800만 주 중 2만 5천 주 매수했다. 전체 물량의 0.3%를 매수했다. 다만 최근에 JP모건 매수세가 지속적으로 유입되고 있는 것에 관심을 가져볼 필요가 있다.

- IBK증권: 2017년 10월~2018년 4월까지 6개월 동안 전체 유통주식수 800만 주 중 12만 주 매도했다. 전체 물량의 1.5%를 매도했다. 전환사채 물량 매도가 나오고 있는 중이며, 약 16만 주가 남은 것으로 추정된다.

## 5. 전환사채, 유상증자, 신주인수권부사채, 상환전환우선주 오버행 물량 파악

- 산업은행 전환사채 물량은 이미 출회되었다.

- 기업은행 전환사채 물량은 출회 중이다. 12만 주 정도 전환 후 매도되었다.

- 케이오인베스트먼트는 아직 미전환된 것으로 판단된다. 우호적인 재무적 투자자로 판단된다.

지금까지 호전실업 사례를 통해 수급과 거래원을 매칭시켜보았다. 세력주는 전체 주식수 대비 5% 이상 매집이 들어오고, 대주주 지분이 많다면 세력주라고 판단할 수 있다. 대주주는 경영책임의 일환으로 특별한 이슈(구조조정, 자산매각 등)가 없으면, 시장에 매물출회를 하지 않는다. 그리고 개인이 컨트롤하는 세력주는 시가총액이 낮은 종목을 대상으로 작전을 편다.

주가가 높거나 유통주식수가 많으면 자금에 부담이 되기 때문에 대부분은 시가총액과 주가가 낮고, 유통주식수의 제한이 있는 종목을 대상으로 하며, 앞으로 나올 정보 및 이슈, 테마를 판단하고 선취매를 해서 매집하는 경우가 많다.

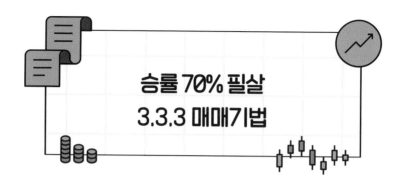

3.3.3 매매기법은 필자가 사용하고 있는 매매기법으로 3일 동안 1~3분할 매수를 통해 제세금을 제외한 3% 수익을 추구하는 기법이다. 손절가는 제세금을 포함한 3%에 매도하는 것으로 한다. 스윙매매를 원칙으로 하며 거래일수는 7거래일로 3% 수익 또는 3% 매도가 안될 시에는 7거래일째 매도를 하는 것으로 한다.

지금까지 승률은 70% 이상을 유지했다. 3.3.3 매매기법은 총 두 가지다. 지금부터 함께 알아보자.

## 3.3.3 매매기법 "1"번 매매기법

종목 선정조건은 다음과 같다.

**종목 선정조건**

1. 장 종료 후 당일 상승률 4~10% 이내 종목

2. 수급확인(외국인 또는 기관) 연속 순매수 또는 거래량 100만 주 이상 종목

3. 영업이익, 매출액 성장률 10% 이상, 다만 부채비율 150% 이상인 종목
   은 제외, 유보율 500% 이상 종목

4. 시가총액 1천억~5천억 원 이내 종목

5. 대주주, 특수관계인 포함 50% 이상 종목

6. 추세매매, 눌림목매매, 바닥권 탈출 종목

거래량 조건에서 3개월 평균 거래량 대비 당일 거래량이 3배 이상 터진
것도 포함한다. 반드시 양봉캔들이 나타나야 한다. 모든 선정조건을 부합
해야 되는 것은 아니나, 보통은 6개 선정조건 중 5개 이상은 부합하는 종
목위주로 필터링한다.

캔들을 간단히 설명하면 다음과 같다.

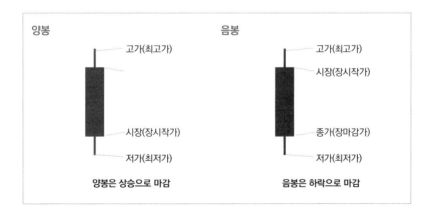

매수시점을 정리해보자.

**캔들매매 매수시점**

| 1차 매수(비중 5%) | 시가와 종가 몸통의 30% 할인된 가격 |
|---|---|
| 2차 매수(비중 5%, 1차 비중과 동일) | 시가와 종가 몸통의 50% 할인된 가격 |
| 3차 매수(비중 10%, 1차와 2차 비중 합) | 전일 시가 |

매수는 1/3씩 3번에 거쳐 분할매수한다. 1차 분할매수 후 오를 경우 2차 매수, 3차 매수는 하지 않는다.

사례를 통한 매매기법을 살펴보자.

## 사례 1 | 맘스터치

2004년 2월 설립되었으며, '맘스터치'와 '붐바타' 브랜드의 프랜차이즈 사업과 새우 등을 국내외에서 조달해 공급하는 식자재 유통사업을 주요 사업으로 영위하고 있다. 맘스터치는 2013년 이후부터 서울 및 경기 지역을 중심으로 신규 가맹점 개점이 빠르게 진행되고 있으며, 2020년 12월 말 기준 전국에 가맹점 1,314곳을 보유하고 있다. 화덕샌드위치 프랜차이즈 브랜드인 붐바타는 2020년 4분기 기준 직영점 1개와 가맹점 7개가 운영되고 있다.

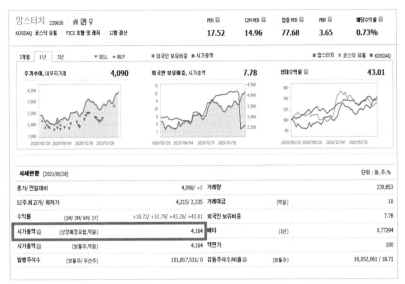

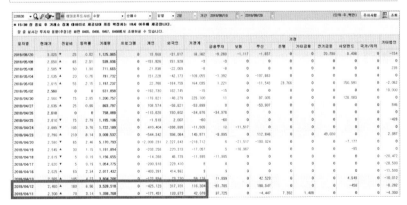

단위 : 억원, %, 배, 천주  연결  별도  전체  연간  분기

| IFRS(연결) | Annual | | | | Net Quarter | | | |
|---|---|---|---|---|---|---|---|---|
| | 2015/12 | 2016/12 | 2017/12 | 2018/12(E) | 2017/09 | 2017/12 | 2018/03 | 2018/06(E) |
| 매출액 | 5,995 | 4,654 | 5,020 | | 1,243 | 1,241 | 1,133 | |
| 영업이익 | 293 | 107 | 149 | | 32 | 25 | 15 | |
| 당기순이익 | 132 | 74 | 59 | | 26 | -2 | -6 | |
| 지배주주순이익 | 128 | 79 | 60 | | 21 | -2 | 5 | |
| 비지배주주순이익 | 4 | -5 | -1 | | 5 | 0 | -11 | |
| 자산총계 | 5,285 | 5,142 | 5,092 | | 5,341 | 5,092 | 5,025 | |
| 부채총계 | 3,138 | 2,933 | 2,663 | | 2,892 | 2,663 | 2,628 | |
| 자본총계 | 2,147 | 2,208 | 2,429 | | 2,449 | 2,429 | 2,397 | |
| 지배주주지분 | 1,911 | 1,972 | 2,210 | | 2,219 | 2,210 | 2,186 | |
| 비지배주주지분 | 235 | 237 | 218 | | 230 | 218 | 211 | |
| 자본금 | 149 | 149 | 149 | | 149 | 149 | 149 | |
| 부채비율 | 146.19 | 132.83 | 109.67 | | 118.05 | 109.67 | 109.61 | |
| 유보율 | 1,232.61 | 1,272.77 | 1,433.30 | | 1,439.14 | 1,433.30 | 1,417.15 | |
| 영업이익률 | 4.88 | 2.31 | 2.97 | | 2.59 | 2.04 | 1.36 | |
| 지배주주순이익률 | 2.14 | 1.70 | 1.20 | | 1.70 | -0.16 | 0.47 | |
| ROA | 2.56 | 1.41 | 1.16 | | 1.97 | -0.13 | -0.47 | |
| ROE | 6.96 | 4.07 | 2.88 | | 4.03 | -0.35 | 0.97 | |
| EPS (원) | 431 | 266 | 202 | | 71 | -7 | 18 | |
| BPS (원) | 6,663 | 6,864 | 7,666 | | 7,696 | 7,666 | 7,586 | |
| DPS (원) | 100 | 120 | 120 | | | 120 | | |
| PER | 7.70 | 14.40 | 14.93 | | | | | |
| PBR | 0.50 | 0.56 | 0.39 | | 0.40 | 0.39 | 0.47 | |

최고:3,575(2018/07/16) →

2018년 4월 12일 6.96% 상승 ↓

최저:1,775
(2017/10/18)

배당락

거래량 3,000만 주 이상

먼저 앞서 말한 종목 선정조건에 맘스터치가 부합하는지 알아보자.

| 종목 선정조건 | 부합 여부 |
|---|---|
| 전일 상승률 4~10% 이내 종목 | ○ |
| 수급확인(외국인 또는 기관) 연속 순매수 또는 거래량 100만 주 이상 종목 | ○ |
| 영업이익, 매출액 성장률 10% 이상, 다만 부채비율 150% 이상인 종목은 제외, 유보율 500% 이상 종목 | ○ |
| 시가총액 1천억~5천억 원 이내 종목 | ○ |
| 대주주, 특수관계인 포함 50% 이상 종목 | ○ |
| 추세매매, 눌림목매매, 바닥권 탈출 종목 | ○<br>(추세매매) |

　　종목에 부합하니 매수조건 가격을 설정해보자. 시가 2,300원, 종가 2,460원으로 종가에서 시가를 뺀 금액은 160원이다(2,460-2,300=160). 1차 매수가격은 종가와 시가의 30%, 2차 매수가격은 종가와 시가의 50%로 산정해 계산하면 다음과 같다. 3차 매수가격은 전날 시가와 같다.


　　1차 매수가격 = 48원(반올림 50원) = 160원×0.3(30% 할인)

　　2차 매수가격 = 80원 = 160원×0.5(50% 할인)

　　3차 매수가격 = 2,300원

## 매수조건 가격 설정

| | 매수시점(4월 12일 캔들매매) | | 목표가(매도) 및 손절가 |
|---|---|---|---|
| 1차 매수가 | 2,430원 | 1차 목표가 | 2,505원(2,430원×1.03) |
| 2차 매수가 | 2,380원<br>(가격 미진입으로 매수 안 됨) | 2차 목표가 | 2,480원(2,405×1.03) |
| 3차 매수가 | 2,300원<br>(가격 미진입으로 매수 안 됨) | 3차 목표가 | 2,440원(2,370×1.03) |
| | | 손절가 | 2,300원(2,370/1.03) |

위 종목은 종목 선별조건에 부합된다. 시가총액, 거래량, 재무제표, 최대
주주지분, 외국인과 기관 양 매수 모두 양호한 지표를 갖고 있다. 위 종목
을 매수했다고 가정하면 1차 2,405원 매수 후 당일 목표가를 실현하게 된
것이다. 2차와 3차 매수가까지는 가지 않았기 때문에 1차 매수 후 목표가
2,505원을 정하고 수익실현 전략을 취하면 된다.

## 사례 2 | 인터지스

부두운영사로서 항만하역과 전국 각지의 물류네트워크를 활용해 후판,
형강, 봉강 등의 철강제품과 수출입컨테이너를 운송하는 화물운송을 주
요 사업으로 영위하고 있다. 2012년 7월 디케이에스앤드(주)를 합병함으
로써 해상운송사업에 진출해 동국제강(주)의 철강원재료 해상운송과 더
불어 국내외 유수의 3PL 고객들을 대상으로 남미, 호주, 미국 등에서 곡
물, 철광석, 석탄 등을 운송하고 있다.

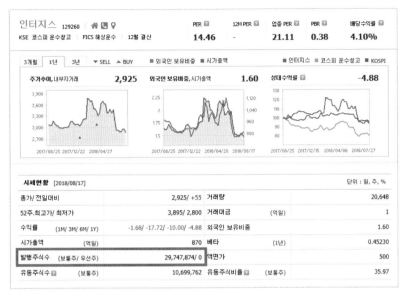

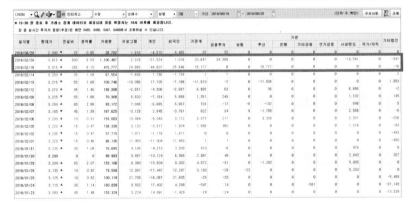

| Financial Highlight [연결\|전체] | | | | | | | | 단위 : 억원, %, 배, 천주 | |
|---|---|---|---|---|---|---|---|---|---|
| **IFRS(연결)** | Annual | | | | Net Quarter | | | |
| | 2015/12 | 2016/12 | 2017/12 | 2018/12(E) | 2017/09 | 2017/12 | 2018/03 | 2018/06(E) |
| 매출액 | 5,995 | 4,654 | 5,020 | | 1,243 | 1,241 | 1,133 | |
| 영업이익 | 293 | 107 | 149 | | 32 | 25 | 15 | |
| 당기순이익 | 132 | 74 | 59 | | 26 | -2 | -6 | |
| 지배주주순이익 | 128 | 79 | 60 | | 21 | -2 | 5 | |
| 비지배주주순이익 | 4 | -5 | -1 | | 5 | 0 | -11 | |
| 자산총계 | 5,285 | 5,142 | 5,092 | | 5,341 | 5,092 | 5,025 | |
| 부채총계 | 3,138 | 2,933 | 2,663 | | 2,892 | 2,663 | 2,628 | |
| 자본총계 | 2,147 | 2,208 | 2,429 | | 2,449 | 2,429 | 2,397 | |
| 지배주주지분 | 1,911 | 1,972 | 2,210 | | 2,219 | 2,210 | 2,186 | |
| 비지배주주지분 | 235 | 237 | 218 | | 230 | 218 | 211 | |
| 자본금 | 149 | 149 | 149 | | 149 | 149 | 149 | |
| 부채비율 | 146.19 | 132.83 | 109.67 | | 118.05 | 109.67 | 109.61 | |
| 유보율 | 1,232.61 | 1,272.77 | 1,433.30 | | 1,439.14 | 1,433.30 | 1,417.15 | |
| 영업이익률 | 4.88 | 2.31 | 2.97 | | 2.59 | 2.04 | 1.36 | |
| 지배주주순이익률 | 2.14 | 1.70 | 1.20 | | 1.70 | -0.16 | 0.47 | |
| ROA | 2.56 | 1.41 | 1.16 | | 1.97 | -0.13 | -0.47 | |
| ROE | 6.96 | 4.07 | 2.88 | | 4.03 | -0.35 | 0.97 | |
| EPS (원) | 431 | 266 | 202 | | 71 | -7 | 18 | |
| BPS (원) | 6,663 | 6,864 | 7,666 | | 7,696 | 7,666 | 7,586 | |
| DPS (원) | 100 | 120 | 120 | | | 120 | | |
| PER | 7.70 | 14.40 | 14.93 | | | | | |
| PBR | 0.50 | 0.56 | 0.39 | | 0.40 | 0.39 | 0.47 | |

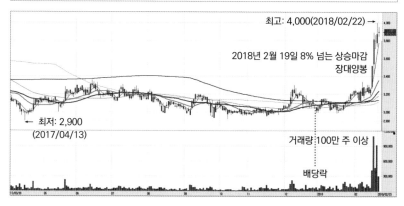

최고: 4,000(2018/02/22) →

2018년 2월 19일 8% 넘는 상승마감
장대양봉

← 최저: 2,900
(2017/04/13)

거래량 100만 주 이상

배당락

인터지스 종목이 선정조건에 부합하는지 살펴보자.

| 종목 선정조건 | 부합 여부 |
|---|---|
| 전일 상승률 4~10% 이내 종목 | ○ |
| 수급확인(외국인 또는 기관) 연속 순매수 또는 거래량 100만 주 이상 종목 | ○ |
| 영업이익, 매출액 성장률 10% 이상, 다만 부채비율 150% 이상인 종목은 제외, 유보율 500% 이상 종목 | ○ |
| 시가총액 1천억~5천억 원 이내 종목 | ○ |
| 대주주, 특수관계인 포함 50% 이상 종목 | ○ |
| 추세매매, 눌림목매매, 바닥권 탈출 종목 | ○ (추세매매) |

영업이익, 매출액 성장률, 부채비율 모두 부합된다.

매수조건 가격을 설정해보자. 시가 3,285원, 종가 3,515원으로 종가에서 시가를 뺀 금액은 230원이다(3,515-3,285=230). 1차 매수가격은 종가와 시가의 30%, 2차 매수가격은 종가와 시가의 50%로 산정해 계산하면 다음과 같다. 3차 매수가격은 전날 시가와 같다.

1차 매수가격 = 69원(반올림 70원) = 230원 × 0.3(30% 할인)

2차 매수가격 = 115원 = 230원 × 0.5(50% 할인)

3차 매수가격 = 3,285원

## 매수조건 가격 설정

| 매수시점(2월 19일 캔들매매) | | 목표가(매도) 및 손절가 | |
|---|---|---|---|
| 1차 매수가 | 3,445원 | 1차 목표가 | 3,550원(3,445×1.03) |
| 2차 매수가 | 3,400원<br>(가격 미진입으로 매수 안 됨) | 2차 목표가 | 3,520원(3,420×1.03) |
| 3차 매수가 | 3,285원<br>(가격 미진입으로 매수 안 됨) | 3차 목표가 | 3,455원(3,355×1.03) |
| | | 손절가 | 3,255원(3,555/1.03) |

위 종목도 종목 선별조건에 부합된다. 시가총액, 거래량, 재무제표, 최대 주주지분, 외국인과 기관 양 매수 모두 양호한 지표를 갖고 있다. 위 종목을 매수했다고 가정하면 1차 3,445원 매수 후 당일 목표가를 실현하게 된 것이다. 2차와 3차 매수가까지는 가지 않았기 때문에 1차 매수 후 목표가 3,550원을 정하고 수익실현 전략을 취하면 된다.

3.3.3 매매기법 "1"번 매매기법은 캔들을 활용한 매매기법이다. 거래량 동반과 강한 상승이 나타나야 하며, 대주주 지분이 높아야 한다. 이 밖의 재무제표는 매출액과 영업이익의 증가율을 살펴보고, 안정성으로는 부채 비율, 유보율을 본다.

시가총액은 1천 억~5천 억 원대로 외국인 또는 기관의 연속 순매수 종목군으로 필터링하면 된다. 보통 종목을 검색하면 10~20종목 이내가 나오는데, 이 중 눌림목, 추세, 바닥권 탈출을 보이는 차트로 검색을 마무리하면 된다.

### 3.3.3 매매기법 "2"번 매매기법

3.3.3 매매기법 "2"번 매매기법은 기간에 상관없이 목표수익률, 손절률 3%를 잡고 기계적으로 대응하는 전략이다. 마지막에 30일 이동평균선을 이탈했을 때는 손실을 정리하고 마무리한다. 30일 이동평균선을 이탈하지 않을 때까지는 지속적으로 데이트레이딩, 스윙으로 접근하는 매매기법이다.

종목 선정조건은 다음과 같다.

**종목선정 조건**
1. 13일 이동평균선 돌파 종목
2. 13일 이동평균선 돌파 후 종가지지 매수
3. 30일 이동평균선 종가 이탈 시 매도
4. 13일, 15일, 20일 정배열
5. 과거 3개월 거래량 평균 대비 대량거래 발생(절대적 기준 없음)
6. 시가총액 1천억~5천억 원, 재무 상태 양호
7. 영업이익, 매출액 성장률 10% 이상, 다만 부채비율 150% 이상인 종목
   은 제외, 유보율 500% 이상 종목

매수시점(이동평균선 매매) – 대량거래 후 13일선 종가상으로 돌파한 종목을 관심종목에 편입한다.

매매시점을 정리하면 다음과 같다. 이동평균선을 기준으로 매매한다.

**매매시점**

| | |
|---|---|
| 1차 매수(비중 5%) | 13일 이동평균선 지지 가격 매수 |
| 2차 매수(비중 5%, 1차 비중과 동일) | 15일 이동평균선 지지 가격 매수 |
| 3차 매수(비중 10%, 1차와 2차 비중 합) | 20일 이동평균선 지지 가격 매수 |
| 목표가(1차 매수, 2차 매수, 3차 매수 목표가 설정) | 매수가격의 +3% |
| 손절가(3차 매수 진입 시 손절가 적용) | 매수가격의 −3% |

3.3.3 매매기법 "2"번 매매기법은 13일 이동평균선을 활용한 매매기법이다. 13일, 15일, 20일, 30일 이동평균선을 설정한 후 거래량과 비교해 종목을 선정하면 된다.

사례를 통해 살펴보자.

### 사례 1 | 엑시콘

2001년 설립되어 반도체 공정상의 후공정의 마지막 테스트(Fianal test) 공정에 필요한 장비인 반도체 검사장비를 생산하는 업체다. 동사의 주력 제품은 반도체 메모리 콤포넌트(Component), 모듈(Module) 제품 및 광소자 테스트를 위한 시스템 업체다. 종속회사로는 엑시콘 재팬과 MEMORFI LIMITED(미국 법인) 등 2개의 해외법인이 있음. 동사는 2017년 7월 자기주식 17만 8,500주(지분율 2.01%)를 취득했다.

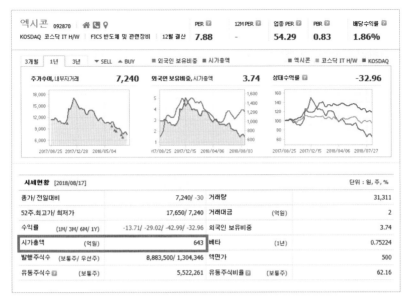

| 엑시콘 092870 | PER | 12M PER | 업종 PER | PBR | 배당수익률 |
|---|---|---|---|---|---|
| KOSDAQ 코스닥 IT H/W \| FICS 반도체 및 관련장비 \| 12월 결산 | 7.88 | - | 54.29 | 0.83 | 1.86% |

3개월 | 1년 | 3년 | ▼SELL ▲BUY | ■외국인 보유비중 ■시가총액 | ■엑시콘 ■코스닥 IT H/W ■KOSDAQ

주가추이,내부자거래 **7,240**  외국인 보유비중,시가총액 **3.74**  상대수익률 **-32.96**

### 시세현황 [2018/08/17]
단위 : 원, 주, %

| 항목 | 값 | 항목 | 값 |
|---|---|---|---|
| 종가/ 전일대비 | 7,240/ -30 | 거래량 | 31,311 |
| 52주.최고가/ 최저가 | 17,650/ 7,240 | 거래대금 (억원) | 2 |
| 수익률 (1M/ 3M/ 6M/ 1Y) | -13.71/ -29.02/ -42.99/ -32.96 | 외국인 보유비중 | 3.74 |
| 시가총액 (억원) | 643 | 베타 (1년) | 0.75224 |
| 발행주식수 (보통주/ 우선주) | 8,883,500/ 1,304,346 | 액면가 | 500 |
| 유동주식수 (보통주) | 5,522,261 | 유동주식비율 (보통주) | 62.16 |

### 주주현황
단위 : 주, %

| 항목 | 주권의 수 | 지분율 | 최종변동일 |
|---|---|---|---|
| 최명배(외 8인) | 3,182,739 | 35.83 | 2018/06/26 |
| 한출율 | 638,025 | 7.18 | 2014/12/24 |
| 아시아인베스트먼트케 | 565,000 | 6.36 | 2018/05/18 |
| 고석태 | 460,000 | 5.18 | 2015/05/07 |
| 엑시콘 자사주 | 178,500 | 2.01 | 2017/07/19 |

COMMENT ▼

### 주주구분 현황
단위 : 주, %

| 주주구분 | 대표주주수 | 주권의 수 | 지분율 | 최종변동일 |
|---|---|---|---|---|
| 최대주주등 (... | 1 | 3,182,739 | 35.83 | 2018/06/26 |
| 10%이상주... | | | | |
| 5%이상주주 ... | 3 | 1,663,025 | 18.72 | 2018/05/18 |
| 임원 (5%미... | 5 | 10,635 | 0.12 | 2018/07/26 |
| 자기주식 (자... | 1 | 178,500 | 2.01 | 2017/07/19 |

COMMENT ▼

| IFRS(연결) | Annual | | | | Net Quarter | | | |
|---|---|---|---|---|---|---|---|---|
| | 2015/12 | 2016/12 | 2017/12 | 2018/12(E) | 2017/09 | 2017/12 | 2018/03 | 2018/06(P) |
| 매출액 | 530 | 451 | 672 | | 232 | 111 | 236 | |
| 영업이익 | 54 | 31 | 76 | | 39 | -10 | 31 | |
| 당기순이익 | 63 | 51 | 82 | | 42 | -17 | 43 | |
| 지배주주순이익 | 63 | 52 | 82 | | 42 | -18 | 42 | |
| 비지배주주순이익 | 0 | -1 | 0 | | 0 | 1 | 0 | |
| 자산총계 | 901 | 946 | 914 | | 980 | 914 | 965 | |
| 부채총계 | 246 | 244 | 160 | | 210 | 160 | 182 | |
| 자본총계 | 656 | 701 | 755 | | 771 | 755 | 783 | |
| 지배주주지분 | 656 | 700 | 753 | | 769 | 753 | 781 | |
| 비지배주주지분 | 0 | 1 | 2 | | 1 | 2 | 2 | |
| 자본금 | 44 | 44 | 44 | | 44 | 44 | 44 | |
| 부채비율 | 37.49 | 34.79 | 21.14 | | 27.24 | 21.14 | 23.20 | |
| 유보율 | 1,375.96 | 1,476.16 | 1,639.92 | | 1,677.24 | 1,639.92 | 1,703.82 | |
| 영업이익률 | 10.15 | 6.85 | 11.26 | | 17.00 | -8.59 | 12.95 | |
| 지배주주순이익률 | 11.93 | 11.44 | 12.15 | | 18.25 | -16.24 | 17.96 | |
| ROA | 8.03 | 5.53 | 8.83 | | 17.54 | -7.39 | 18.13 | |
| ROE | 12.02 | 7.62 | 11.24 | | 22.30 | -9.48 | 22.06 | |
| EPS (원) | 871 | 581 | 919 | | 476 | -203 | 476 | |
| BPS (원) | 7,380 | 7,881 | 8,700 | | 8,886 | 8,700 | 9,019 | |
| DPS (원) | 75 | 100 | 135 | | | 135 | | |
| PER | 8.04 | 18.32 | 17.84 | | | | | |
| PBR | 0.95 | 1.35 | 1.89 | | 1.22 | 1.89 | 1.31 | |

엑시콘 종목의 선정조건 부합 여부를 살펴보자.

| 종목 선정조건 | 부합 여부 |
|---|---|
| 13일 이동평균선 돌파 종목 | ○ |
| 13일 이동평균선 돌파 후 종가지지 매수 | ○ |
| 30일 이동평균선 종가 이탈 시 매도 | ○ |
| 13일, 15일, 20일 정배열 | ○ |
| 과거 3개월 거래량 평균 대비 대량거래 발생(절대적 기준 없음) | ○ |

| 시가총액 1천억~5천억 원, 재무 상태 양호 | ○ |
|---|---|
| 영업이익, 매출액 성장률 10% 이상, 다만 부채비율 150% 이상인 종목은 제외, 유보율 500% 이상 종목 | ○ |

2017년 11월 20일 대량거래를 수반한 장대양봉이 나타나면서 18%대 상승 마감했다. 기간조정을 거치면서 13일 이동평균선과 이격을 좁히며 7거래일 이후에 첫 번째 13일 이동평균선을 지지받았다. 이후 13일 이동 평균선 7번, 15일 이동평균선 3번, 20일 이동평균선 1번을 지지해주면서 3% 익절 데이트레이딩을 할 수 있었다.

1개월 동안 약 10거래일 데이트레이딩이 가능하다. 이후 2018년 1월 2일 매수 진입 후 1월 3일 30일 이동평균선을 종가상 이탈했기 때문에 손절을 한다.

## 사례 2 | 와이엠티

PCB, 반도체의 제조 공정에 필수적으로 사용되는 화학소재를 독자 개발, 판매하는 회사로서 모바일, 전기자동차, 바이오 분야 등에서 제품이 사용되고 있다. PCB의 최종표면처리, 동도금 등 기존 회사가 점유하던 시장에 순수 독자기술로 개발에 성공해 한국, 중국, 대만에 공급하고 있다. 또한 원천 기술을 이용해 반도체, 디스플레이 극동박의 분야로도 진출했다.

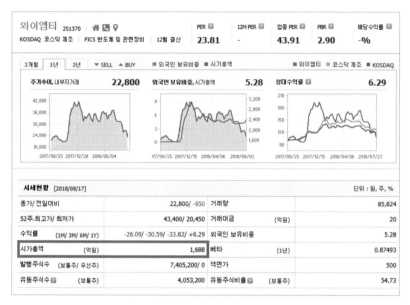

**Financial Highlight** [연결|전체]   　　단위 : 억원, %, 배, 천주　연결　별도　전체　연간　분기

| IFRS(연결) | Annual | | | | Net Quarter | | | |
|---|---|---|---|---|---|---|---|---|
| | 2015/12 | 2016/12 | 2017/12 | 2018/12(E) | 2017/09 | 2017/12 | 2018/03 | 2018/06(E) |
| 매출액 | 459 | 499 | 692 | | 194 | 210 | 157 | |
| 영업이익 | 80 | 111 | 161 | | 59 | 45 | 33 | |
| 당기순이익 | 47 | 77 | 90 | | 47 | 32 | 23 | |
| 지배주주순이익 | 40 | 65 | 68 | | 40 | 25 | 17 | |
| 비지배주주순이익 | 7 | 13 | 22 | | 7 | 7 | 6 | |
| 자산총계 | 738 | 801 | 1,140 | | 1,059 | 1,140 | 1,145 | |
| 부채총계 | 462 | 369 | 475 | | 418 | 475 | 452 | |
| 자본총계 | 276 | 432 | 665 | | 641 | 665 | 694 | |
| 지배주주지분 | 229 | 374 | 583 | | 563 | 583 | 603 | |
| 비지배주주지분 | 47 | 58 | 82 | | 79 | 82 | 91 | |
| 자본금 | 11 | 15 | 19 | | 19 | 19 | 37 | |
| 부채비율 | 167.60 | 85.36 | 71.39 | | 65.21 | 71.39 | 65.09 | |
| 유보율 | 1,902.44 | 2,356.54 | 3,046.77 | | 2,938.80 | 3,046.77 | 1,528.29 | |
| 영업이익률 | 17.40 | 22.19 | 23.24 | | 30.39 | 21.66 | 21.04 | |
| 지배주주순이익률 | 8.83 | 12.93 | 9.81 | | 20.61 | 11.81 | 10.58 | |
| ROA | 6.75 | 10.06 | 9.29 | | 19.04 | 11.55 | 7.93 | |
| ROE | 19.66 | 21.43 | 14.20 | | 29.58 | 17.32 | 11.19 | |
| EPS (원) | 871 | 1,351 | 958 | | 541 | 335 | 224 | |
| BPS (원) | 4,920 | 6,141 | 7,867 | | 7,597 | 7,867 | 8,141 | |
| DPS (원) | | | | | | | | |
| PER | | | 42.04 | | | | | |
| PBR | | | 5.12 | | 2.86 | 5.12 | 4.05 | |

와이엠티 종목의 선정조건 부합 여부를 살펴보자.

| 종목 선정조건 | 부합 여부 |
|---|---|
| 13일 이동평균선 돌파 종목 | ○ |
| 13일 이동평균선 돌파 후 종가지지 매수 | ○ |
| 30일 이동평균선 종가 이탈 시 매도 | ○ |
| 13일, 15일, 20일 정배열 | ○ |
| 과거 3개월 거래량 평균 대비 대량거래 발생(절대적 기준 없음) | ○ |

| | |
|---|:---:|
| 시가총액 1천억~5천억 원, 재무 상태 양호 | ○ |
| 영업이익, 매출액 성장률 10% 이상, 다만 부채비율 150% 이상인 종목은 제외, 유보율 500% 이상 종목 | ○ |

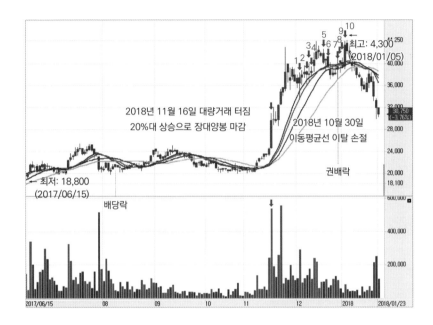

2017년 11월 16일 대량거래를 수반한 장대양봉이 나타나면서 20% 대 상승 마감했다.

기간조정을 거치면서 13일 이동평균선과 이격을 좁히면서, 12거래일 이후에 첫번째 13일 이동평균선 11번, 15일 이동평균선 8번, 20일 이동 평균선 6번을 지지받았다. 이후 약 8~10번 3% 익절 데이트레이딩을 할 수 있었다.

1.5개월 동안 11거래일 데이트레이딩이 가능하다. 이후 2018년 1월 9일 매수 진입 후 1월 10일 30일 이동평균선을 종가상 이탈했기 때문에

손절을 한다.

3.3.3 매매기법 "2"번 이동평균선 매매기법은 이동평균선을 활용한 매매기법이다. 거래량 동반과 강한 상승이 나타나야 되며, 대주주 지분이 높아야 한다. 3.3.3 매매기법 "1"번과 마찬가지로 재무제표는 매출액과 영업이익의 증가율을 살펴보고, 안정성으로는 부채비율을 본다. 시가총액은 1천억~5천억 원대로 외국인 또는 기관의 연속 순매수 종목군으로 필터링하면 된다.

다만 3.3.3 매매기법 "2"번은 빈번한 매매가 이루지게 된다. 그렇기 때문에 시세 확인을 지속적으로 해야 한다. 2개월 동안 10번 이상 매매가 이루지기 때문에 빠른 회전율을 보이며, 거래비용이 증가하는 단점이 있다.

30일 이동평균선 이탈 시에는 과감하게 손절 정리해야 하는 것이 포인트다. 보통 종목을 검색하면 10종목 내외로 나온다, 차트패턴은 바닥권 탈출 종목이 대다수다.

PART 04

# 성공적인 투자를 위한
# 주식 Q&A

# 공매도가 뭐죠?
# 시장에 어떤 영향을 미치나요?

공매도 재개 후 3개월이 지났다. 시장에서는 공매도 재개 후 별문제가 없다는 일각의 주장이 있지만, 완벽한 반쪽짜리라고 보는 의견도 있다. 무엇 때문일까? 왜냐면 공매도는 상승장이 아닌 하락장에서 나쁜 영향을 보여주었기 때문이다. 2020년 3월 세계에서 유례없이 우리나라 지수를 무려 11년 전으로 돌렸던 데는 공매도의 역할이 결정적이었던 것으로 기억한다. 공매도란 무엇인가.

공매도란 주가 하락이 예상될 때 주식을 보유하고 있는 투자자에게 주식을 빌려 먼저 팔고 주가가 하락했을 때 다시 매수하는 것을 뜻한다. 높은 가격에 팔고 낮은 가격에 매수해 차익을 만드는 것이다. 국내에서 개인은 공매도를 못한다.

공매도의 역사는 길다. 1929년 미국의 주가 폭락 원인으로 공매도가 지목된 바 있고, 업틱룰이 도입되며 2007년 7월까지 유지되었다. 업틱룰이란 주식을 공매도할 때 매도호가를 직전 체결가 이상으로 제시하도록 제한한 규정이다. 시장 거래가격 밑으로 호가를 낼 수 없도록 하여 공매도로 인한 주가 하락을 막기 위한 조치다.

한국에서는 1996년 9월 기관투자자 대상 차입 공매도가 시작되었고, 1998년 7월 외국인 투자자에게도 차입 공매도를 허용했다. 차입 공매도는 차입한 증권을 매도하는 것을 말한다. 투자자는 자신이 보유한 증권의 가격 하락에 따른 손

### 공매도를 통해 차익이 생기는 과정

실을 회피(헤지)하거나, 고평가된 증권의 매도를 통한 차익을 얻기 위해 공매도를 활용할 수 있다.

공매도는 주가 하락이 예상될 때 취하는 투자 기법이다. 공매도 물량이 늘어나면 단기적인 주가 하락 발생도 고려해야 한다. 세력(기관, 외국인)의 공매도 투자는 자본시장에 영향이 크기 때문에 조심해야 한다. 만약 주가가 상승하게 된다면 공매도 투자자는 손해를 볼 수 있다.

공매도의 장점은 주식시장에 추가적인 유동성을 공급하여 적정가격을 발견하는데 효율성을 제고한다. 또한 부정적인 정보가 가격에 빠르게 반영될 수 있도록 해서 주가의 거품 형성을 방지하는 순기능이 있다. 하지만 공매도 세력이 악성 루머를 활용해 주가 하락세를 유발할 수 있다는 단점도 있다. 또한 주가가 계속 상승할 경우 무한대 손실이 발생할 위험도 있다.

흔히 공매도를 기울어진 운동장이라고 한다. 기울어진 운동장이라는 한쪽으로 기울어진 운동장에서는 아무리 열심히 뛰어도 이기기가 힘들다는 뜻이다. 공매도 재개는 개인투자자에게 불리한 제도이기 때문에 투자심리 위축 요인으로 작용할 수 있으니 주의해야 한다.

2020년 3월 코로나19로 인한 주가 폭락으로 인해 한국에서 모든 주식의 공매도가 금지되었다. 이후 공매도 금지는 일부 논란 끝에 두 차례 정장을 거쳐서 공매도 재개를 시작했다. 일각에서는 그동안 주가 상승세가 높았던 종목과 업종들 중심으로 대규모 공매도 물량이 쏟아져 나오며, 국내 증시의 급락세가 불가피하다는 의견들도 있다.

공매도 재개가 단기적인 변동성 확대가 나타날 수 있지만, 시장의 방향성은 바꾸기 어렵다고 본다. 주식시장이 강세장에 있는 기간에는 시장 방향성에 영향을 주기 어렵기 때문이다. 최근 국내 증시가 2개월 동안 기간 조정을 받았지만, 국내 수출 실적 및 글로벌 경기 정상화가 가속화된다면 강세장 기조가 유효할 수 있다고 본다. 만약 공매도로 인해 단기적인 조정을 받았다면 조정에 따른 매수 기회가 될 수 있다고 본다. 그리고 이번 공매도 재개는 전 종목이 아닌 코스피 200, 코스닥 150 같이 대형주들만 재개한다. 상대적으로 공매도 재개 위험이 없는 중소형주들 대상으로 수급이 옮겨질 수 있다.

공매도 재개는 강세장 기조에 있는 한국 증시의 방향성은 훼손되지 않을 것으로 보인다. 공매도 재개는 롱숏 헤지펀드들의 국내 투자로 귀환이 될 수 있다. 롱숏 헤지펀드는 특정 국가의 숏포지션을 구축할 때 헤지 수단으로 롱 포지션을 동시에 구축하여 투자한다. 롱 포지션을 구축할 때도 마찬가지로 숏 포지션으로 헤지를 한다. 공매도 금지 시기에 글로벌 롱숏 헤지펀드들의 한국 증시에 대한 투자 채널을 제한하며 한국 증시에 투자하는 데 어려움이 발생했다. 이것이 최근 수개월 동안 외국인의 국내 증시 매수세를 지체시켰던 요인 중 하나라고 생각한다. 이러한 논리로 공매도 금지가 해제되면 그동안 국내 증시에 섣불리 투자를 못 했던 외국인들의 순매수 유인이 생겨남과 동시에, 국내 증시의 유동성을 포함한 수급 환경도 개선될 것으로 보인다.

국내 증시가 과거처럼 장기 박스권에 갇힐 가능성은 적을 것으로 전망한다. 현재는 선진국을 중심으로 진행되고 있기는 하지만, 신흥국을 포함한 전 세계 코로나 집단 면역은 시간의 문제 영역에 진입했다. 이는 글로벌 경기 회복 모멘텀을 가속화해서 국내 수출 기업들 중심의 한국경제와 증시에 긍정적일 것이다.

물론 공매도 재개 이후 공매도 잔고 혹은 대차잔고 비중이 높아진 종목 중에서 밸류에이션 부담을 안고 있는 종목의 단기 주가 변동성이 확대될 소지는 있다. 무차입 공매도가 금지된 국내에서는 공매도하기 위해서는 차입을 위한 대차거래가 선행되어야 하기 때문이다. 그렇기 때문에 대차거래 잔고 증가가 높은 종목들은 공매도 재개를 위한 차입 물량 비축 가능성이 높기 때문에 조심해야 한다. 그러나 특정 종목에 과도한 거품을 방지하는 가격 발견 가능과 외국계 롱숏 헤지펀드의 국내 증시 투자 유인 회복 등 순기능이 활성화되면 공매도 재개는 시장 급락 및 방향성 훼손에 대한 리스크는 줄어들 것이라 본다.

결론적으로 공매도 재개는 변동성이 나타날 수 있지만, 상승 추세의 방향성은 훼손되지 않을 것으로 전망한다.

# 공매도 재개가 개인투자자에게 어떤 영향을 미칠까요?

2021년 5월 3일부터 금융위원회에서는 공매도 부분 재개를 시작한다고 밝혔다. 코스피 200, 코스닥 150 구성 종목에 대해서 부분적으로 재개된다. 코스피 200 및 코스닥 150 종목은 시총이 크고, 유동성이 풍부한 종목으로 구성되어 있다. 한국거래소는 반기(6월, 12월)마다 종목을 재선정하고, 변경되기 약 2주 전에 선정 결과를 공지한다.

개인투자자는 공매도를 위한 주식이 차입이 어려워 공매도에 제약이 있다. 하지만 개인 대주제도 전편 개편에 따라 2조 4천억 원 수준의 주식 대여 물량을 확보할 예정이다. 그리고 투자자 보호 방안을 위해 사전교육 및 모의투자 의무화가 병행되어야 한다.

개인투자자들도 증권금융 및 증권사에서 제공하는 개인 대주제도를 통해 해당 종목에 대한 공매도 투자가 가능하다. 시장 조성자의 공매도 규모는 절반 이하로 축소된다. 시장 조성자는 상장주식에 대해 시장의 매수, 매도호가 사이에 양방향 호가를 제출함으로써, 유동성을 공급하고 거래체결을 유도하는 투자매매업자이다. 시장 조성자의 과도한 공매도의 제도 남용에 대한 우려를 줄이기 위한 것이다.

코스피 200, 코스닥150 구성 종목을 살펴보자.

## 코스피 200 구성 종목(2021년 7월 기준)

| 구분 | 해당 종목 |
|---|---|
| 시가총액 10조 원 이상(40개) | 삼성전자, SK하이닉스, 카카오, NAVER, LG화학, 삼성바이오로직스, 현대차, 삼성SDI, 셀트리온, 기아, POSCO, LG생활건강, 현대모비스, LG전자, 삼성물산, SK이노베이션, SK텔레콤, KB금융, 신한지주, SK, 엔씨소프트, 한국전력, 삼성생명, LG, HMM, 아모레퍼시픽, 삼성에스디에스, 하나금융지주, SK아이이테크놀로지, 삼성전기, SK바이오사이언스, 넷마블, S-Oil, 하이브, KT&G, 포스코케미칼, 대한항공, 삼성화재, SK바이오팜, 두산중공업 |
| 시가총액 5조 원 이상(24개) | 한국조선해양, 롯데케미칼, 한온시스템, LG디스플레이, 한화솔루션, 우리금융지주, KT, 고려아연, 기업은행, 현대글로비스, 현대제철, CJ제일제당, 현대건설, 금호석유, LG유플러스, 한국타이어앤테크놀로지, 코웨이, 미래에셋증권, SKC, 강원랜드, 현대중공업지주, 한미사이언스, 한국금융지주, LG이노텍 |
| 시가총액 3조 원 이상(39개) | 아모레G, 두산밥캣, 삼성엔지니어링, 오리온, 유한양행, 팬오션, 이마트, 삼성중공업, 신풍제약, GS, 한진칼, 한미약품, 롯데지주, 쌍용C&E, CJ대한통운, DB손해보험, 삼성카드, 삼성증권, 녹십자, 효성티앤씨, 대우조선해양, 호텔신라, GS건설, NH투자증권, 현대미포조선, 휠라홀딩스, 한국가스공사, 두산인프라코어, 일진머티리얼즈, 키움증권, 대우건설, 한화생명, 두산퓨얼셀, 한화시스템, 메리츠증권, 한국항공우주, 롯데쇼핑, 씨에스윈드, 에스원 |
| 시가총액 2조 원 이상(28개) | CJ, 만도, SK케미칼, 동서, KCC, DL이앤씨, OCI, BGF리테일, 포스코인터내셔널, 제일기획, GS리테일, 신세계, 한솔케미칼, DB하이텍, 대웅, 현대위아, 현대로템, 대한전선, 하이트진로, BNK금융지주, 한샘, 한화에어로스페이스, 현대해상, 한화, LS, 효성, 코오롱인더, 현대엘리베이 |
| 시가총액 1조 원 이상(41개) | 금호타이어, HDC현대산업개발, 동국제강, 효성첨단소재, 현대백화점, 대웅제약, 오뚜기, 한전기술, 영원무역, 한전KPS, 농심, 아이에스동서, 한국앤컴퍼니, KG동부제철, 롯데정밀화학, 지누스, DL, LS ELECTRIC, 녹십자홀딩스, 두산, 종근당, 대한유화, SK네트웍스, 부광약품, 신세계인터내셔날, 롯데관광개발, 이노션, 세방전지, 한국콜마, 코스맥스, 태광산업, 롯데칠성, 아시아나항공, 보령제약, LG상사, 한올바이오파마, 영풍, 동원시스템즈, 더블유게임즈, 영진약품, 풍산 |
| 시가총액 1조 원 미만(28개) | 현대홈쇼핑, 오리온홀딩스, 화승엔터프라이즈, CJ CGV, 한섬, 현대그린푸드, SNT모티브, GKL, SK디스커버리, 쿠쿠홈시스, 넥센타이어, 후성, 삼양홀딩스, 동원산업, 대상, 휴켐스, LG하우시스, 한세실업, LIG넥스원, 쿠쿠홀딩스, 동원F&B, LX홀딩스, 롯데하이마트, 락앤락, 일양약품, 삼양식품, JW중외제약, F&F홀딩스 |

## 코스닥 150 구성 종목(2021년 7월 기준)

| 구분 | 해당 종목 |
|---|---|
| 시가총액 2조 원 이상(21개) | 셀트리온헬스케어, 셀트리온제약, 펄어비스, 카카오게임즈, 에코프로비엠, 씨젠, CJ ENM, 알테오젠, SK머티리얼즈, 에이치엘비, 휴젤, 스튜디오드래곤, 리노공업, 엘앤에프, 솔브레인, 원익IPS, 티씨케이, 제넥신, 에스티팜, 케이엠더블유, 실리콘웍스 |
| 시가총액 1조 원 이상(45개) | 네이처셀, 천보, 고영, 셀리버리, 파라다이스, PI첨단소재, 컴투스, 차바이오텍, 오스템임플란트, NICE평가정보, 에스에프에이, 메디톡스, 콜마비앤에이치, 메드팩토, 레고켐바이오, 동진쎄미켐, 이오테크닉스, 동화기업, 에스엠, JYP Ent., NHN한국사이버결제, 아프리카TV, 박셀바이오, 덕산네오룩스, 현대바이오, 포스코 ICT, 삼천당제약, 동국제약, 메지온, 오스코텍, SFA반도체, 클래시스, 녹십자랩셀, 헬릭스미스, 아이티엠반도체, 에이비엘바이오, 서울반도체, 웹젠, 데브시스터즈, 유진테크, 위메이드, 네패스, 하림지주, RFHIC, 와이지엔터테인먼트 |
| 시가총액 1조 원 미만(84개) | 에이치엘비생명과학, 코미팜, 파마리서치, 인트론바이오, 하나머티리얼즈, 파크시스템스, 젬백스, 에코프로, 아난티, 메가스터디교육, 엠씨넥스, 엔지켐생명과학, 아미코젠, 에코마케팅, 아주IB투자, 에이스테크, 솔브레인홀딩스, 서진시스템, 엘앤씨바이오, 심텍, 상아프론테크, CMG제약, 국일제지, 대주전자재료, 안랩, 주성엔지니어링, 휴온스, 바이넥스, 에스앤에스텍, 비에이치, 테스나, 코리아센터, 우리기술투자, 삼표시멘트, 씨아이에스, 티에스이, 서울바이오시스, 이녹스첨단소재, 인선이엔티, 삼강엠앤티, 다원시스, 테스, KG이니시스, 매일유업, 다우데이타, 제이앤티씨, 카페24, 성우하이텍, 엘비세미콘, 에프에스티, 파트론, 코웰패션, 피엔티, 유틸렉스, 녹십자셀, 크리스탈지노믹스, 엔케이맥스, 서부T&D, KH바텍, 코엔텍, 원익홀딩스, 메디포스트, 이엔에프테크놀로지, 알서포트, 모두투어, 유니슨, 톱텍, 오이솔루션, 이베스트투자증권, 유진기업, 대아티아이, AP시스템, 원익머트리얼즈, 상상인, 위닉스, 텔콘RF제약, 다나와, 유비쿼스홀딩스, 아이큐어, 와이솔, 슈피겐코리아, 레몬, 동국S&C, 지트리비앤티 |

자료: 금융감독원

# 기관투자자 주체는
# 어떻게 나누어지나요?

주식 투자에서 누가 사고 팔았는지 확인을 하는 것은 중요하다. 기관 또는 외국인은 개인보다 정보가 빠르고 정확하기 때문에 개인투자자는 정보 비대칭 약점을 극복하고자 기관 또는 외국인의 수급을 확인한다. 정보 비대칭이란 시장에서 이루어지는 거래에서 당사자들이 보유한 정보에 차이가 있는 현상을 말한다. 상대적으로 많은 정보를 가지고 있는 쪽을 정보 우위라 한다. 주식시장에서 많은 정보를 가지고 있는 쪽은 기관과 외국인이다.

주식 투자를 하는 수급 주체는 개인, 기관, 외국인이 있다. 이 중 기관투자자는 증권시장에서 대규모의 자금으로 투자활동을 하는 주체로, 일반인과 법인으로부터 자금을 모아 이를 주식과 채권을 전문적으로 투자하는 법인 형태를 말한다.

선진국에서는 기업경영의 투명성 제고를 통한 투자자 보호라는 측면에서 기관투자자의 역할이 중요시되고 있다. 2018년 7월 30일 스튜어드십 코드(stewardship code)의 제한적 도입을 의결하면서 기관투자자들은 경영 참여를 원칙적으로 배제하지만, 기금운용위원회에서 특별히 판단하는 경우 경영 참여가 가능하다. 2019년 2월 국민연금이 한진칼에 대해 스튜어드십 코드를 발동해 경영에 참여하는 첫 사례가 되었다.

기관투자자는 세분화를 할 수 있다. 금융투자, 보험, 투신, 사모펀드, 은행, 연기금, 기타 금융기관, 기타 등이 있다. 기관투자자는 투자 규모가 크고 단기보다는 장기 투자 위주로 매매하는 경향이 높다. 투자 규모가 크기 때문에 유동성이 있는 대형주나 우량주를 선호한다.

증권시장 및 파생상품 시장에서 기관투자자의 분류는 다음과 같다.

## 기관투자자 분류

| 대분류 | 거래소, 코스닥 | 투자자 설명 |
|---|---|---|
| 기관 | 금융투자 | 금융투자업자의 고유재산 운용(증권, 자산운용사, 투자자문사 등) |
| | 보험 | 생명보험, 손해보험, 보증보험 등 보험회사 |
| | 투신 | 투자신탁, 투자회사, 투자조합, 투자합자회사 등 공모펀드 |
| | 사모 | 사모펀드 |
| | 은행 | 일반은행(농협중앙회, 수산업협동조합중앙회 포함), 특수은행 |
| | 기타 금융기관 | 종금사, 저축, 증권금융회사, 자금중개회사, 여신전문금융회사, 신협중앙회 |
| | 연기금 | 연금, 기금 및 공제회 |
| | | 국가, 지자체, 공익 목적 전문투자자인 비금융기관 (예금보험공사, 한국자산관리공사, 한국투자공사, 금융투자협회 등) |
| 기타 | 기타 | 금융기관과 공공기관을 제외한 나머지 기관 |

# 공모주 신청,
# 어떻게 하나요?

공모주 청약은 코스피, 코스닥 신규 상장을 준비하는 기업의 주식을 상장 이전에 배정받기 위해 청약을 지불하는 것이다. 비슷한 예로 아파트 분양의 청약을 진행하는 것과 유사하다.

공모주 청약은 주관 증권사를 통해 공모 청약을 신청하고, 청약 기간이 종료된 이후 최종경쟁률 및 청약자 수에 따라 균등 배정 또는 비례 배정 방식을 통해 주식을 배정한다. 공모주 청약에 당첨되면 좋은 주식을 저렴한 가격에 살 수 있다. 물론 반대인 경우도 있기 때문에 새로 상장되는 주식에 대한 충분한 정보를 확인하고 투자 매력이 있는지 분석을 한 후에 신청하는 것이 필요하다.

공모주를 신청하기 전에 공모주 일정 및 정보를 확인해야 한다. 공모주 종목 및 일정 확인 등 세부 정보는 KIND(kind.krx.co.kr) 또는 38커뮤니케이션(www.38.co.kr)에서 확인할 수 있다. 증권 계좌가 있거나 개설이 완료되었다면 MTS와 HTS를 통해 증거금을 입금한 후 청약을 신청한다. 증거금은 확정 공모가가 정해지면 계산을 할 수 있다. 개인 일반 투자자의 경우 청약 대금(청약 수량×공모가액)의 50%를 청약 신청과 동시에 증거금으로 내게 된다. 이후 최종 경쟁률이 확정되고 청약한 수량에서 배정물량의 50% 이상의 경우에는 균등 배정 방식으로 배정받게 되며, 남은 수량의 경우에는 비례 배정을 통해서 주식을 배정받을 수 있다.

만약 1만 원이 확정 공모가이며 10주를 매수하길 원한다면 5천 원×10주
=5만 원을 증거금으로 입금하면 된다. 증거금을 5만 원을 넣었는데 1주만 당첨
됐다면 1만 원을 제외한 4만 원이 계좌로 환급된다. 공모주 청약 시 수수료가 일
부 인출되기 때문에 청약증거금보다 조금 더 납입하면 된다.

공모주 청약 기간은 2일이며 청약 신청 및 취소 가능 시간은 보통 오전 8시부
터 오후 4시까지다. 고객별 우대조건에 따라 50~250% 범위 내에서 청약 한도
가 결정된다. 공모주 경쟁률은 '주관사 청약 신청 수량/주관사 배정 수량'으로
계산되며, 실시간 경쟁률을 제공받는다. 공모청약신청이 완료되면 배정 결과에
따라서 청약증거금이 배정수량(금액)보다 부족하여 추가 입금이 필요할 수도 있
다. 만약 추가 입금을 하지 않을 때에는 청약증거금에 해당하는 수량만 배정된
다. 청약 결과는 청약 마감일 다음 날 오전 9시 이후 확인이 가능하다. 만약 환불
금액이 있으면 지정한 계좌로 환불금이 자동이체가 된다.

일반청약의 최종 배정 수량기준은 균등 배정 + 비례 배정이다. 공모주의 균등
배정이란 2021년 제도 개편 일환으로 일반 청약자의 배정 물량 중 절반 이상 청
약에 참여한 투자자에 균등하게 먼저 배정되는 방식이다. 균등 배정은 '일반 청
약 수량의 50%/청약한 계좌 수'로 배정된다. 비례 배정은 '청약 수량/(최종경쟁
률×2)'이다.

공모 정보에서 중요한 것은 주관사다. 공모주 청약은 주관사에 명시된 증권사
를 통해서만 청약할 수 있기 때문이다. 고객(회원) 수가 상대적으로 적은 증권사
를 통해 공모주 청약을 진행하는 것이 많은 물량을 받을 수 있는 팁이다.

# 서킷브레이커와
# 사이드카는 뭐예요?

주식시장의 매매 거래 중단 제도는 서킷브레이커와 사이드카가 있다.

서킷브레이커는 과열된 전기회로를 차단하는 안전장치에서 유래된 용어다. 주식시장에서 주가가 급등 또는 급락하는 경우 시장에 미치는 충격을 완화하기 위해 주식매매를 일시 정지하는 제도다. 영어의 첫 글자를 인용해서 'CB'라 한다. 1987년 10월 미국 증권시장 주가 대폭락 사태 시발로 각국 시장 안전장치로 활용되고 있다.

증권시장의 내·외적인 요인에 의하여 주가가 급락 또는 급등하는 경우 시장 안정화 조치로 투자자들에게 판단 시간을 제공하기 위해 시장에서의 모든 매매를 일시적으로 중지하는 제도다. 지수가 직전 거래일의 종가보다 8%, 15%, 20% 이상 하락한 경우 매매 중단의 발동을 예고할 수 있으며, 이 상태가 1분간 지속되는 경우 모든 종목의 매매가 중단된다.

최초로 지수가 전일종가 대비 8% 이상 하락한 경우 1단계 매매 중단이 20분간 되고 이후 10분간 단일가 매매로 거래가 재개된다. 2단계는 코스피가 전일종가 대비 15% 이상 하락하고 1단계 발동지수 대비 1% 이상 추가하락한 경우 20분간 매매중단이 되고 이후 10분간 단일가매매 거래가 재개된다. 3단계는 전일보다 20% 이상 하락하고 2단계 발동지수 대비 1% 이상 추가하면 발동된다. 3단계가 발동되면 당일 주식시장은 종료된다.

단계별로 발동은 1일 1회로 한정하고 당일 종가결정 시간 확보를 위해 장 종료 40분 전 이후에는 중단하지 않는다. 2020년 3월 13일 코스피, 코스닥 급락으로 두 시장 서킷브레이커 제도가 발동했다.

사이드카는 도로에서 경찰이 타고 다니면서 교통질서를 바로잡거나 길 안내도 하는 오토바이의 일종에서 유래한 용어다. 증권시장에서도 과속하는 주가가 교통사고를 내지 않도록 유도하는 역할로 비유된다.

사이드카는 선물시장이 급변한 경우 현물시장에 대한 영향을 최소화함으로써 현물시장을 안정적으로 운용하기 위해 도입한 프로그램 매매 호가 관리제도다. 주식시장에서 주가의 등락 폭이 갑자기 커진 경우 시장에 미치는 영향을 완화하기 위해 주식매매를 일시 정지시킨다. 선물가격이 전날 종가보다 유가증권 시장은 5%, 코스닥 시장은 6% 등락이 1분간 지속할 때 발동된다. 2020년 3월 12일 오후 1시 4분 코스피 200 지수선물이 장중 5% 이상 폭락을 하며 5분 동안 프로그램 매도호가 효력을 정지시키는 사이드카가 발동했다.

사이드카가 발동되면 주식시장의 매매 호가 행위는 5분간 효력이 정지된다. 주식시장 매매 종료 40분 전에는 발동할 수 없고, 하루 한 차례만 발동할 수 있다.

서킷브레이커 제도는 투자자들의 공황에 의한 시장 전체의 급락을 방지하는 것이라면, 사이드카는 프로그램매매에 의한 파생상품 시장의 급변동을 방지하는 것이다. 그렇기 때문에 사이드카보다 한 단계 더 강한 것이 서킷브레이커 제도다. 서킷브레이커와 사이드카는 주식시장의 보이지 않는 손으로 주식시장을 안정적으로 운용하기 위해 도입한 매매호가 관리제도다.

# 네 마녀의 날에는
# 왜 주가가 하락한다고 하나요?

네 마녀의 날은 주가가 막판에 요동을 칠 때가 많아 "마녀가 심술부린다"는 뜻으로 네 마녀의 날이라고 부른다. 쿼드러플 위칭 데이(Quadruple Witching Day)라고 일컫는다. 네 마녀의 날은 주가지수 선물, 주가지수 옵션, 개별주식 선물, 개별주식 옵션 네 가지 파생상품 만기일이 겹쳐 주식시장의 변화를 예측할 수 없는 날이다. 2002년 12월부터 사용된 이 단어는 주식시장에 매물이 쏟아져 나와 투자자들의 투자심리가 위축되고, 큰 혼란을 주었다. 매년 3월, 6월, 9월, 12월 둘째 주 목요일 연 4회 발생한다.

주가의 변동성이 심한 이유는 파생상품과 연계된 현물 주식들이 정리매물로 시장에 나오다 보니 급락하는 경우가 많다. 만기일이 오면 매도 물량의 압박이 온다. 옵션 만기일은 투자자들이 매수했던 선물과 옵션을 보유할 수 있는 마지막 거래일이기 때문이다. 현물과 선물의 가격 차이로 인한 매수차익, 매도차익 잔고 물량이 시장에 나오면서 예상치 못한 주가의 급등락이 발생한다. 개별주식 선물을 활용해 차익거래 기회를 얻을 수 있기 때문에 기관투자자, 외국인은 잔고 청산에 나서면 관련 종목들의 현물 수급에 영향을 주기도 한다.

네 마녀의 날은 옵션 만기일이 겹치기 때문에 옵션에 대한 의미도 알아두어야 한다. 옵션은 선물거래에 포함된 개념으로 미리 정해진 가격 조건에 따라서 정해진 기간 내에 상품이나 자산을 사거나 팔 수 있는 권리다. 이 권리를 사거나 파는 행위가 옵션거래다. 옵션거래는 만기일이 지나면 권리가 사라지기 때문에 만기일에는 무조건 사거나 팔아야 한다. 따라서 만기일에는 평소보다 주가에 변동성이 생길 수밖에 없다. 네 마녀의 날이라고 해서 항상 주가가 하락하는 모습이 나타나지는 않는다. 하지만 변동성을 노린 투기적 거래가 발생할 확률이 높기 때문에 옵션 만기일에 매매는 주의해야 한다.

통계적으로 코스피 사례 통계를 보았을 때 상승과 하락의 비율은 반반 수준이어서 네 마녀의 날에 기관이나 외국인 갑작스러운 대규모 매물은 쏟아 내기 어렵다는 중론도 있다. 만약 기관과 외국인이 주식시장에서 꾸준한 매도 우위를 보여왔다면 만기일에 물량을 더 많이 매도할 여력은 많지 않을 것이다. 선물에서 기관이나 외국인이 순매수 포지션으로 대응하면 충격이 제한적일 수 있다.

최근 증시는 코로나19로 자금이 시장에 많이 유입되어 유동성 효과로 "네 마녀의 날을 무사히 지나갔다고" 시장 전문가들은 분석했다. 선물과 옵션의 동시 만기일은 평소보다 더 많은 거래가 나타나기 때문에 투자에 주의해야 한다는 것을 명심하자.

**네 마녀의 날 코스피 기록**

| 만기일 | 전일 | 당일 | 명일 | 전일 대비 상승률 | 다음 날 상승률 |
|---|---|---|---|---|---|
| 2016. 12. 08 | 1,991.89 | 2,031.07 | 2,024.69 | 2.0% | −0.3% |
| 2017. 03. 09 | 2,095.41 | 2,091.06 | 2,097.35 | −0.2% | 0.3% |
| 2017. 06. 09 | 2,360.14 | 2,363.57 | 2,381.69 | 0.1% | 0.8% |
| 2017. 09. 08 | 2,319.82 | 2,346.19 | 2,343.72 | 1.1% | −0.1% |
| 2017. 12. 08 | 2,474.37 | 2,461.98 | 2,464.00 | −0.5% | 0.1% |
| 2018. 03. 09 | 2,401.82 | 2444.08 | 2459.45 | 1.8% | 0.6% |
| 2018. 06. 08 | 2,453.76 | 2,470.58 | 2,451.58 | 0.7% | −0.8% |
| 2018. 09. 07 | 2,291.77 | 2,287.61 | 2,281.58 | −0.2% | −0.3% |
| 2018. 12. 07 | 2,101.31 | 2,068.69 | 2,075.76 | −1.6% | 0.3% |
| 2019. 03. 06 | 2,175.60 | 2,165.79 | 2,137.44 | −0.5% | −1.3% |
| 2019. 06. 05 | 2,066.97 | 2,069.11 | 2,072.33 | 0.1% | 0.2% |
| 2019. 09. 11 | 2,032.08 | 2,049.20 | 2,062.22 | 0.8% | 0.6% |
| 2019. 12. 12 | 2,105.62 | 2,137.35 | 2,170.25 | 1.5% | 1.5% |
| 2020. 03. 12 | 1,908.27 | 1,834.33 | 1,771.44 | −3.9% | −3.4% |
| 2020. 06. 11 | 2,195.69 | 2,176.78 | 2,132.30 | −0.9% | −2.0% |

# 펀드 투자 시
# 고려해야 할 것이 있나요?

펀드 투자 시 고려해야 할 부분은 세 가지로 나눌 수 있다.

첫 번째 자신의 투자 성향, 투자 목적과 기간을 고려해야 한다. 투자 성향을 통해 위험 감수 능력을 판단할 수 있다. 위험이란 투자 손실을 의미하며, 혹여나 손실이 발생하더라도 감당할 수 있는 것이 중요하다. 투자 목적은 목돈 마련, 교육자금, 주택 구매, 노후 대비, 결혼 등 어떤 목적으로 사용할 것인지에 따라 달라진다. 투자 목적에 따라 투자 기간도 달라지기 때문에 투자 목적에 맞게 투자 기간을 정해야 한다.

두 번째 투자하는 펀드의 스타일을 정해야 한다. 주식형 펀드라고 해서 모든 주식에 투자하는 펀드가 아니다. 그 안에서도 여러 가지 스타일로 나뉜다. 가치주 펀드, 성장주 펀드, 배당주 펀드 등 다양한 스타일로 구분이 된다.

가치주는 기업의 가치를 분석했을 때 기업의 내재가치는 높지만, 현재의 주가가 낮은 기업이다. 성장주는 수익구조가 개선되어 지금보다 앞으로 성장할 가능성이 큰 기업이다. 배당주는 일반적으로 주식시장에 상장된 다른 기업들에 비해 높은 배당금을 주는 기업이다. 주식형 펀드 내에서도 다양한 스타일의 펀드가 존재하기에 본인의 투자 스타일에 맞게 선택해야 한다.

마지막으로 자산운용사와 펀드매니저를 신중히 선택해야 한다. 펀드의 수익률은 운용사와 펀드매니저의 실력에 따라 결정되기에 신중히 선택해야 한다. 자산운용사의 선택 기준은 다음과 같다.

- · 운용성과: 단기 성과보다는 중·장기 성과를 기준으로 보되 꾸준한 운용 성과
  가 나왔는지 확인하자.
- · 운용철학: 일관된 투자 철학을 가지고 있는 운용사를 선택하자.
- · 운용사의 도덕성 및 평판: 부정한 방법으로 운용을 하거나, 평판이 좋지 않은
  운용사는 피하자.
- · 펀드매니저의 경력, 이직: 펀드매니저의 잦은 이직은 펀드 운용에 불안 요소
  로 작용하기 때문에 오랫동안 운용하는 매니저를 선택하자.

이외에도 위험성과평가 지표, 과거 수익률 등 정량적 데이터를 확인해 좋은
펀드를 찾아 투자해야 한다.

# 헤지펀드
# 운용 전략이 궁금해요

헤지펀드는 주식, 채권, 파생상품, 실물자산 등 다양한 상품에 투자해 목표 수익을 달성하는 것을 목적으로 하는 펀드다. 불특정 다수로부터 자금을 유치하는 공모펀드보다는 대규모 자금을 굴리는 100명 미만의 투자자로부터 자금을 모아 파트너십을 결성한 뒤 조세회피처에 거점을 마련해 활동하는 사모펀드 형태가 일반적이다.

헤지펀드는 운용 리스크 축소 목적으로 구성된 투자 전략이다. 시장이 한 방향(One way)으로 치우칠 때 반대 반향 포지션을 구축하거나 반대 자산을 투자해 변동성 리스크를 투자 전략이다. 한쪽 자산으로 투자하는 쏠림 현상을 방어한다. 시장이 항상 상승할 수는 없기 때문에 하락장에서도 이익을 얻을 수 있도록 고안된 전략이다. 단기 이익을 목적으로 투자 지역이나 투자 대상 등 규제를 받지 않고 수익을 노린다.

헤지펀드의 전략을 살펴보자.

### 롱-쇼트 전략(Long-Short Strategy)

주가 하락이 예상되면 미리 팔고, 주가 상승이 예상되면 미리 매수하는 전략이다. 주식 헤지 전략으로 많이 활용된다. 본질 가치보다 싼 주식은 사고, 비싼 주식은 팔아 수익을 추구한다.

### 이벤트 드리븐 전략(Event Driven Strategy)

수급 요인이나 M&A, 합병 등 이벤트를 기반으로 매매하는 전략이다.


### 바이앤홀드 전략(Buy and Hold Strategy)

매수한 뒤에 따로 매도하지 않고 그대로 주식을 보유하는 전략이다.


### 글로벌 매크로 전략(Global Macro Strategy)

글로벌 거시경제 분석을 바탕으로 매매하는 전략이다. Commodity Trading 전략으로도 활용한다.


### 마켓 뉴트럴 전략(Market Neutral Strategy)

하나 혹은 그 이상의 시장에서 발생하는 가격 등락에 따라 이익을 챙기고, 특정 시장으로부터 비롯되는 위험은 피하는 전략이다.


### 렐러티브 밸류 전략(Relative Value Strategy)

시장의 방향에 베팅하지 않고 자산의 가치와 자산 간의 괴리 등을 파악해서 매매하는 전략이다.


### 공매도 전략

공매도는 주식, 채권, 외환 등 가격이 하락할 것으로 예상되는 경우 해당 금융상품을 빌려 팔고 나중에 되사 갚는 전략이다.

# 연기금의 투자는
# 어떻게 이루어지나요?

연기금은 투자풀을 통해 운용이 이루어진다. 연기금 투자풀은 기금 여유 자산의 수익률을 제고하고 안정적으로 관리하기 위해 기금 여유자금을 통합하여 운용하는 투자 체계다. 기금 자산운용의 전문성과 효율성을 높이기 위해 도입되었다. 선진적 자산운용 방법인 재간접투자(Fund of Funds) 방식으로 운영하여 자산운용의 성과와 안정성을 제고한다. 투자풀 운영위원회는 20명으로 구성되어 있으며, 심의·의결을 거쳐 선정된 분야별 전문 자산운용회사가 연기금 투자풀 펀드를 운용 관리한다.

2002년 연기금 투자풀 제도를 도입한 이후 지속해서 증가했으며, 2020년 4월 4일 기준 수탁고는 30조 6,348억 원이다. 혼합형 펀드의 비중이 가장 크며, 2005년 기금의 주식 투자 금지 조항이 삭제되면서 주식 관련 간접투자 상품에 대한 관심이 증대되면서 혼합형, 주식형 등 주식 관련상품의 예탁이 증가 추세를 보였다.

최근 기금의 증가요인은 여유자금 규모 증가 등에 따라 연기금 투자풀 수탁고도 증가 추세를 보였다. 또한 채권금리 하락에 따라 채권 수익률이 상승하여 채권형 상품의 비중도 증가했다.

2020년 기준 자산운용을 진행하고 있는 연기금은 45개다.

## 연기금 투자풀 구조

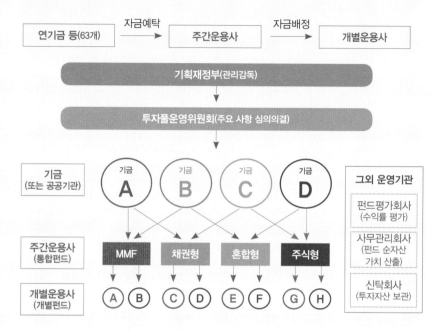

자료: 연기금 투자풀

## 수탁 금액 현황

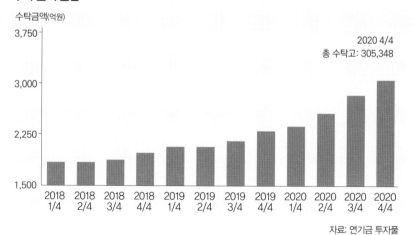

자료: 연기금 투자풀

## 연기금

| 구분 | | 기금명 |
|---|---|---|
| 매년<br>평가<br>(21개) | 공공기관<br>경영평가<br>대상<br>(18개) | 공무원연금기금, 국민연금기금, 국민체육진흥기금, 국유재산관리기금, 근로복지진흥기금, 기술보증기금, 무역보험기금, 방사성폐기물관리기금, 방송통신발전기금, 사립학교교직원연금기금, 산업기반신용보증기금, 신용보증기금, 언론진흥기금, 예금보험기금채권상환기금, 정보통신진흥기금, 주택금융신용보증기금, 중소벤처기업창업및진흥기금, 지역신문발전기금 |
| | 여유 자금<br>규모 1조 원<br>이상(3개) | 고용보험기금, 산업재해보상보험및예방기금, 주택도시기금 |
| 격년 평가(24개) | | 국민건강증진기금, 국제교류기금, 국제질병퇴치기금, 군인복지기금, 군인연금기금, 금강수계관리기금, 낙동강수계관리기금, 남북협력기금, 농어가목돈마련저축장려기금, 대외경제협력기금, 보훈기금, 범죄피해자보호기금, 사학진흥기금, 산업기술진흥및사업화촉진기금, 석면피해구제기금, 소상공인시장진흥기금, 순국선열·애국지사사업기금, 양성평등기금, 영산강·섬진강수계관리기금, 응급의료기금, 자동차사고피해자지원기금, 자유무역협정이행지원기금, 청소년육성기금, 한강수계관리기금 |
| 2020년 평가기금(45개) | | |

# 코스닥 상장 프로세스에 대해 알려주세요

### 1 | 정관 정비

코스닥 상장법인 표준정관에 의거 정관을 개정한다. 명의개서대리인제도에 관한 규정이 없는 경우 신설을 해야 한다.

### 2 | 주식인수 의뢰서 제출

대표주관회사는 대표주관계약 체결 후 5영업일 이내 금융투자협회에 신고해야 한다. 주식의뢰를 받아야만 대표주관회사 자격이 부여된다.

### 3 | 인수가액 결정

투자자가 공모가격과 기상장 유사 기업의 주가를 직접 비교·평가할 수 있도록 대표주관회사가 상대가치 산정 시 적용한 유사 기업의 주요 재무 정보와 공모기업의 재무 정보를 비교·제시해야 한다. 유사 기업의 선정 사유, 상대 비교 시 고려해야 할 내용을 대표 주관회사 의견으로 적시해야 한다.

### 4 | 명의개서 대행기관 선정

코스닥 상장공모를 위해서 명의개서 대행기관을 정한다. 명의개서 대행기관은 한국예탁결제원, 국민은행, 하나은행 중 1사를 정한다.

### 5 | 전자등록 신청

전자등록 정관변경을 하여 주주명부 권리자 대상공고를 한다. 1개월 이후 전자등록 신청 및 승인을 한다. 예탁원에 신규상장 신청서 제출일 40일 전까지 전자등록 전환 신청서를 제출해야 한다.

### 6 | 상장예비심사청구서 제출

상장예비심사 청구계획서, 상장예비심사청구서 작성 및 제출을 한다. 상장예비심사청구서는 A4 300페이지 이상 분량이다.

### 7 | 상장예비심사

거래소에서는 청구회사의 상장요건 등을 검토하고 상장위원회 및 시장위원회를 개최해 상장 여부를 결정한다.

### 8 | 증권신고서 제출

상장예비심사 승인이 되면 코스닥 상장기준에 적합하다는 내용을 포함한 증권신고서를 제출한다. 보통 7~14거래일 내에 많이 제출한다.

### 9 | 증권신고서 효력 발생

증권신고서 수리일로부터 15일 경과 후 효력이 발생한다.

### 10 | 수요 예측 실시

전문 투자자 대상으로 2영업일 동안 수요 예측을 한다. 수요 예측 실시 후 발행가격을 확정해 증권신고서를 정정한다. 수요 예측 결과를 반영하여 대표주관회사와 발행회사 협의를 통해 공모가격이 결정된다.

## 11 | 청약

청약은 증권신고서 효력 발생 이후 일반적으로 2일간 대표주관회사 및 판매 대행 증권회사에서 실명 확인의 절차를 거쳐 접수하며, 사전에 투자자에게 공시한 청약기준에 따라 진행된다.

대표주관회사 및 판매대행증권회사는 청약의 불이행을 방지하기 위하여 청약자로부터 일정율의 증거금을 시장 상황, 공모주식 수 등에 따라 자율적으로 정하고 있다. 배정은 우리사주 조합 20%, 일반 투자자 20% 이상, 고수익펀드 또는 기관투자자에 잔여분을 배정한다.

## 12 | 배정 및 환불

공모 실시 후 잔여주식이 발생하는 경우 대표주관회사가 잔량을 전량 인수한다. 배정 및 환불의 경우에는 청약 완료 후 약 2~4일 소요가 된다.

## 13 | 상장 신청

납입일까지 신규상장 신청을 의무화한다. 상장신청서, 등기부등본, 주주명부요약표, 상장계약서, 의무이행 확약서를 제출한다.

## 14 | 상장 및 매매개시

코스닥 상장과 동시에 매매가 개시된다. 청약일로부터 매매개시일까지 통상적으로 6~14일 소요가 된다.

# 애널리스트의 리포트는 어떻게 구성되어 있나요?

애널리스트 리포트는 언제 어디서든 누구나 쉽게 접할 수 있다. 가장 쉬운 방법은 증권사의 홈페이지를 방문하면 애널리스트 리포트를 손쉽게 읽을 수 있다. 또 다른 방법은 증권사에 계좌를 개설한 뒤, 온라인 거래를 위한 HTS 시스템을 이용하면 애널리스트 리포트를 읽을 수 있다. 이외에도 에프앤가이드, 와이즈에프앤 등 증권 정보 플랫폼에서 이용할 수 있다.

애널리스트는 일련의 과정을 통해 특정 종목에 대한 리포트를 낸다. 대부분 일반 투자자들은 애널리스트 리포트를 읽게 되면 목표 주가가 얼마인지를 확인한다. 목표 주가가 있다는 것은 증권사 애널리스트가 해당 종목을 정식으로 커버하고 있다는 의미다. 정식으로 커버하는 종목은 반드시 목표 주가를 제시한다. 또한 기업의 매출액, 영업이익 등 과거 실적뿐만 아니라 리포트가 나온 해당 연도를 포함한 미래 실적까지도 예측해서 전망한다. 분기 실적 코멘트를 포함해서 주기적으로 기업에 대한 업데이트 리포트를 낸다.

일반적으로 애널리스트 리포트는 다음과 같은 순서대로 구성되어 있다.

첫 번째 페이지에는 리포트의 종류, 종목명과 종목코드, 목표 주가와 현재 주가 밑 투자의견, 리포트의 제목, 기업의 영업 현황과 관련된 핵심 내용 및 추천 이유, 주요 투자 정보, 실적과 관련된 주요 데이터와 투자지표를 설명하고 있다.

# 한온시스템

## HOLD(하향)

추세는 지속

| 목표주가 | 18,000원(유지) |
|---|---|
| 현재주가(02/09) | 18,350원 |
| 상승여력 | -1.9% |
| 시가총액 | 9,795십억원 |
| 발행주식수 | 533,800천주 |
| 52주 최고가 / 최저가 | 18,850 / 8,250원 |
| 3개월 일평균거래대금 | 38십억원 |
| 외국인 지분율 | 20.0% |

주요주주
| | |
|---|---|
| 한앤코오토홀딩스 (외 2인) | 70.0% |
| 국민연금공단 (외 1인) | 6.0% |
| 자사주 (외 1인) | 0.0% |

| 주가수익률(%) | 1개월 | 3개월 | 6개월 | 12개월 |
|---|---|---|---|---|
| 절대수익률 | -0.5 | 48.0 | 73.9 | 69.1 |
| 상대수익률(KOSPI) | 1.6 | 21.9 | 42.8 | 29.7 |

(단위: 십억원, 원, %, 배)
| 재무정보 | 2019 | 2020P | 2021E | 2022E |
|---|---|---|---|---|
| 매출액 | 7,154 | 6,873 | 8,026 | 8,661 |
| 영업이익 | 484 | 315 | 535 | 602 |
| EBITDA | 865 | 780 | 1,011 | 1,039 |
| 지배주주순이익 | 319 | 114 | 365 | 413 |
| EPS | 597 | 214 | 684 | 774 |
| 순차입금 | 2,032 | 2,646 | 2,834 | 3,075 |
| PER | 18.7 | 30.9 | 26.8 | 23.7 |
| PBR | 2.7 | 4.3 | 4.1 | 3.7 |
| EV/EBITDA | 9.2 | 15.5 | 12.5 | 12.4 |
| 배당수익률 | 2.9 | 1.8 | 1.7 | 1.7 |
| ROE | 15.0 | 5.2 | 15.9 | 16.5 |
| 컨센서스 영업이익 | 484 | 297 | 567 | 647 |
| 컨센서스 EPS | 604 | 265 | 685 | 790 |

주가추이

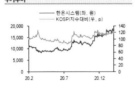

한온시스템 4Q20 매출액 2.1조/OP 1,940억원으로 컨센 부합했습니다. 한온시스템의 투자의견 Hold(하향), TP 1.8만원(유지) 제시합니다. 글로벌 공조시스템 2위 업체로 프리미엄을 받아온 만큼, 추가적인 밸업을 위해선 1) 친환경차 수주 확보, 2) 기술 경쟁력 확인이 필요하다는 판단입니다.

## 4Q20 매출 2.1조원/OP 1,940억원(OPM 9.2%)

한온시스템의 4Q20 실적은 영업이익 일회성 이익 115억원 반영 시, 컨센 매출 2.0조원/OP 1,735억원에 부합했다. 일회성 이익 +115억원은 3분기 공정위 과징금의 영업 => 영업외비용 반영에 따른 것으로, 순이익 영향은 없다. 연간 매출 6.9조원/OP 3,155억원(OPM 6.8%)이다. 코로나 영향으로 2020년 초 가이던스 7.8조원/5,359억원은 미달했으나, 1) 비용절감, 2) 하반기 물량 회복, 3) 고마진 차종 확대에 따른 ASP 증가로 높은 수익성을 기록했다.

## 2021년 매출 8.0조원/OP 5,347(OPM 6.7%)

2021년 매출액 8.0조원(YoY +16.8%), OPM 6.7%를 예상한다. 연간 가이던스는 매출액 7.8조원/OP 5,100억원(OPM 6.5%)이다. 이는 반도체 Shortage에 따른 매출감소 YoY -2.0%를 반영한 수치다. 2021년 HMG 비롯한 폭스바겐/GM/포드의 물량 회복 및 전기차 전용 플랫폼 출시, 감가상각비 Peak-Out 고려했을 때, 가이던스 초과 달성 가능할 것이라는 판단이다.

## 투자의견 Hold(하향), 목표주가 1.8만원(유지)

한온시스템에 대한 목표주가는 1.8만원으로 2021-22년 평균 EPS 729원에 Target P/E 25배(12개월 Fwd PE 3년 평균)를 부여했다. 북미 전기차 업체향 물량 축소, 경쟁사 우려 나오고 있으나, 1) 친환경차 매출/수주 규모, 2) 글로벌 공조 기술 우위 고려 시, 25배의 밸류에이션 부여 가능하다고 판단한다.

다만, 현주가 대비 상승 여력 제한적인 상황인 바 투자의견은 Hold로 하향한다. 2021년 글로벌 친환경차 판매, EV 전용 플랫폼 열관리 시스템 추가

두 번째 페이지에는 수정 전후 애널리스트의 실적 전망치를 제시한다. 신규로 커버하는 리포트라면 애널리스트가 예상한 실적 전망치만 제공해줄 것이다.

세 번째 페이지에는 자신이 제시한 목표 주가를 어떻게 도출해냈는지, 애널리스트의 구체적인 목표 주가 계산식을 보여준다. 투자자들의 이해를 돕기 위해서 기업에 대한 전반적인 영업 현황을 설명해주는 기업 개요 등을 넣는 애널리스트도 있고, 그렇지 않은 애널리스트도 있다.

네 번째 페이지에는 재무 상태표, 손익계산서, 현금흐름표, 재무비율 등 각종 재무제표를 보여준다.

마지막으로 투자 의견 및 목표 주가 변경 내용, 주가 괴리율을 보여준다. 그리고 컴플라이언스 관련 투자자들에게 알려야 할 주요 의무 사항을 언급한다.


애널리스트 리포트는 앞에서 언급한 리포트 구성 항목을 모두 갖춰야 하며, 그중 하나라도 빠진다면 구성 항목을 제대로 갖추지 못한 리포트라고 볼 수 있다.

실제로 애널리스트 리포트를 읽다 보면, 주요 구성 항목을 생략하는 리포트를 발견할 수 있다. 물론 잘못된 리포트이며, 특히 목표 주가를 변경하면서 그 이유와 변경된 목표 주가를 계산해낸 방식을 설명하지 않는다면 이는 큰 문제가 될 수 있다.

# IPO(기업공개) 시 기업의 경쟁력 관점에서 기대가치는 무엇일까요?

Pre-IPO 펀딩을 통해 회사는 사업 규모를 확장시키고, 한층 높아진 성장성과 수익성을 바탕으로 IPO 시점에서 회사의 가치를 향상하는 것이 주목적이다. IPO를 통해 기업의 경쟁력 관점에서 기대 가치는 다음과 같다.

- 기업의 영속성과 성장을 위한 발판의 역할이 가능하다. 계속 기업으로서 재무적 안정성, 사업의 지속성 등 기반을 마련할 수 있다.
- 경영의 투명성이 제고된다. 내부통제 기능 강화가 되고, 감사 및 사외이사 등의 장치를 통한 최대 주주 견제가 가능하다.
- 향후 투자 등을 위한 공모자금조달을 할 수 있다. 공모자금을 통한 R&D, 시설, 차입금 상환, M&A 등 기업 성장과 안정을 위한 자금 문제를 해소할 수 있다. 이에 따라 기업은 단계적으로 성장할 수 있다.
- 대외 인지도 제고를 통한 기업 이미지 향상 및 신뢰성을 확보할 수 있다. 기업의 콘텐츠 방향을 통해 브랜드를 포지셔닝 할 수 있다. 시장관계자(Key man)의 확보 및및 관계 구축 후 기업 인지도 및 신뢰성을 향상할 수 있다. 주식시장과 커뮤니케이션을 통한 투자자와 우호적 관계를 형성할 수 있다.
- 기업인지도 제고를 통한 종업원의 사기진작 및 우수 인력을 유치할 수 있다. 우리사주제도, 스톡옵션 제도를 활용해 직원이 동기부여 및 우수 인력

## IPO 단계별 일정

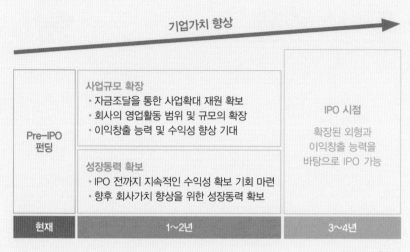

자료: DB금융투자

을 고용할 수 있다.

- 고객사와 꾸준한 신뢰를 기반으로 사업 영역 확장을 할 수 있다. 해외 진출의 기반 토대를 마련해 고객사의 꾸준한 발주 증가에 따라 주력 제품의 경쟁력이 강화된다.

- 영업, 기술력, 성장성, 재무 상황 그 밖의 경영환경 등에 비추어 기업의 계속성이 유지될 수 있다.

- 기업지배구조, 내부통제제도, 공시체제, 이해관계자와의 거래, 상장 전 주식거래 등에 비추어 경영 투명성 및 경영 안정성에 기여될 수 있다.

# 기업탐방 시
# 체크리스트가 있을까요?

| 세부내역 | 체크 리스트 |
|---|---|
| 투자 아이디어 | 기업을 좋게 보는 이유 |
| | 탐방을 가게 된 아이디어 |
| | 분석을 하게 된 아이디어 |
| 업황 및<br>산업분석 | 이 기업이 속한 업황이 호황인가, 불황인가? |
| | 산업의 과거 3년간 성장률과 향후 3년간 예상 성장률 |
| | 산업의 경쟁강도 |
| | 산업의 Bargaining Power |
| | 이 기업이 산업 싸이클에 어느 부분에 속해 있는가 |
| | 산업의 특징 |
| 비즈니스 모델 | 회사의 매출비중, 구조 |
| | 사업 부분별 마진 구조 |
| | 사업 부분별 경쟁상황, 영업환경 |
| | 밸류체인 분석 |
| 경쟁상황/MS/<br>진입장벽 | 사업부분별 경쟁상황, 경쟁강도 |
| | 사업부분별 Market Share 추이 |
| | 진입장벽 |
| 최근 실적 및<br>이슈 | 최근 주가변동에 영향을 미쳤던 이슈 |
| | 최근 루머와 노이즈에 대한 점검 |
| | 다음 분기 실적 추정 |

| | |
|---|---|
| 지배구조,<br>경영진 및<br>주요주주 | 회사의 지분구조 |
| | 회사의 오너십, 경영진에 대한 점검, 대표이사 마인드 |
| | 5% 이상 주요 주주 |
| | 외국인 투자자 비중 |
| | 지배구조 변동 이슈 |
| | 자사주 매입 및 매각 이슈 |
| | 증자 및 BW/CB 발행 가능성 |
| | 배당 및 주주정책 |
| 리스크요인 | 경쟁심화 및 영업환경 악화 리스크 |
| | 어닝쇼크 가능성 |
| | 악재성 지배구조 이벤트 |
| | 재무적 리스크 |
| | 수급 리스크 |
| | 매니지먼트 리스크 |
| 실적 추정 및<br>밸류에이션 | 실적 추정 테이블 |
| | 타켓 멀피플과 그 근거 |
| 투자의견 및<br>매매전략 | 결론 |
| | 투자의견 |
| | 구체적인 매매전략 |

# IR이
# 무엇인가요?

IR 전문가란 투자자 관계, 영어로 Investor Relations를 줄임말로, 기업 재무 가치를 극대화하기 위해 투자자를 상대로 커뮤니케이션 활동을 말한다. 주식시장에서 기업의 우량 경쟁력을 확보해나가기 위해서 투자자만을 대상으로 기업의 경영활동 및 관련 정보를 제공하는 홍보 활동을 말한다.

IR은 1953년 GE(제너럴 일렉트릭)가 만든 용어로 국내 IR 협회는 1999년에 만들어졌다. IMF를 경험하며 기업의 자금조달이 어려워지면서 기업과 정부가 국가 차원에서 IR 활동을 전개했다. IR 활동은 기업 가치를 유지하는 데 상당 부분은 기여한다.

IR 효과 측정의 어려움에도 불구하고 미국을 비롯한 선진국에서는 IR 효과를 측정하기 위한 다양한 방법이 모색되어왔다. 그중에서 가장 많이 활용되는 방법은 양적 측정이다. 양적 측정은 일정 기간을 비교한 주가 동향, 거래량의 변화, 투자자의 비중 변동, 밸류에이션의 변동 등이다. 물론 이러한 양적인 측정도 100% 절대적이지 않다.

어느 정도 IR의 효과를 측정하는 유용한 도구로 활용할 수 있다. 양적 측정이 눈에 보이는 각종 데이터를 갖고 하는 것이라면 질적 측정은 눈에 보이지 않는 것으로 측정하는 것이다. 실제 투자자가 기업을 어떤 시각으로 보느냐는 데이터로 측정할 수 없다. 직접 물어봐야 알 수 있다.

질적 측정은 양적 측정을 넘어서 시장과 투자자의 마음을 보는 것이다. 양적 측정이 투자자의 현재 시각이 반영되었다면 질적 측정은 투자자의 현재와 미래 시각을 함께 보는 것이다. 양적 측정과 함께 질적 측정이 되어야 진정한 효과 측정을 할 수 있다.

IR 활동은 공시, 이벤트, 투자, M&A 등 많은 부분에서 활용된다. 분기 말 개최하는 경영설명회는 대표적인 IR 활동이다.

## 기업설명회 개최 안내

**기업설명회(IR) 개최**

| 1. 일시 | 행사일 | | 시간(현지시간) | |
|---|---|---|---|---|
| | 시작일 | 종료일 | 시작시간 | 종료시간 |
| | 2021-04-01 | 2021-04-02 | 09:00 | 17:00 |
| 2. 장소 | 여의도 및 광화문 일대 | | | |
| 3. 대상자 | 국내 기관투자자 | | | |
| 4. 실시목적 | 회사 소개 및 2020년 경영실적 설명 | | | |
| 5. 실시방법 | 1:1 미팅 및 컨퍼런스콜 | | | |
| 6. 주요내용 | 2020년 경영실적 설명 | | | |
| 7. 후원기관 | 한양증권 | | | |
| 8. 개최확정일 | 2021-03-31 | | | |

자료: DART

IR 내용에는 회사 현황, 사업개요, 투자 하이라이트, APPENDIX 등으로 서식을 작성한다. IR 활동의 본질은 기업 가치를 증대시키기 위한 대 투자자 마케팅 활동으로 기억하자.

# 해외 주식 투자를 시작하고 싶어요

최근 미국 주식에 대한 관심이 커지면서 해외 주식 투자 인기가 높아지고 있다. 미국 주식에 관심이 높아지게 된 이유는 분기 배당을 하는 기업이 많아졌기 때문이다.

해외 주식은 말 그대로 해외 주식시장에서 거래되는 주식을 말한다. 국내 주식과 큰 차이는 없지만, 국내 기업에 한정되지 않고 글로벌 기업의 주식을 거래할 수 있다는 점에서 상이하다. 우리나라 주식 시장은 전 세계 주식 시장의 약 2% 규모밖에 되지 않는다.

불과 몇 년 전까지만 해도 해외 주식에 투자하는 개인 투자자는 극소수였다. 거래 수수료가 매우 비쌌고 접근성도 낮았기 때문이다. 하지만 그 벽이 허물어지면서 이제 개인 투자자도 해외 주식을 자유롭게 거래할 수 있게 되었다. 증권사들이 거래 수수료를 낮추고, 거래 시스템을 도입하고 개편했기 때문이다. 그럼에도 기초적인 지식 없이 투자를 시작하면 실패할 수밖에 없다. 리스크 없는 투자는 없다. 하지만 원칙과 순서를 견지하고, 시장에 발 빠르게 대응한다면 리스크를 최소화할 수 있다.

해외 주식에 투자하는 방법은 크게 사고자 하는 나라의 주식을 개인이 직접 사거나(MTS, HTS 등), 사고자 하는 나라의 주식과 관련된 펀드에 투자하거나 ETF를 투자하는 방법이 있다.

먼저 국내 증권사에서 해외 주식 계좌를 개설한다. 해외 주식을 매매하려면 원화를 입금한 후 환전을 해야 한다. 대상 국가의 통화로 환전을 하고 나면 해외 주식 투자를 위한 준비가 끝난다. 몇몇 증권사에서 제공하는 자동환전 서비스를 통해서 투자를 할 수 있다.

매매하는 과정은 국내 주식을 거래하는 과정과 같다. 다만 온라인이나 모바일로 전 세계 주식을 다 거래할 수 있는 것은 아니다. 대부분 미국, 일본, 중국 주식 위주로만 거래할 수 있다. 아세안 지역 역시 수요가 많은 베트남, 인도네시아 주식 등만 거래할 수 있다.

해외 투자는 국내 투자 시간과 다르다. 국내 주식은 평일 오전 9시~오후 3시 30분까지다. 하지만 해외 주식시장이 열리는 시간은 따로 있다. 해외 시장별 거래시간은 표를 참고하자.

## 시장별 거래시간

| 국가 | 주문 시간 | 비고 |
|---|---|---|
| 미국 | −프리마켓(장전거래): 18:00~23:30<br>(서머 타임: 17:00~22:30)<br>− 정규장: 23:30~06:00<br>(서머 타임: 22:30~05:00)<br>− 애프터마켓<br>(정규장 종료 후 거래): 06:00~07:00<br>(서머 타임: 05:00~07:00) | * 서머 타임: 3월 두 번째 일요일 오전 2시~11월 첫 번째 일요일 오전 2시 |
| 중국<br>(상해A, 심천A) | −장전 동시호가: 10:10~10:25<br>−장전대기주문: 10:25~10:30<br>−오전장: 10:30~12:30<br>−오후장: 14:00~15:57<br>−마감 동시호가: 15:57~16:00 | 10:20~10:25 취소주문 불가<br><br>13:55부터 주문접수 가능<br>취소주문 불가 |

| 중국 (상해B, 심천B) | -오전장: 10:30~12:30<br>-오후장: 14:00~16:00 | |
|---|---|---|

자료: 한국투자증권

미국, 중국 외에 시장별 거래시간은 한국투자증권 홈페이지(www.truefriend.com/main/bond/research/_static/TF03ca050001.jsp)를 통해 확인이 가능하다.

해외 주식 투자 시 유의해야 할 점도 있다. 거래 수수료와 세금이 상이하기 때문에 반드시 숙지해야 한다. 거래 수수료를 살펴보자. 증권사마다 약간느이 차이가 있다. 국내 주식은 투자 금액과 관계없이 0.01%의 수수료만 부담하면 되지만, 해외 주식은 0.25~0.5%의 수수료를 부담해야 한다. 온라인 거래와 오프라인 거래의 수수료가 다른 경우가 많은데 보통은 온라인 거래가 저렴하다.

### 시장별 매매 수수료

| 국가/시장 | | 수수료 | |
|---|---|---|---|
| | | 온라인(HTS, MTS) | 오프라인 |
| 미국 | 국내수수료 | 0.20% | 0.45% |
| | 해외수수료 | [매수] 0.05% / [매도] 0.05051%<br>(매도수수료는 SEC Fee 변경으로 수시로 변경될 수 있음) | |
| 상해A | 국내수수료 | 0.30% | 0.50% |
| | 해외수수료 | [매수] 0.07087% / [매도] 0.17087% | |
| 심천A | 국내수수료 | 0.30% | 0.50% |
| | 해외수수료 | [매수] 0.07087% / [매도] 0.17087% | |

자료: 한국투자증권

세금 관련해서도 살펴보자. 국내 주식은 양도소득세가 부과되지 않지만, 해외 주식의 매매 차익에 대해서는 양도소득세가 부과된다. 양도 차익에 대해 연간 250만 원의 기본 공제를 차감한 후 22%의 세율이 적용된다. 개별 종목 양도 차액에 부과되는 것이 아닌 연간 거래한 모든 차액에 부과된다. 배당에 대해서는 국내 주식과 마찬가지로 15.4% 배당소득세가 부과된다.

마지막으로 해외주식 투자에 환전수수료 발생 및 환율 위험이 발생할 수 있다. 환전은 투자국가의 통화로 환전을 하며 발생하는 수수료다. 최근에는 증권사에서 프로모션으로 환전수수료 우대 혜택을 주고 있다. 환율 변동에 따른 위험도 알아두어야 한다. 투자 국가 통화 가치가 하락하면 환차손이 발생한다. 반대로 통화 가치가 상승하면 환차익을 얻을 수 있다.

# 앞으로의 금리 및
# 글로벌 경제 시장 전망

미국채 장기금리가 급등하면서 한국의 장기금리도 크게 오르고, 주식시장도 조정을 받았다. 전망에 대해서는 장기금리 상승이 더 이어질 것이라는 전망과 선반영 되었기에 추가적인 상승은 미미할 것이라는 예측이다. 경제가 빠른 성장을 해도 미연준은 2023년까지는 금리 인상을 하지 않을 것으로 예상된다. 물가 압력 요인을 생각하면 내년 상반기에 연방기금 금리를 올려야 하지만, 미연준의 최우선 정책목표가 물가 안정에서 고용으로 바뀜에 따라 완전고용을 달성할 때까지 저금리를 계속 유지할 가능성이 높기 때문이다.

하지만 국내외 장기 시장금리의 상승이 재개되는 시점은 2021년 여름 전후가 될 것으로 예상된다. 통화정책 정상화가 당장의 일은 아니지만, 정상화 시점에 대한 논의와 압력은 2021년 하반기로 갈수록 높아질 전망이다. ① 미국 집단면역 형성 기대, ② 세인트루이스 연은 총재의 언급(미국인 75%가 백신 접종하면 테이퍼링 고려)을 고려하면, 빠르면 8월 정도 테이퍼링에 대한 언급이 본격화될 가능성이 있다.

글로벌 경제는 2022년까지 확장세가 이어질 가능성이 높다. OECD 경기선행지수는 과거 평균 1.5~2년간의 확장국면이 지난해 4월에 저점을 기록한 이후 12개월째 확장국면 상황이 이어지고 있다. 이번에는 과거 평균보다는 좀 더 확장국면이 길어질 것 같다. 각국 중앙은행들의 저금리정책이 이어지고 있고, 선진국 정부들의 경기 부양도 대규모로 계속 나오고 있기 때문이다.

2021년은 글로벌 수요 회복, 재고 축적 수요 전개, 제조업 경기 확장국면이 예상보다 빠르며 강한 경기회복세 모멘텀이 지속할 것으로 보인다. 2분기 중 유럽 경기회복 기대가 되살아나며 달러 약세압력 확대되고 위험자산, 특히 신흥국 증시 강세 변수가 될 수 있다.

2022년 상반기까지는 매크로·펀더멘털 장세 전개가 될 것으로 전망한다. 2분기에 물가·금리 상승을 압도하는 펀더멘털 유입, 증시 상승탄력 강화 기대. 하반기에도 펀더멘털 모멘텀이 물가·금리 상승압력보다 우위를 보이며 주식시장 상승추세가 지속할 것으로 보인다.


한국 경제는 코로나19 충격으로 부진했던 고용 및 소비, 서비스업 회복 신호가 나타나고 있다. 내수와 수출 모두 고른 회복세가 나타나고 있다. 한국 2021년 경제성장률 전망은 3% 후반에 이를 것으로 보인다. ① 분기 성장률 1.6%로 서프라이즈 반영, ② 보복 소비의 지속, ③ 3-4분기 화이자 백신 공급 확대가 나타나며 경제성장률은 시장의 기대치보다 높을 것으로 예상된다.

글로벌 소비·제조업 경기 동반 개선 시 한국 수출 모멘텀 강화되며, 이로 인한 KOSPI 기업의 이익 전망이 상향조정 될 것으로 전망된다.

# 최근 ETF 시장의
# 동향과 전망은 어떨까요?

2021년 3월 말 기준 ETF 순자산가치 총액은 약 56조 3,300억 원으로 2020년 12월 대비 약 4,300억 원 증가했다. ETF의 성장 기조가 유지되는 가운데 풍부한 유동성을 바탕으로 일 평균 거래대금도 꾸준히 증가했다.

코로나19로 촉발된 금융시장 불확실성 속에서도 ETF 시장은 꾸준히 성장했다. 글로벌 시장에서 2020년 11월 기준으로 순자산총액은 아시아 내에서 5위이며 일 평균 거래대금은 미국, 중국 다음으로 많이 거래되고 있어 국내 ETF 시장은 더욱 인기가 높아졌다.

국내 ETF에서 지수형, 업종섹터형, 액티브형 위주로 약진을 보였다. 이 중 코로나19 시대 새로운 투자 트렌드인 헬스케어, 언택트, ESG, K-뉴딜 등 부각되면서 성장 테마형 ETF 종목이 확대되었다. 정부의 K-뉴딜 정책에 부응해 다양한 뉴딜지수 기반 ETF 상품이 상장했다.

향후에도 4차산업의 기반으로 AI, IoT, 자율주행 등 성장 테마 ETF에 대한 수요가 확대될 것으로 기대된다. 4차 산업혁명이 진행될수록 기술은 더욱 고도화되고 세분화될 것이며, 그 과정에서 파생될 산업군의 다양화는 새로운 투자 테마를 창출해낼 것이기 때문이다.

## ETF 순자산가치 총액

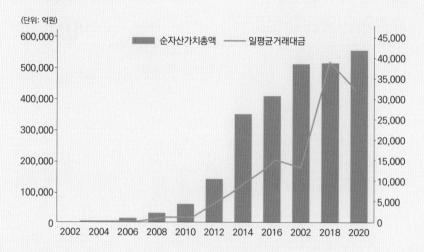

향후 ETF 시장은 명확한 투자 성과와 낮은 비용, 소액으로의 분산투자, 투명성과 편리성 등의 장점을 바탕으로 꾸준히 성장할 것으로 기대된다. 지금까지도 꾸준히 성장해왔지만, 앞으로의 성장세가 더욱 기대되는 투자 수단이다.

# 투자자들이
# 흔히 하는 실수는?

### 가격 변동에 일희일비한다

주식은 실시간으로 가격정보를 제공한다. 이 때문에 시세표에서 한 시도 눈을 떼지 못하는 투자자가 많다. 가격이 계속 변한다는 것은 거래가 활발함을 의미하므로 돈을 벌 확률이 높다. 변동성에 현혹이 생기며 가격에 연연해 매수, 매도를 반복하면 결국 수수료와 손해를 보게 된다. 주식 포트폴리오를 구성했다면 인내 있게 기다려야 한다. 주식은 투기가 아닌 투자다. 가격 변동에 심리가 움직이면 안 된다.

### 묻지마 투자를 한다

귀가 얇은 투자자는 묻지마 투자를 한다. 굉장히 위험한 투자다. 만약 지인이 알려주는 정보를 맹신한 나머지 확인해보지 않고 투자를 하게 되면 실패할 가능성이 크다. 지인이 알려준 정보는 이미 거의 모든 사람이 알고 있을 것이다.

### 홈런을 노린다

홈런을 노리는 투자자가 많다. 대부분 투자자는 내일 당장 오를 것 같은 인기 주식을 찾아다니는 경우가 많다. 이러한 방식의 투자는 단기적으로 운이 좋아 성공해서 돈을 벌 수도 있지만 언젠가는 큰 손실을 본다. 장기적으로 큰 손실 없이 꾸준히 투자한다면 시장이 좋을 때 저절로 돈이 불어나지만, 대부분은 그전에 많은 돈을 잃기 때문에 시장이 좋아져도 큰돈을 벌지 못한다. 주식시장에서 성공하기 위해 중요한 것은 홈런을 치는 것이 아니라 낭떠러지에서 떨어지지 않도록 조심하는 것이다.

## 시장이 공포일 때 이탈한다

주식 투자자는 시장이 침체인 시기에 공포에 이탈한다. 매번 주식시장이 폭락하면 어디까지 하락할지 누구도 모른다. 지수가 0이 되기 전까지 더 하락한다는 사람들이 항상 있다. 하지만 가격이 낮아졌을 때 매수하지 못한 사람은, 결국은 시장이 다 회복되고 신고가를 갱신하는 모습을 지켜볼 수밖에 없다. 주식시장의 가격이 하락할수록 투자는 더 안전해지고 미래 기대수익률은 더 높아진다. 반대로 가격이 상승할수록 투자 위험은 증가하고 미래 기대 수익률은 하락할 수 있다. 결국 주식시장이 폭락할 때 시장이 점점 더 안전해지고 있다고 느껴야 성공할 수 있는 투자가 된다.

## 수익보다는 손실을 줄일 수 있는 방법을 찾아보자

모든 사람은 수익을 기본으로 생각한다. 그러나 이는 일반화된 오류다. 대부분 사람들이 그렇게 생각할 것이다. 우리의 마음을 조금만 바꾸어보자. "어떻게 하면 손실을 줄일까?"부터 생각을 해보자. 이 문장의 뜻은 리스크 관리의 중요성을 말하는 것이다. 주식시장 연간 통계로 살펴보면 상승일보다는 하락일이 더 많다. 그렇기 때문에 우리는 하락장에 대비하는 투자 전략을 구사해야 한다. 그것이 바로 손실을 줄이는 방법을 찾는 것이다.

투자의 기본은 포트폴리오 투자다. 포트폴리오 내에는 위험자산, 안전자산 등을 배분하고 분할해 투자하는 습관을 키우게 되면 위기 또는 공포가 기회가 될 수 있을 것이다. 변동성이 큰 주식의 마켓 타이밍을 잡는 것이 어렵다. 가치 있고 성장 가능성이 충분한 회사를 선택해 그 회사의 주식을 오랫동안 가지고 있는 것이 높은 수익을 안겨다줄 것이다.

## 유행에 민감하면 안 된다

튤립 투기, 비트코인 투자 등 자산 시장은 간혹 특정 산업에 유행이 분다. 유행 초기에 투자하면 큰돈을 벌 수도 있다. 하지만 대부분은 급등하는 주식을 따라잡으려고 매수하는 경우가 많다. 서두르다 보면 급등한 만큼 급락하는 모습을 목격하게 된다. 인기가 몰린 곳에는 가치와 상관없는 가격이 형성될 확률이 높아서 유행 투자는 조심해야 한다.

## 시간에 쫓기지 않는 투자를 해야 한다

경기에서 뒤처지고 시간이 얼마 남지 않는 상황에서는 시간에 쫓기게 된다. 도쿄 올림픽에 여자 태권도와 펜싱 경기에서도 점수가 뒤처지는 상황에서 시간에 쫓기며 조급하게 하다 점수 차이가 벌어지는 순간이 있었다. 주식 투자는 올림픽보다 더 많은 변수에 영향을 받는다. 최대한 꼼꼼하게 분석해서 투자해도 늦지 않다. 충동매매 또는 뇌동매매를 하게 되면 실패할 확률이 높다. 주식시장에서 있는 동안에는 언제든지 기회가 올 것이다.

# 주린이들이 알아야 할
# 주식 투자의 격언

주식 투자 10년여 기간 동안 느꼈던 경험에 비추어 공유해본다. 주식 투자의 절
대 법칙은 아니지만 잊지 말아야 할 격언이다.

- 환호를 경계하고 공포에 용기를 내라.
- 잘 아는 기업에 투자하라.
- 시장에 겸손하고 또 겸손하라.
- 달걀을 한 바구니에 담지 마라.
- 충동(뇌동) 매매는 실패할 가능성이 크다.
- 천재지변이나 돌발사고는 매수의 기회가 된다.
- 대세 상승은 길고 종목 대세 상투는 빨리 온다.
- 긍정론자도 돈을 벌 수 있고, 비관론자도 돈을 벌 수 있지만, 탐욕스러운 자
  는 돈을 벌지 못한다.
- 사는 것보다 파는 것이 더 중요하다.
- 상승 원인보다 하락의 원인을 파악하는 것이 더 중요하다. 투자의 기회가 될
  수 있다.
- 쉬는 것도 투자다.
- 매도로 수익 실현을 하기 전까지 수익도 손실도 아니다.

· 단기적인 잔파동에 흔들리지 마라.

· 꿈이 있는 주식이 가장 크게 오른다.

· 소문에 사서 뉴스에 팔아라.

· 분할 매수, 분할 매도하라.

· 팔고 나서 올라도 애통해하지 마라.

· 오를 때 수익이 안 난다고 우울해 하지 마라. 다음에 수익이 나면 된다.

· 무릎에서 사서 어깨에서 팔아라.

· 주식은 회의 속에 자라 낙관 속에 사라진다.

· 주식 투자는 혼자 생각해라. 군중심리는 주식에서 위험하다.

· 원금을 잃지 않으려고 노력하는 것이 수익을 낼 수 있는 지름길이다.

· 기업 실적이 주가에 가장 큰 영향을 미친다.

· 주식 투자의 100% 확실은 없다.

· 꾸준한 공부가 투자의 실패 확률을 줄일 수 있다

· 아무리 좋은 기업이라도 수급이 없으면 주가는 제자리걸음이다.

· 기저효과가 나타나는 업종에 투자하라.

· 위기(危機)는 두 글자다. 첫 글자는 위험을 가리키고, 두 번째 글자는 기회를
  뜻한다.

· 빚내서 투자하지 마라.

· 턴어라운드 기업에 투자하라.

· 촛불이 흔들리는 것은 내 마음이 흔들리는 것이다.

· 주식은 곡소리에 베푸는 자선 활동이다.

주식 투자 시 도움을 주고자 테마별·섹터별 추천종목을 정리했다. QR을 통해 PDF를 다운받으면 관련주뿐만 아니라 각 테마 및 섹터에 대한 설명까지 볼 수 있다. 이 자료를 참고해 성공 투자를 이루어내기를 바란다.

부록

# 테마별·섹터별
# 추천 종목 정리

| No. | 테마별·섹터별 | 관련주 |
|---|---|---|
| 1 | 자동차 대표주 | 기아, 현대차, 현대위아, 현대모비스, 한온시스템, 만도 등 |
| 2 | 전선 | 가온전선, 대한전선, LS, 대원전선, KBI메탈 등 |
| 3 | 기업인수 목적회사(SPAC) | 삼성스팩2호, 엔에치스팩13호, SK4호스팩, 케이비17호스팩 등 |
| 4 | 마이크로LED | 삼성전자, 광전자, 루멘스, 서울반도체, 티엘아이, 큐에스아이, LG전자, 코세스, 영우디에스피, 에스엘바이오닉스 등 |
| 5 | 여행 | 하나투어, 모두투어, 롯데관광개발, 인터파크, 레드캡투어, 세중, SM C&C, 참좋은여행, 노랑풍선 등 |
| 6 | 출산장려정책 | 삼익악기, 남양유업, 깨끗한나라, 아가방컴퍼니, 대교, 예림당, 삼성출판사, 네오팜, 웅진씽크빅, 락앤락, 제로투세븐, 토박스코리아, 매일유업, 캐리소프트, 헝성그룹 등 |
| 7 | 마리화나 | 오성첨단소재, 우리바이오, 에스엘바이오닉스, 마이더스AI, 한국비엔씨 등 |
| 8 | 자동차 부품 | 대유플러스, 대원강업, SG글로벌, 태원물산, 케이비아이동국실업, 피에스텍, 대유에이텍, 유성기업, SNT중공업, 태양금속, DRB동일, 부산주공, 대원산업, 에스엘, 삼성공조, 디티알오토모티브, 영신금속, 남선알미늄, 일정실업, 대동기어 등 |
| 9 | 엔젤산업 | 삼익악기, 남양유업, 모나비, 아가방컴퍼니, 대교, 삼천리자전거, 예림당, 오로라, 정상제이엘에스, 대원미디어, 유진로봇, 손오공, 삼성출판사, 네오팜, 웅진씽크빅, 락앤락, 제로투세븐, 토박스코리아, 매일유업, 캐리소프트 등 |
| 10 | 2021 상반기 신규상장 | 선진뷰티사이언스, 핑거, 씨이랩, 엔비티, 피엔에이치테크, 나노씨엠에스, 솔루엠, 아이퀘스트, 레인보우로보틱스, 자이언트스텝, SK바이오사이언스, 바이오다인, 와이더플래닛, 오로스테크놀로지, 프레스티지바이오로직스, 뷰노, 유일에너테크, 라이프시맨틱스, 모비릭스, 씨앤투스성진, SKIET, 제주맥주 등 |
| 11 | 폐기물 처리 | 한솔홀딩스, 태영건설, KC그린홀딩스, 서한, 코엔텍, 인선이엔티, 에코마이스터, 와이엔텍, 제넨바이오, KG ETS 등 |
| 12 | 캐릭터 상품 | 오로라, 대원미디어, 유진로봇, 손오공, WI, 데브시스터지, 캐리소프트 등 |

| 13 | 공작기계 | 화천기공, SNT중공업, 삼익THK, SIMPAC, 화천기계, 현대위아, 와이지-원, 한국주강, GV, 유니온머티리얼, 넥스턴바이오, 이엠코리아, 스맥, 서암기계공업, 맥스로텍, 에이비프로바이오 등 |
|---|---|---|
| 14 | 전기차 | 현대차, 기아차, 삼화콘덴서, 피에스텍, 코스모신소재, 삼성SDI, 보성파워텍, 삼화전기, 명신산업, 화신, 현대위아, 삼화전자, 계양전기, 현대모비스, 뉴인텍, 아진산업, 지엠비코리아, 성문전자 등 |
| 15 | 영화 | 세기상사, IHQ, 바른손, 롯데쇼핑, 바른손이앤에이, CJ ENM, 제이콘텐트리, 쎄니트, SM Life Design, 버킷스튜디오, CJ CGV, 쇼박스, NEW, 덱스터 등 |
| 16 | 철강 주요 종목 | 동국제강, 세아베스틸, 고려제강, 현대제철, POSCO, KG동부제철, 포스코강판, 대한제강, 한국철강 세아제강 등 |
| 17 | 철강 중소형 | 한국주철관, 만호제강, 한일철강, 동일제강, TCC스틸, 현대비앤지스틸, 동일산업, 휴스틸, 동국산업, 한국특강, NI스틸, 문배철강, 동양철관, 영흥, 원일특강, 삼현철강, 대호특수강, 제일제강, 동일철강, 부국철강 등 |
| 18 | 영상 콘텐츠 | IHQ, 바른손, SBS, 바른손이앤에이, CJ ENM, JYP Ent, KTH, 제이콘텐츠리, SBS콘텐츠허브, 삼화네트웍스, 초록뱀미디어, SM C&C, 대원미디어, 디앤씨미디어, 애니플러스, 큐로홀딩스, 키이스트, SM Life Design, 팬엔터테인먼트, 쇼박스, SBS미디어홀딩스 등 |
| 19 | 통신장비 | 케이엠더블유, 기산텔레콤, 삼지전자, 루멘스, 다산네트웍스, 기가레인, 쏠리드, 코위버, 에스에이트, 피피아이, 와이어블, CS, 빛샘전자, 이노와이어리스, 에프알텍, 에이스테크, 텔레필드, 웨이브일렉트로, 머큐리, 우리넷 등 |
| 20 | 창투사 | 큐캐피탈, SBI인베스트먼트, 리더스기술투자, 엠벤처투자, 에이티넘인베스트, 아주IB투자, 대성창투, 우리기술투자, 미래에셋벤처투자, DSC인베스트먼트, TS인베스트먼트, 린드먼아시아, SV인베스트먼트, 나우IB, 컴퍼니케이 등 |
| 21 | 조선 | 한국조선해양, 삼성중공업, 현대미포조선, 대우조선해양, 한진중공업 등 |
| 22 | 핵융합에너지 | 삼화콘덴서, 고려제강, 두산중공업, 비츠로테크, 에스에프에이, 다원시스, 일진파워, 모비스 등 |

| 23 | 자율주행 | SK하이닉스, 현대차, 기아차, 삼성전자, 삼성전기, LG이노텍, 현대모비스, SK텔레콤, 대성엘텍, 한국단자, KT, NAVER, 아이에이, 파인디지털, 인포뱅크, 캠시스, 세코닉스, 한국테크놀로지, 삼보모터스, 텔레칩스 등 |
|---|---|---|
| 24 | 엔터테인먼트 | IHQ, 갤럭시아에스엠, 바른손, 판타지오, 카카오, JYP Ent, CJ ENM, 에스엠, 제이콘텐트리, 지니뮤직, 삼화네트웍스, 초록뱀미디어, SM C&C, 큐로홀딩스, 키이스트, 버킷스튜디오, 팬엔터테인먼트, 아이오케이, 와이지엔터테인먼트 등 |
| 25 | 탄소나노튜브 (CNT) | 대유플러스, 금호석유, 상보, 오픈베이스 등 |
| 26 | 은행 | 제주은행, 기업은행, 신한지주, 하나금융지주, KB금융, BNK금융지주, DGB금융지주, JB금융지주, 우리금융지주 등 |
| 27 | 남북러 가스관 사업 | 휴스틸, 문배철강, 동양철관, 삼현철강, 부국철강, 화성밸브, 조광ILI, 대동스틸, 동양에스텍, 하이스틸, 엔케이, 이엠코리아, 삼강엠앤티, 디케이락, 세아제강 등 |
| 28 | NI(네트워크 통합) | 릭스솔루션, 콤텍시스템, 인성정보, 에스넷, 누리플렉스, 링네트, 한일네트웍스, 오픈베이스, 오파스넷 등 |
| 29 | 일본 제품 불매 운동 수혜 | 하이트진로, 하이트진로홀딩스, 보해양조, BYC, 비비안, 깨끗한나라, 모나미, 신성통상, 크라운해태홀딩스, 모나리자, 리드코프, 아가방컴퍼니, 좋은사람들, 코데즈컴바인, TBH글로벌, 해태제과식품, 쌍방울, 그리티, 보라티알, 크라운제과 등 |
| 30 | 수소차 (연료전지·부품·충전소) | 대원강업, 대우부품, 현대차, 모토닉, 한화솔루션, 평화홀딩스, 삼화전자, 유니크, 현대모비스, 뉴인텍, 디와이, 지엠비코리아, 성문전자, 한온시스템, 일지테크, 인지컨트롤스, 에스퓨얼셀, 두산퓨얼셀, 풍국주정 등 |
| 31 | 일자리 | 윌비스, 대성창투, 에스코넥, 메가엠디, 사람인에이치알 등 |
| 32 | 케이블TV SO·MSO | 태광산업, CJ ENM, LG헬로비전, 남화토건, KMH, 현대퓨처넷 등 |
| 33 | 유전자 치료제·분석 | 녹십자, 진원생명과학, 마크로젠, 파나진, 바이오니아, 테라젠이텍스, 랩지노믹스, 헬릭스미스, 아미코젠, 제넥신, 씨젠, 코오롱생명과학, 디엔에이링크, 제노포커스, 우정바이오, 제놀루션, 신테카바이오, 지노믹트리, 젠큐릭스, 올리패스 등 |

| 34 | 타이어 | 한국앤컴퍼니, 넥센타이어, 넥센, 금호타이어, 한국타이어앤테크놀로지, 동아타이어 등 |
|---|---|---|
| 35 | 스마트카 | DB하이텍, LG이노텍, 현대모비스, 아이에이, 인포뱅크, 세코닉스, 한컴MDS, 모바일어플라이언스, 유비벨록스, 엠씨넥스, 모트렉스, 만도 등 |
| 36 | 전기자전거 | 삼성SDI, 삼천리자전거, 파워로직스, 에스피지, 알톤스포츠, 만도 등 |
| 37 | 비철금속 | 대유플러스, 영풍, 알루코, 현대비앤지스틸, 풍산홀딩스, 삼아알미늄, 남선알미늄, 대양금속, 포스코엠텍, 고려아연, 대창, 태경산업, 조일알미늄, 서원, 이구산업, 황금에스트, 쎄니트, 국일신동, 티플랙스, 풍산 등 |
| 38 | 5G | 삼성전자, 이수페타시스, 대한광통신, SK텔레콤, KT, 케이엠더블유, LG유플러스, 기산텔레콤, 삼지전자, 기가레인, 쏠리드, 아이크래프트, 코위버, 알에프텍, 피피아이, 이루온, 와이어블, LG전자, 엔텔스, 이노와이어리스 등 |
| 39 | 조림사업 | 성창기업지주, SUN&L, 대유에이텍, 이건산업, 무림P&P, 한익스프레스, 한솔홈데코, 동신건설, SK, 이건홀딩스, 자연과환경, 효성오앤비, 제이씨케미칼 등 |
| 40 | 홈쇼핑 | 태광산업, 롯데쇼핑, GS홈쇼핑, CJ ENM, 현대홈쇼핑, 엔에스쇼핑 등 |
| 41 | 콜드체인 | 동아쏘시오홀딩스, 태경케미컬, 한익스프레스, 서린바이오, 경남제약, 에이디칩스, 일신바이오, 투비소프트, GST, 대창솔루션, 아이텍, 대한과학, 녹십자랩셀, 아이큐어 등 |
| 42 | 마스크 | JW중외제약, 국보, 동양, 비비안, 국제약품, 깨끗한나라, 모나리자, 아가방컴퍼니, 웅진, 카스, 애경산업, 조아제약, 케이피엠테크, 오공, 크린앤사이언스, 웰크론, 휴비스, 케이엠, 인콘, 동국제약 등 |
| 43 | 온실가스 (탄소배출권) | SGC에너지, 이건산업, 한솔홈데코, 세종공업, 클라우드에어, 에코바이오, 휴켐스, 그린케미칼, 에코프로, 후성, KC코트렐, 켐트로스 등 |
| 44 | 국내 상장 중국기업 | 글로벌에스엠, 이스트아시아홀딩스, 씨케이에이치, 크리스탈신소재, 로스웰, 헝셩그룹, 골든센츄리, 오가닉티코스메틱, 컬러레이, 윙입푸드 등 |

| 45 | 조선기자재 | 하이록코리아, 성광벤드, 오리엔탈정공, 한국카본, 태광, 동성화인텍, 조광ILI, 태웅, 메디콕스, 삼영엠텍, 케이프, 삼영이엔씨, STX중공업, 케이에스피, 세진중공업, STX엔진, HSD엔진, 비엠티, 한라IMS, 대창솔루션 등 |
|---|---|---|
| 46 | 코로나19<br>(진단키트) | 팜젠사이언스, 파미셀, 바이오스마트, 나노엔텍, 인트론바이오, 오상자이엘, 피에이치씨, 씨티씨바이오, 바이오니아, 대웅제약, 랩지노믹스, 바이오톡스텍, 씨젠, 진매트릭스, 우리들휴브레인, 디엔에이링크, 녹십자엠에스 등 |
| 47 | LPG<br>(액화석유가스) | 중앙에너비스, S-Oil, 극동유화, E1, SK가스, 흥구석유, GS, SK이노베이션 등 |
| 48 | 3D 프린터 | 신도리코, 모아텍, 세중, 에스티아이, TPC, 한국테크놀로지, 프로텍, 로보스타, 휴림로봇, 코렌텍, 하이비젼시스템, 맥스로텍, 티앤알바이오팹 등 |
| 49 | 제4이동통신 | 릭스솔루션, 콤텍시스템, 세종텔레콤, 쏠리드, CS EMD 등 |
| 50 | 구충제 | 명문제약, 신풍제약, 조아제약, 제일바이오, 파일약품, 진바이오텍, 알리코제약 등 |
| 51 | LED | 금호전기, 한솔테크닉스, 삼성전자, 태경비케이, 태경산업, 광전자, 일진디스플, 한국단자, 케이엠더블유, 제이엠아이, KH필룩스 등 |
| 52 | 휴대폰 부품 | 한솔테크닉스, LG이노텍, 피델릭스, 아비코전자, 엘컴텍, 이라이콤, 서울반도체, 파워로직스, 인탑스, 기가레인, 유아이엘, 재영솔루텍, 캠시스, 인터플렉스, 아모텍, 아이앤씨, 세코닉스, 한국컴퓨터, 이랜텍, 텔레칩스 등 |
| 53 | 갤럭시 부품주 | 한솔테크닉스, 삼성전자, 이수페타시스, 코리아써키트, 삼성전기, 시노펙스, 자화전자, 파워로직스, 인탑스, 기가레인, 캠시스, 인터플렉스, 아모텍, 세코닉스, 이랜텍, KH바텍, 알에프텍, 옵트론텍, 뉴프렉스, 캠트로닉스 등 |
| 54 | PCB | 이수페타시스, 코리아써키트, 삼성전기, 에이엔피, 일진머티리얼즈, 시노펙스, 인터플렉스, 디에이피, 우리바이오, 뉴프렉스, 네오티스, 상아프론테크, 비에이치, 현우산업, 멜파스, 아모그린텍, 액트, 필옵틱스, PI첨단소재, 타이거일렉 등 |

| 55 | 광고 | 오리콤, 제일기획, 지투알, YG PLUS, SM C&C, 지어소프트, 나스미디어, 이엠넷, 아시아경제, 퓨처스트림네트웍스, 이노션, 인크로스, 에코마케팅, 엔비티, 플레이디, 케어랩스, 와이즈버즈, 와이더플래닛 등 |
|---|---|---|
| 56 | 방위산업·전쟁 및 테러 | 한화, 혜인, 대한항공, SNT중공업, 풍산홀딩스, 휴니드, 국영지앤엠, 미래아이엔지, 한국조선해양, 쌍용정보통신, 퍼스텍, 현대위아, 한화에어로스페이스, 스페코, 광림, 한일단조, 우리기술, 기산텔레콤 등 |
| 57 | 지능형로봇· 인공지능(AI) | 퍼스텍, 한화에어로스페이스, 우리기술, 네패스, 한국전자인증, TPC, 오픈베이스, 미래컴퍼니, 에이디칩스, 유진로봇, 큐렉스, 위세아이텍, LG전자, 가온미디어, 로보스타, 휴림로봇, 알에프세미, 레인보우로보틱스, 알에프세미, 고영, 스맥, 디지탈옵틱 등 |
| 58 | 편의점 | 롯데지주, GS리테일, 유성티엔에스, 이마트, BGF리테일 등 |
| 59 | 백화점 | 신세계, 대구백화점, 배뉴지, 롯데쇼핑, 광주신세계, 현대백화점 등 |
| 60 | 화학섬유 | 태광산업, 대한화섬, 성안, 휴비스, 티케이케미칼, 코오롱인더, 코오롱머티리얼, 효성티앤씨 |
| 61 | 석유화학 | 광산업, 이수화학, 대한유화, 한화솔루션, 롯데케미칼, 금호석유, SKC, KPX케미칼, LG화학, 그린케미칼, SK이노베이션, 코오롱인더, 삼양사, 애경유화, SK케미칼, 효성화학 등 |
| 62 | CCTV&DVR | 한화에어로스페이스, 코콤, 하이트론, 코맥스, 인콘, 앤씨앤, ITX-AI, 시티랩스, 아이디스, 테라셈, 뉴지랩파마 등 |
| 63 | 태풍 및 장마 | 대동, 조비, 경농, 롯데정밀화학, 동방아그로, 남해화학, 코엔텍, 파루, 인선이엔티 등 |
| 64 | 폴더블폰 | 삼성전자, 삼성전기, SKC, 원익큐브, 상보, LG디스플레이, 인터플렉스, 테이팩스, KH바텍, 켐트로닉스, 비에이치, 동운아나텍, 에스코텍, SK이노베이션, 파인테크닉스, 코오롱인더, 파인텍, 세경하이테크, PI첨단소재, 유티아이 등 |
| 65 | 2차전지(생산) | 삼성SDI, LG화학, SK이노베이션 |
| 66 | 무선충전기술 | 한솔테크닉스, 삼성전자, LS, 삼성전기, LG이노텍, 포스코 ICT, 이랜텍, 알에프텍, LG전자, 켐트로닉스 등 |

| 67 | LED장비 | 주성엔지니어링, 이오테크닉스, 한미반도체, 기가레인, 미래컴퍼니, 프로텍, 티씨케이, 탑엔지니어링, 코디, 예스티, 티에스이, 엘아이에스, 네온테크 등 |
|---|---|---|
| 68 | 전력설비 | 가온전선, 대한전선, LS. 대원전선, 보성파워텍, 선도전기, LS ELECTRIC, 한국전력, 광명전기, 세명전기, 이화전기, 제룡전기, 두산중공업, 금화피에스시, 비츠로테크, 한전KPS, 일진전기, 한전산업, 제룡산업, 서전기전 등 |
| 69 | 2020 하반기 신규상장 | 명신산업, 한국파마, 원방테크, 영림원소프트랩, 에프앤가이드, 이엔디디, 비나텍, 앱코, 이루다, 엡브레인, 제일전기공업, 미코바이오메드, 제놀루션, 에이플러스에셋, 에이프로, 엔에프씨, 티에스아이, 신도기연, 소룩스, 압타머사이언스 등 |
| 70 | 백신·진단시약·방역 | 유한양행, 에이프로젠제약, 일성신약, 보령제약, 녹십자홀딩스, 녹십자, 일양약품, 광동제약, 진원생명화학, 고려제약, 우진비앤지, 신풍제약, 한국콜마홀딩스, 체시스, 대성미생물, 코미팜, 큐브앤컴퍼니, 파루, 이글벳, 인트론바이오 등 |
| 71 | 스마트폰 | 삼성전자, 삼성SDI, 이수페타시스, LG이노텍, 시노펙스, 피델릭스, 자화전자, 블루콤, LG디스플레이, 아비코전자, 파워로직스, 인탑스, 기가레인, 토비스, 인터플렉스, 아모텍, 아이앤씨, 한국컴퓨터, 텔레칩스 등 |
| 72 | 패션의류 | LS테크웍스, BYC, 비비안, SG세계물산, 국동, 신성통상, 신영와코루, 화승인더, F&F홀딩스, 태평양물산, 원풍물산, 월비스, 신원, 형지 I&C, 인디에프, 대현, 한섬, 제이에스티나, 삼성물산, 신세계인터네셔날 등 |
| 73 | 아프리카 돼지열병(ASF) | 한일사료, 우성사료, 태경비케이, 현대사료, 우진비앤지, 신라에스지, 팜스토리, 마니커, 체시스, 이지홀딩스, 대성미생물, 팜스코, 코미팜, 파루, 이글벳, 제일바이오, 경남제약, 대한뉴팜, 씨티씨바이오, 중앙백신 등 |
| 74 | 아이폰 | SK하이닉스, 영풍, 삼성전자, 삼성SDI, 삼성전기, LG이노텍, LG디스플레이, 인터플렉스, LG화학, 프로텍, 아이티엠반도체, 비에이피, 에스맥, 실리콘웍스, 하이비젼시스템, 슈피겐코리아, 덕산네오룩스, 앤디포스, 와이엠티, 덕우전자 등 |
| 75 | 비료 | KG케미칼, 태원물산, 조비, 롯데정밀화학, 카프로, 태경비케이, 우진비앤지, 남해화학, 체시스,,효성오앤비, 대유 등 |

| 76 | 원자력발전소 해체 | 우리기술, 두산중공업, 비츠로테크, 오르비텍, 한전KPS, 한전기술, 한국테크놀로지, 휴비스, 비에이치아이, 휴림로봇, 대창솔루션, 에스앤더블류, 우진, 에이비프로바이오 등 |
|---|---|---|
| 77 | 플렉서블 디스플레이 | 삼성전자, SKC, 경인양행, LG디스플레이, SK머티리얼즈, 주성엔지니어링, 루멘스, 인터플렉스, 에스에프에이, 아이컴포넌트, DMS, 디이엔티, 코세스, SK이노베이션, 코오롱인더, 파인텍, 비아트론, 필옵틱스, PI첨단소재, 유티아이 등 |
| 78 | 차량용블랙박스 | 현대모비스, 파인디지털, 백금T&A, 팅크웨어, 모바일어플라이언스, 앤씨앤, 엠씨넥스, THE MIDONG 등 |
| 79 | 제약업체 | 동화약품, 유한양행, 유유제약, 삼천당제약, 삼일제약, 동아쏘시오홀딩스, JW중외제약, 삼성제약, 안국약품, 동성제약, 한독, 국제약품, 신신제약, 부광약품, 에이프로젠제약, 일성신약, 대원제약, 영진약품, 보령제약, 현대약품 등 |
| 80 | 수산 | 한성기업, 사조대림, 신라교역, 동원산업, 사조오양, 사조산업, CJ씨푸드, 사조씨푸드, 신라에스지, 동원수산 등 |
| 81 | 2차전지 (소재·부품) | KG케미칼, 금양, 알루코, TCC스틸, 포스코케미칼, 코스모신소재, 코스모화학, POSCO, 삼아알미늄, 대한유화, 한농화성, SKC, 동원시스템즈, 일진머티리얼즈, 동화기업, 황금에스티, 엠케이전자, 파워로직스, 나라엠앤디, 삼진엘앤디 등 |
| 82 | K-뉴딜지수 (2차전지) | 포스코케미칼, 삼성SDI, SKC, 일진머티리얼즈, LG화학, 후성, SK이노베이션, 에코프로비엠, 천보, 솔루스첨단소재 등 |
| 83 | 철도 | 남광토건, 알루코, 도화엔지니어링, 동일제강, 현대제철, 삼일씨엔에스, 국영지앤엠, 대원전선, 선도전기, 서한, 부산산업, 하이록코리아, 삼현철강, 세명전기, 한국종합기술, 특수건설, 동아지질, 황금에스티, 우리기술, 제룡전기 등 |
| 84 | 아스콘(아스팔트 콘크리트) | 한국석유, 스페코, 극동유화, 유진기업, 콤텍시스템, 엔피케이, 홈센타홀딩스, 보광산업, SG 등 |
| 85 | 일본 수출규제 (국산화 등) | 송원산업, 동진쎄미켐, 율촌화학, 한화솔루션, 경인양행, 삼륭물산, 일지테크, SK머티리얼즈, 케이피엠테크, 디이엔티, 후성, 에스앤에스텍, 쎄미시스코, 램테크놀러지, PI첨단소재, 켐트로스, 이녹스첨단소재, 솔브레인 등 |

| 86 | 황사·미세먼지 | 삼일제약, JW중외제약, 안국약품, 국제약품, 보령제약, 모나리자, 코웨이, 포스코ICT, 파세코, 위닉스, 오공, 크린앤사이언스, 한국테크놀로지, 휴비츠, 웰크론, 하츠, 누리플랜, 위니아딤채, 롯데하이마트, 성창오토텍 등 |
|---|---|---|
| 87 | 코로나19<br>(혈장치료·혈장) | 녹십자, 시노펙스, 서린바이오, 블루베리 NFT, 피에이치씨, 일신바이오, 한국유니온제약, 에스맥, 레몬 등 |
| 88 | 북한 광물자원<br>개발 | SH애너지화학, 포스코케미칼, 포스코엠텍, 한국내화, 현대코퍼레이션, 영흥, 경동인베스트, 아진산업, 수산중공업, 한국주강, 상보, 엘컴텍, 현대에버다임, 삼영엠텍, 동국알앤에스, 티플랙스, 대창솔루션, 우림기계, 피제이메탈, 쎄노텍 등 |
| 89 | 코로나19<br>(음압병실·음압) | 코오롱글로벌, 신성이엔지, 원방테크, 오텍, 엔브이에이치코리아, 에스와이, GH신소재, 우정바이오 등 |
| 90 | 사물인터넷 | 코콤, 삼성에스디에스, 브이티지엠피, LG유플러스, 삼진, 고맥스, 위즈코프, 에스넷, 케이엘넷, 다산네트웍스, 누리플렉스, 한국전자인증, 링네트, 에이텍, 기가레인, SGA, 오픈베이스, 에이디칩스, 엑사이엔씨, 유진로봇 등 |
| 91 | 치매 | 유한양행, 유유제약, 신신제약, 에이프로젠제약, 보령제약, 현대약품, 삼진제약, 동구바이오제약, 진양제약, 네이처셀, 모나리자, 고려제약, 일진홀딩스, 환인제약, 명문제약, 엔에스엔, 한국파마, 바이오스마트, 에이치엘비제약, 씨티씨바이오 등 |
| 92 | 전력저장장치<br>(ESS) | 삼화콘덴서, 세방전지, 삼성SDI, 삼화전기, 신성이엔지, 포스코ICT, 젬백스지오, 에이치엘비파워, 파워로직스, LG화학, 삼진엘앤디, LG전자, 비츠로셀, 상아프론테크, SK이노베이션, 비나텍, 원익피앤이, 피엔티, 알에스오토메이션 등 |
| 93 | LNG<br>(액화천연가스) | 삼천리, POSCO, 대한해운, 한국조선해양, 삼성중공업, 현대미포조선, 한국전력, 한국카본, 팬오션, 동성화인텍, SK, 한국가스공사, 두산인프라코어, 지역난방공사, GS, HSD엔진, 비에이치아이, 엔케이, 대창솔루션, 한진중공업 등 |
| 94 | 도시가스 | 삼천리, 부산가스, 예스코홀딩스, 서울가스, 대성홀딩스, 인천도시가스, 한국가스공사, 지에스이, 대성에너지, 경동도시가스 등 |
| 95 | 코로나19(모더나) | 파미셀, 바른손이앤에이, 대한뉴팜, 이이비프로바이오, 엔투텍, 에스티팜, 소마젠 등 |

| 96 | 사료 | 대한제당, 고려산업, 한탑, 대주산업, 한일사료, 우성사료, 사조동아원, 현대사료, 우진비앤지, 케이씨피드, 팜스토리, 이지홀딩스, 팜스코, 씨티씨바이오, CJ제일제당, 선진, 미래생명자원, 이지바이오 등 |
|---|---|---|
| 97 | IT 대표주 | 삼성전자, SK하이닉스, 삼성SDI, 삼성SDS, LG디스플레이, LG전자, DB하이텍 등 |
| 98 | OLED | 삼성전자, 참엔지니어링, 한솔케미칼, LG디스플레이, 주성엔지니어링, 아이씨디, 케이맥, 미애컴퍼니, LG화학, ASP홀딩스, 에스에프에이, 아이컴포넌트, 이엘피, 탑엔지니어링, LG전자, DMS, HB테크놀로지, 인베니아, 에스엔유 등 |
| 99 | 코로나19 (진단·치료제·백신) | JW중외제약, 부광약품, 대웅, 팜젠사이언스, 파미셀, 녹십자, 네이처셀, 일양약품, 진원생명과학, 쎌마테라퓨틱스, 신풍제약, 유나이티드제약, 마크로젠, 바이오스마트, 나노엔텍, 코미팜, 현대바이오, 인트론바이오, 시너지이노베이션, 오상자이엘 등 |
| 100 | 4차산업 수혜주 | 삼익THK, 삼성전자, SK텔레콤, 삼성에스디에스, 포스코ICT, 대성엘텍, 비트컴퓨터, 에스넷, TPC, 에이디칩스, 아진엑스텍, 이스트소프트, 오픈베이스 등 |
| 101 | 리츠(REITs) | 이리츠코크렙, 에이리츠, 케이탑리츠, 모두투어리츠, 신한알파리츠, 롯데리츠, 이지스밸류리츠, NH프라임리츠, 제이알글로벌리츠, 이지스레지던스리츠, 코람코에너지리츠, 미래에셋맵스리츠, ESR켄달스퀘어리츠 등 |
| 102 | 선박평형수 처리장치 | 한국조선해양, 부장, STX엔진, 엔케이, 한라IMS, 이엠코리아, 윌링스 등 |
| 103 | 농묘 | 대동, KG케미칼, 조비, 경농, TYM, 성보화학, 롯데정밀화학, 카프로, 동방아그로, 대동기어, 우진비앤지, 대동금속, 남해화학, 아세아텍, 농우바이오, 효성오앤비, KPX생명과학, 포메탈, 아시아종묘, 대유 등 |
| 104 | 터치패널 | 일진디스플, 토비스, 미래나노텍, 멜파스, 에스맥, 이미지스, 파인텍, 베셀 등 |
| 105 | 2차전지 | 금양, 알루코, 포스코케미칼, 세방전지, 코스모신소재, 코스모화학, 삼성SDI, 에코프로비엠, 일진머티리얼즈, 엠케이전자, 파워로직스 등 |

| 106 | 교육·온라인 교육 | 윌비스, DB, 대성홀딩스, 대교, 비트컴퓨터, UCI, 정상제이엘에스, SGA, NE능률, YBM넷, 멀티캠퍼스, 삼성출판사, 디지털대성, 메가스터디, 웅진씽크빅, 청담러닝, 비상교육, 메가엠디, 이퓨처, 메가스터디교육 등 |
|---|---|---|
| 107 | 그래핀 | 경인양행, 대창, 덕양산업, 상보, 엑사이엔씨, 오리엔트정공, 엘엠에스, 이엔플러스, 덕산하이메탈, 국일제지, 쎄미시스코, 솔루에타, 크리스탈신소재 등 |
| 108 | 테마파크 | 현대건설, 시공테크, 한국종합기술, 신세계건설, 국보디자인, 이월드 등 |
| 109 | 주류업 | 하이트진로, 보해양조, 창해에탄올, 롯데칠성, 한국알콜, 진로발효, MH에탄올, 풍국주정, 무학, 국순당, 제주맥주 등 |
| 110 | 종합상사 | LG상사, GS글로벌, SK네트웍스, 현대코퍼레이션, 삼성물산, 포스코인터내셔널, 효성티앤씨 등 |
| 111 | 소매유통 | 신세계, 대구백화점, GS리테일, 호텔신라, 베뉴지, 롯데쇼핑, GS홈쇼핑, 인터파크, 광주신세계, 지어소프트, 현대홈쇼핑, 아이에스이커머스, 세이브존I&C, 현대백화점, 롯데하이마트, 다나와, 엔에스쇼핑, 이마트, BGF리테일 등 |
| 112 | 코로나19 (카모스타트) | 일성신약, 명문제약, 대웅제약, 크리스탈지노믹스 등 |
| 113 | 모바일게임 (스마트폰) | 바른손, 플레이위드, 드래곤플라이, 엔씨소프트, 넥슨지티, 네오위즈홀딩스, 한빛소프트, 이스트소프트, 액토즈소프트, 엠게임, 룽투코리아, 게임빌, 조이시티, 웹젠, 컴투스, 네오위즈, 위메이드맥스, 에이프로젠H&G 등 |
| 114 | 구제약·광우병 수혜 | 한성기업, 사조대림, 신라교역, 한일사료, 동원산업, 사조오양, 우성사료, 사조산업, CJ씨푸드, 태경비케이, 우진비앤지, 신라에스지, 팜스토리, 마니커, 동원수산, 이지홀딩스, 대성미생물, 동우팜투테이블, 하림, 정다운 등 |
| 115 | 게임 | 플레이위드, 드래곤플라이, 바른손이앤에이, 엔씨소프트, 넥슨지티, 네오위즈홀딩스, 액토즈소프트, 더블유게임즈, 미투젠, 미투온, 엠게임, 룽투코리아, 조이시티, 웹젠, 컴투스, 네오위즈, 위메이드맥스 등 |

| 116 | 반도체장비 | 디아이, 신성이엔지, 한화에어로스페이스, 미래산업, 피에스케이홀딩스, 유니셈, SFA반도체, 에프에스티, 주성엔지니어링, 성도이엔지, 이오테크닉스, 에스티아이, 한미반도체, 한양이엔지, 성우테크론, 기가레인, 원방테크, 프로텍, 에스에프에이, 리노공업, 아이에스씨 등 |
|---|---|---|
| 117 | 셰일가스 | GS글로벌, SK에너지화학, 한국전력, E1, 한국카본, SK가스, 동성화인텍, 두산중고업, 한국가스공사, 포스코인터내셔널, 비에이치아이 등 |
| 118 | 제습기 | 신일전자, 코웨이, 삼성전자, 파세코, 위닉스, LG전자, 위니아딤채, 쿠쿠홈시스 등 |
| 119 | 드론 | CJ대한통운, 대한항공, 휴니드, 퍼스텍, 한화에어로스페이스, 제이씨현시스템, 한국항공우주, 기산텔레콤, 한빛소프트, 피씨디렉트, 해성옵틱스, 매커스, 쎄트렉아이, 디지털옵틱, 뉴로스, 한화시스템, 캔코아에어로스페이스 등 |
| 120 | 지주사 | 삼양홀딩스, 하이트진로홀딩스, 두산, 성창기업지주, DL, 일동홀딩스, 한국앤컴퍼니, 노루홀딩스, 동아쏘시오홀딩스, 유수홀딩스, CS홀딩스, 종근당홀딩스, 오리온홀딩스, KISCO홀딩스, 코오롱, 아세아, 제일파마홀딩스, 아모레G 등 |
| 121 | 건설기계 | 혜인, 흥국, 대창단조, 수산중공업, 서연탑메탈, 진성티이씨, 현대에버다임, 두산인프라코어, 프리엠스, 테라사이언스, 동일금속, 디와이파워, 두산밥캣, 현대건설기계, 대모 등 |
| 122 | 공기청정기 | 신일전자, 카스, 코웨이, 성호전자, 위닉스, 크린앤사이언스, 에스피지, 오텍, LG전자, 삼성전자, 위니아딤채, 쿠쿠홈시스 등 |
| 123 | 원자력발전 | 현대건설, 보성파워텍, 에이프로젠KIC, 한신기계, 하이록코리아, 성광벤드, 광명전기, 에너토크, 태광, 우리기술, 금화피에스시, HRS, 태웅, 한양이엔지, 오르비텍 등 |
| 124 | 카메라모듈·부품 | LG이노텍, 자화전자, 엘컴텍, 파워로직스, 재영솔루텍, 캠시스, 세코닉스, 엠씨넥스, 탑엔지니어링, 해성옵틱스, 코렌, 성우전자, 옵트론텍, 파트론, 픽셀플러스, 동운아나텍, 아이엠, 디지털옵틱, 폴라리스웍스, 하이비젼시스템 등 |
| 125 | 밥솥 | 신일전자, PN풍년, 쿠쿠홀딩스, 월링스 등 |

| 126 | 재난·안전<br>(지진 등) | 삼일씨엔에스, 한창, 광림, 한국종합기술, 동아지질, 파라텍, HRS, 희림, 리노스, 현대에버다임, 삼영엠텍, KT서브마린, 삼영이엔씨, 오텍, 유엔젤, 이엔플러스, 인콘, 코리아에스이, 대창스틸, 서전기전 등 |
|---|---|---|
| 127 | 생명보험 | 코리안리, 삼성생명, 동양생명, 미래에셋생명, 한화생명 등 |
| 128 | 바이오시밀러 | 에이프로젠제약, 녹십자, 한올바이오파마, 바이넥스, 셀트리온, 셀트리온제약, 대웅제약, 이수앱지스, 셀트리온헬스케어, 한미약품, 동아에스티, 종근당, 알테오젠, 삼성바이오로직스, 파멥신, 팬젠, 프레스티지바이오로직스, 프레스티지바이오파마 등 |
| 129 | 종합물류 | CJ대한통운, 국보, 한진, 선광, 동방, 세방, KCTC, 한솔로지스틱스, 한익스프레스, 유성티엔에스, 삼일, SG&G, 초록뱀컴퍼니, 현대글로비스, 태웅로직스, 인터지스 등 |
| 130 | 시스템반도체 | SK하이닉스, 삼성전자, DB하이텍, 디아이, 시그네틱스, 네패스, SFA반도체, 아이에이, 한미반도체, 코아시아, 아이앤씨, 텔레칩스, 에이디칩스, 리노공업, 아진엑스텍, 엘비세미콘, 티엘아이, 하나마이크론, 오디텍, 테크윙 등 |
| 131 | U–HEALTH<br>CARE(원격진료) | 유비케어, 소프트센, 비트컴퓨터, 인성정보, 나노엔텍, 인바디, 오스템임플란트, 휴비츠, 인피니트헬스케어, 이지케어텍, 뷰웍스, 아스타, 케어랩스 등 |
| 132 | 자원개발 | LG상사, GS글로벌, SK네트웍스, 엔케이물산, 현대코퍼레이션, 서울가스, 삼성물산, 한국가스공사, 엘컴텍, 넥스트BT, 포스코인터내셔널, GS, 대성산업 등 |
| 133 | 항공기부품 | 대한항공, 휴니드, 한화에어로스페이스, 오르비텍, 한국항공우주, 아스트, LIG넥스원, 이엠코리아, 이디티, 하이즈항공, 캔코아에어로스페이스 등 |
| 134 | 의료기기 | 한독, 대원제약, 신흥, 피제이전자, 유비케어, 원익, 디오, 나노엔텍, 인바디, 메디아나, 한스바이오메드, 바텍, 오스템임플란드, 시너지이노베이션, 유앤아이, 맥아이씨에스, 메타바이오메드 등 |
| 135 | 쿠팡 관련주 | 동방, 서울식품, 한국전자홀딩스, 태경케미컬, KCTC, 비케이탑스, KTH, 팬스타엔터프라이즈, 다날, 오텍, 쇼박스, 디아이씨, 갤럭시아머니트리, NEW, 흥국에프엔비, 미래생명자원, 세틀뱅크, 코리아센터, 알로이스, 와이더플래닛 등 |

| 136 | 제지 | 페이퍼코리아, 무림SP, 한국수출포장, 아세아제지, 신풍제지, 깨끗한나라, 무림페이퍼, 한창제지, 무림P&P, 삼정펄프, 세하, 해성산업, 국일제지, 한솔제지 등 |
|---|---|---|
| 137 | 수자원<br>(양적·질적·개선) | 한국주철관, KG케미칼, 도화엔지니어링, 금호건설, 코오롱글로벌, GS건설, 동양철관, 에너토크, 코웨이, 한국종합기술, 시노펙스, 삼성엔지니어링, 우리기술, 자연과환경, 두산중공업, 대우건설, 유신, 뉴보텍, 하이스틸 등 |
| 138 | 희귀금속<br>(희토류 등) | 유니온, 삼화전자, 대원화성, EG, 유니온머티리얼, 에코마이스터, 티플랙스, 에스맥, 쎄노텍, 노바텍 등 |
| 139 | 가상화폐<br>(비트코인 등) | 제이씨현시스템, 카카오, NAVER, 클라우드에어, 위지트, 감성코퍼레이션, 케이피엠테크, 한일네트웍스, 다날, KG모빌리언스, SGA, 티사이언티픽, 아이오케이, 매커스, 갤럭시아머니트리, 인바이오젠 등 |
| 140 | 증권 | 유진투자증권, SK증권, 유안타증권, 대신증권 등 |
| 141 | 음성인식 | 현대모비스, 코콤, 블루콤, 카카오, 코맥스, 파인디지털, 현대에이치티, 코아시아, 브리지텍, 가온미디어, 알에프세미, 셀바스AI, 미디어젠 등 |
| 142 | 슈퍼박테리아 | 영진약품, 큐로컴, 파루, 인트론바이오, 종근당바이오, 크리스탈, 씨젠, 이연제약, 레고켐바이오, 동아에스티 등 |
| 143 | 메타버스 | 비비안, SK텔레콤, 지니뮤직, 주연테크, 한빛소프트, 이랜텍, 엠게임, 코세스, 칩스앤미디어, 에스코넥, 선익시스템, 와이제이엠게임즈, 씨엠에스에듀, 에이트원, 자이언트스텝, 위지윅스튜디오, 알체라 등 |
| 144 | 코로나19<br>(나파모스타트) | JW중외제약, 종근당홀딩스, 제일파마홀딩스, 명문제약, CMG제약, 종근당바이오, 펩트론, 엔지켐생명과학, 종근당, 비씨월드제약, 경보제약, 뉴지랩파마, 제일약품, SK케미칼, 국전약품 등 |
| 145 | 스마트팩토리<br>(스마트공장) | LG, 삼익THK, 에스엠코어, 한신기계, 더존비즈온, 삼성에스디에스, 포스코ICT, SK, TPC, 오픈베이스, 동국알앤에스, 비엠티, 한컴MDS, 휴림로봇, 효성ITX, 고영, 스맥, 톱텍, 알에스오토메이션 등 |
| 146 | 마켓컬리 관련주 | SK네트웍스, 태경케미컬, 케이씨피드 팜스코, 지어소프트, 이씨에스, 미래에셋벤처투자, 우양, 흥국에프엔비, DSC인베스트먼트 등 |

| 147 | 시멘트 | 유니온, 한일현대시멘트, 동양, 쌍용C&E, 성신양회, 삼표시멘트, 아세아시멘트, 고려시멘트, 모헨즈, 씨네트, 홈센타홀딩스, 부산산업, 유진기업, 한일시멘트, SG 등 |
|---|---|---|
| 148 | 면역항암제 | 유한양행, 안국약품, 영진약품, 한올바이오파마, 녹십자셀, KH필룩스, 에스티큐브, 인콘, 크리스탈지노믹스, 헬릭스믹스, 차바이오텍, 이수앱지스, 제넥신, 큐리언트, 녹십자랩셀, 동아에스티, 앱클론, 엔케이맥스, 파멥신, 코디엠 등 |
| 149 | 바이오인식<br>(생체인식) | 에프에스티, 라온시큐어, 파워로직스, 해성옵틱스, 유니퀘스트, 코렌, 파트론, 동운아나텍, 멜파스, 엠씨넥스, KH일렉트론, 크루셜텍, 시큐브, 드림텍, 유니온커뮤니트, 드림시큐리티, 바이오로그디바이스, 슈프리마, 슈프리마아이디, 알체라 등 |
| 150 | 강관업체 | 한국주철관, 휴스틸, 동양철관, 금강공업, 하이스틸, 삼강엠앤티, 유에스티, 세아제강 등 |
| 151 | 고령화사회 | 신흥, 피제이전자, 유비케어, 비트컴퓨터, 원익, 인성정보, 마크로젠, 인바디, 오스코텍, 나노엔텍, 바텍, 에이치엘비제약, 메타바이오메드, 현대바이오랜드 오스템임플란트 등 |
| 152 | 손해보험 | 메리츠화재, 한화손해보험, 롯데손해보험, 흥국화재, 삼성화재, 현대해상, 코리안리, DB손해보험 등 |
| 153 | 2차전지(장비) | 탑엔지니어링, 웰크론한텍, 디이엔티, 이아디, 디아이티, 원익피앤이, 피엔티, 넥스트아이, 필옵틱스, 디에이테크놀로지, 엔에스, 씨아이에스, 자비스, 브이원텍, 엠플러스, 에이프로, 나인테크, 티에스아이, 코윈테크, 대보마그네틱 등 |
| 154 | 해운 | 대한해운, HMM, 팬오션, KSS해운 등 |
| 155 | RFID(NFC 등) | 삼성전자, SK텔레콤, KT, SK, 위즈코프, 에스넷, 누리플렉스, 코나아이, 아모텍, 이그잭스, 빅텍, 에이스테크, 유비벨록스, 파트론, 에이루트, 에이텍티앤 등 |
| 156 | 화장품 | 동성제약, 국제약품, 미원상사, 한국화장품제조, 넥스트사이언스, 파미셀, 동구바이오제약, 네이처셀, 리더스코스메틱, 애경산업, 브이티지엠피, 바른손, 글로본, 한국콜마홀딩스, 제이준코스메틱, 코리아나, 신세계인터내셔날, 바이온 등 |

| 157 | DMZ평화공원 | 이화공영, 씨아이테크, 크라운해태홀딩스, 모헨즈, 일신석재, 삼륭물산, 시공테크, 시그네틱스, 서희건설, 자연과환경, 유진로봇, 웰크론, 누리플랜, 용평리조트, 코아스, 코리아에스이, 딜리, 대창스틸, 웹스 등 |
|---|---|---|
| 158 | 반도체<br>재료·부품 | 동진쎄미켐, 피에스엠씨, 에스에이엠티, 엠케이전자, 네패스, SK머티리얼즈, 에프에스티, KMH하이텍, 미코, 3S, 티씨케이, 하나마이크론, 원익QnC, 덕산하이메탈, 오킨스전자, 에프엔에스테크, 에크웡, 디엔에프, KEC, 후성 등 |
| 159 | 겨울 | 동화약품, 유한양행, 신일전자, 삼천리, SPC삼립, 녹십자, 부스타, 광동제약, 경동나비엔, 부산가스, 예스코홀딩스, 대성홀딩스, 서울가스, 인천도시가스, 한국가스공사, 파세코, 지에스이, 지역난방공사, 대성에너지, 영원무역 등 |
| 160 | 건설 대표주 | 현대건설, GS건설, 삼성물산, 대우건설, HDC현대산업개발, DL이앤씨 등 |
| 161 | 여름 | 관련주: 하이트진로, 보해양조, 조비, 롯데푸드, 신일전자, 빙그레, 롯데칠성, 코웨이, 태경케미컬, 코웨이, 남해화학, 팜스토리, 마니커, 이지홀딩스, 파세코, 에스씨디, 에쎈테크, 위닉스, 드림어스컴퍼니, 제주맥주 등 |
| 162 | 풍력에너지 | 코오롱글로벌, 삼일씨엔에스, 효성, 동국산업, 유니스, LS, 케이피에프, 우리기술, 두산중공업, 태웅, 삼영엠텍, 대한그린파워, DMS, STX중공업, 세진중공업, 대창솔루션, 삼강엠앤티 등 |
| 163 | 보안주(물리) | 피제이전자, 에스원, 하이트론, 현대에이치티, 인콘, 픽셀플러스, 한화에어로스페이스, 슈프리마에이치큐, ITX AI, 아이디스, 시티랩스, 뉴지랩파마, 이랜시스, 싸이버원 등 |
| 164 | 코로나19<br>(덱사메타손) | 유한양행, 동성제약, 부광약품, 대원제약, 한올바이오파마, 경동제약, 신일제약, 환인제약, 한국파마, 대한뉴팜, 파일약품, 한국유니온제약, 휴메딕스, 휴온스 등 |
| 165 | K-뉴딜지수 | 유한양행, 포스코케미칼, 삼성SDI, 한미사이언스, SKC, 더존비즈온, 일진머티리얼즈, 케이엠더블유, NAVER, KG이니시스, 카카오, 엔씨소프트, LG화학, 안랩, NHN한국사이버결제, 아프리카TV, 셀트리온, 셀트리온제약, 웹젠, 유비쿼스홀딩스 등 |

| 166 | 리모델링·인테리어 | KCC, SUN&L, 대림B&CO, 벽산, 이건산업, 한샘, 아이에스동서, 에넥스, 삼목에스폼, 시공테크, 한솔홈데코, 동화기업, 파세코, 희림, 이건홀딩스, 진양화학, 하츠, 국보디자인, 현대리바트, LG하우시스 등 |
|---|---|---|
| 167 | 통신 | SK텔레콤, KT, LG유플러스 등 |
| 168 | 남북경협 | 현대건설, 남광토건, 삼부토건, 조비, 경농, 도화엔지니어링, 한창, 일신석재, 신원, 인디에프, 현대엘리베이, 인지컨트롤스, 남해화학, 아난티, 제이에스티나 등 |
| 169 | 우주항공산업 | 한화, 대한항공, 이수페타시스, 퍼스텍, 한화에어로스페이스, 비츠로테크, 태웅, 한양이엔지, 한국항공우주, 에스에프에이, 현대로템, 한양디지텍, LIG넥스원, 쎄트렉아이, 인텔리안테크, AP위성, 한화시스템, 켄코아에어로스페이스, 서남, 제노코 등 |
| 170 | 모바일솔루션 (스마트폰) | 인포뱅크, 다산네트웍스, 폴라리스오피스, 카페24, 지어소프트, 다날, 젬백스링크, 위세아이텍, 이루온, 유엔젤, 텔코웨어, 투비소프트, 한컴MDS, 유비벨록스, 갤럭시아머니트리, 모바일리더, 셀바스AI, 이미지스, 키네마스터, 네이블 등 |
| 171 | 줄기세포 | 파미셀, 동구바이오제약, 네이처셀, 에이치엘비, 녹십자셀, 바이온, 조아제약, 마크로젠, 안트로젠, 에이치엘비생명과학, 메디포스트, 차바이오텍, 바이오솔루션, 우리들휴브레인, 녹십자랩셀, 코아스템, 테고사이언스, 프로스테믹스, 강스템바이오텍 등 |
| 172 | 3D낸드 | SK하이닉스, 삼성전자, 한솔케미칼, 피에스케이홀딩스, SK머티리얼즈, 한양이엔지 원익Q&C, 제우스, 유진테크, 유니테스트, 테크윙, 디엔에프, 후성, 테스, 원익머트리얼즈, 심텍, 원익IPS, 케이씨텍, 피에스케이 등 |
| 173 | K-뉴딜지수 (게임) | 엔씨소프트, 웹젠, 컴투스, 네오위즈, 위메이드, NHN, 더블유게임즈, 골프존, 넷마블, 펄어비스 |
| 174 | GTX (수도권 광역급행 철도) | 현대건설, 도화엔지니어링, 태영건설, 서한, 한라, 삼현철강, 세명전기, 유진기업, GS건설, 특수건설, 동아지질, 리노스, 대아티아이, 대우건설, 현대로템, 다원시스, 한진중공업, HDC현대산업개발 등 |
| 175 | 페인트 | 노루홀딩스, 삼화페인트, 강남제비스코, KCC, 조광페인트, AK홀딩스, 벽산, 노루페인트 등 |

| 176 | 태양광에너지 | 한화, KCC, 혜인, 도화엔지니어링, 한솔테크닉스, KC그린홀딩스, 한화솔루션, OCI, SKC, 신성이엔지, 뉴인텍, 광명전기, SK머티리얼즈, 주성엔지니어링, 이건홀딩스, 한미반도체, 파루 등 |
|---|---|---|
| 177 | 재택근무·<br>스마트워크 | 더존비즈온, 제이씨현시스템, 세종텔레콤, 링네트, 영림원소프트랩, 이씨에스, 효성ITX, 알서포트, 파수, 오파스넷, NHN 등 |
| 178 | 스마트홈<br>(홈네트워크) | 피에스텍, 에스원, 코콤, 코맥스, 에스넷, KT, LG유플러스, SK텔레콤, 현대에이치티, HDC아이콘트롤스, 포스코ICT, 누리플렉스, 상지카일룸, 위닉스, 옴니시스템 등 |
| 179 | K-뉴딜지수<br>(바이오) | 유한양행, 한미사이언스, 셀트리온, 셀트리온제약, 셀트리온헬스케어, 씨젠, 한미약품, 알테오젠, 삼성바이오로직스, SK바이오팜 |
| 180 | 삼성페이 | 한솔테크닉스, 한국정보통신, 서울전자통신, 삼성카드, KG이니시스, 나이스정보통신, 라온시큐어, KG모빌리언스, 코나아이, 아모텍, 한국정보인증, 이니텍, 이그잭스, NHN한국사이버결제, 알에프텍, 다날, 이루온, 투비소프트 등 |
| 181 | 음식료 | 대상, 하이트진로, 대한제분, 롯데푸드, 한탑, 조흥, 삼양식품, 농심, 남양유업, 서울식품, 빙그레, 롯데칠성, 현대그린푸드, 푸드웰, 신송홀딩스, 오뚜기 등 |
| 182 | 모바일콘텐츠 | 바른손, 키다리스튜디오, 한글과컴퓨터, TJ미디어, 카카오, 인포뱅크, YTN, 네오위즈홀딩스, 소리바다, 한컴위드, YBM넷, 티사이언티픽 등 |
| 183 | 환율하락 수혜 | 삼양홀딩스, 하이트진로, 대한제분, 동국제강, 대상, 대한제당, 한탑, 대한항공, 현대제철, 농심, POSCO, 대한해운, 오뚜기, 고려아연, S-Oil, 한국전략, 아시아나항공, 한국가스공사, 하나투어 등 |
| 184 | 코로나19<br>(치료제·백신 개발) | 녹십자, 대웅, 일양약품, 진원생명과학, 셀마테라퓨틱스, 신풍제약, 유나이티드제약, 코미팜, 현대바이오, 메디콕스, 셀트리온, 대웅제약, 크리스탈지노믹스, 제넥신, 진매트릭스, 레고켐바이오, 옵티팜 등 |
| 185 | 해저터널 | LS, 부산산업, 세명전기, 한국선재, 특수건설, 동아지질, KT서브마린 등 |
| 186 | 블록체인 | 유수홀딩스, 삼성에스디에스, KT, SK텔레콤, 대성창투, 카카오, 케이엘넷, 한국전자인증, 라온시큐어, 주연테크, 이니텍, 한컴위드, 네오티스, 시큐브, 시티랩스, 파수, SGA솔루션즈 등 |

| 187 | 치아치료<br>(임플란트 등) | 신흥, 쎌마테라퓨틱스, 오스코텍, 디오, 바텍, 오스템임플란트, 현대바이오랜드, 메타바이오메드, 나이벡, 덴티움, 오스테오닉, 레이, 덴티스 등 |
|---|---|---|
| 188 | 자전거 | 한국석유, 극동유화, 삼천리자전거, 엔에스엔, 빅텍, 알톤스포츠 등 |
| 189 | 핀테크 | 한국정보통신, 서울전자통신, 다우데이타, 클라우드에어, 유니셈, 인포뱅크, 카카오, 한국전자인증, 라온시큐어, KG모빌리언스, 이스트소프트, 다날, 코나아이, 아모텍, 한국정보인증, 이니텍, 웹케시 등 |
| 190 | 전자결제 | 한국정보통신, KG이니시스, 인포뱅크, 카페24, KG모빌리언스, NHN한국사이버결제, 다날, 갤럭시아머니트리, 인포바인, 세틀뱅크, 코리아센터, SBI핀테크솔루션즈 등 |
| 191 | 육계 | 팜스토리, 마니커, 이지홀딩스, 체리부로, 동우팜투테이블, 하림, 마니커에프앤지, 푸드나무, 교촌에프앤비 등 |
| 192 | 보톡스<br>(보툴리눔톡신) | 대웅제약, 휴온스글로벌, 메디톡스, 휴젤, 파마리서치, 제테마, 휴온스 등 |
| 193 | 전자파 | 동일기연, 한미반도체, 잉크테크, 아모텍, 프로텍, 성우전자, 켐트로닉스, 솔루에타, 제너셈, 상신전자, 레몬 등 |
| 194 | 정유 | S-oil, GS, SK이노베이션 등 |
| 195 | 반도체 대표주<br>(생산) | 삼성전자, SK하이닉스, DB하이텍 등 |
| 196 | MVNO<br>(가상이동통신망<br>사업자) | 인스코비, 에스원, 대성홀딩스, 한국정보통신, 아이즈비전, 세종텔레콤, LG헬로비전 등 |
| 197 | 스마트그리드<br>(지능형전력망) | 삼화콘덴서, 피에스텍, 인스코비, 코콤, 일진홀딩스, 광명전기, 포스코ICT, 누리플랙스, 아이앤씨, 옴니시스템, CS, 이글루시큐리티, 비츠로셀, 스맥, 일진전기, 아모그린텍, 한전산업, 서전기전, 피앤씨테크 등 |
| 198 | 소모성자재<br>구매대행(MRO) | 대명소노시즌, 비케이탑스, 이상네트웍스, 이크레더블, 아이마켓코리아 등 |

| 199 | 골판지 제조 | 한국수출포장, 아세아제지, 한솔홀딩스, 영풍제지, 율촌화학, 태림포장, 대영포장, 리더스코스메틱, 신대양제지, 대림제지, 삼보판지 등 |
|---|---|---|
| 200 | 인터넷은행 | NH투자증권, GS리테일, 포스코ICT, NICE평가정보, KT, 비케이탑스, KG이니시스, 카카오, 한국전자인증, 라온시큐어, KG모빌리언스, 코나아이, 예스24, 한국정보인증, 이니텍, 한컴위드, 다날, 브리지텍, 이글루시큐리티, 한국금융지주 등 |
| 201 | 키오스크 | 씨아이테크, 한네트, 한국전자금융, 케이씨티, 푸른기술, 인바이오젠, 케이씨에스, 윈스, 파버나인, SGA솔루션즈 등 |
| 202 | 가상현실(VR) | 바른손, 시공테크, 드래곤플라이, 제이씨현시스템, 바른손이앤에이, 지니뮤직, 토탈소프트, 한빛소프트, 소리바다, 세코닉스, 이랜텍, 에스피지,다날, LG전자, 아프리카TV, 동운아나텍, 칩스앤미디어, 에스코넥, 아이엠 등 |
| 203 | 클라우드 컴퓨팅 | DB, 더존비즈온, SK텔레콤, 삼성에스디에스, 포스코ICT, 다우기술, KT, 한글과컴퓨터, SK, 코맥스, 폴라리스오피스, 한일네트웍스, SGA, 안랩, 영림원소프트랩, 젬백스링크, 엔텔스, 유엔젤, 가비아, 케이아이엔엑스 등 |
| 204 | K-뉴딜지수 (인터넷) | 더존비즈온, 케이엠더블유, NAVER, KG이니시스, 카카오, 안랩, NHN한국사이버결제, 아프리카TV, 유비쿼스홀딩스, 서진시스템 등 |
| 205 | 스포츠행사 수혜 | 하이트진로, 팜스토리, 마니커, SBS, 이지홀딩스, 블루베리NFT, SBS콘텐츠허브, 아프리카TV, 동우팜투테이블, 하림 등 |
| 206 | SI(시스템 통합) | 쌍용정보통신, DB, 삼성에스디에스, 대신정보통신, 포스코ICT, 다우기술, 릭스솔루션, 비케이탑스, 비트컴퓨터, SK, 신세계I&C, 위즈코프, 케이엘넷, 정원엔시스, SGA, 아이크래프트, 오상자이엘, 한솔인티큐브, 케이씨에스, 아이티센 등 |
| 207 | 건설 중소형 | 남광토건, 삼부토건, 이화공영, DL건설, 삼일기업공사, 범양건영, 화성산업, 진흥기업, 금호건설, 코오롱글로벌, 한신공영, 대원, 태영건설, 아이에스동성, 삼호개발, 서한, 동원개발, 일성건설, 계룡건설 등 |

| 208 | 보안주(정보) | 다우데이타, 에스넷, 한국전자인증, 라온시큐어, 이스트소프트, SGA, 오픈베이스, 한국정보인증, 수산아이앤티, 이니텍, 안랩, 한컴위드, 한일네트웍스, 이글루시큐리티, 플랜티넷, 가비아, 네오리진, 시큐브, 윈스, 파수 등 |
|---|---|---|
| 209 | 코로나19<br>(렘데시비르) | 파미셀, 맥스로텍, 비씨월드제약, 에스티팜 등 |
| 210 | MLCC<br>(적층세라믹콘덴서) | 삼화콘덴서, 코스모신소재, 삼성전기, 아모텍, 대주전자재료, 알에프세미, 네온테크, 윈텍 등 |
| 211 | 음원·음반 | IHQ, JYP Ent, 에스엠, 지니뮤직, 소리바다, 다날, NHN벅스, 와이지엔터테인먼트, CJ E&M, 드림어스컴퍼니, 카카오, 하이브, 에프엔씨엔터 등 |
| 212 | 증강현실(AR) | 드래곤플라이, 엔씨소프트, 이랜텍, 텔레칩스, 엠게임, 다날, 젬백스링크, 아이오케이, 팅크웨어, 나노캠텍, 아이엠, 에이트원, 넷마블, 위즈윅스튜디오 등 |
| 213 | 카지노 | 롯데관광개발, 파라다이스, 강원랜드, 토비스, 코텍, GKL 등 |
| 214 | 제대혈 | 녹십자, 녹십자셀, 메디포스트, 차바이오텍, 세원이앤씨, 녹십자랩셀, 강스템바이오텍 등 |
| 215 | 화폐·금융<br>자동화기기 | 센트럴인사이트, 한네트, 프리엠스, 한국전자금융, 로지시스, 케이씨티, 푸른기술, 풍산, 케이씨에스 등 |
| 216 | SNS | NAVER, 카카오, 인포뱅크, 젬백스링크, 이루온, 아프리카TV, 유엔젤, 가비아, 갤럭시아머니트리, NHN벅스 등 |
| 217 | 면세점 | 신세계, 호텔신라, HDC, 현대백화점, 글로벌텍스프리, JTC 등 |
| 218 | 항공·저가항공사<br>(LCC) | 티웨이홀딩스, AK홀딩스, 제주항공, 티웨이항공, 진에어, 에어부산, 대한항공, 아시아나항공, 한진칼 등 |
| 219 | 4대강 복원 | 이화공영, 혜인, 삼호개발, 특수건설, 코엔텍, 자연과환경, 우원개발, 홈센타홀딩스, 코리아에스이, 웹스 등 |
| 220 | 인터넷 대표주 | NAVER, 카카오 등 |
| 221 | 미디어<br>(방송·신문) | IHQ, 디지털조선, 티비씨, SBS, CJ ENM, 제이콘텐트리, 한국경제TV, YTN, SBS콘텐츠허브, iMBC, 스카이라이프, KNN, SBS미디어홀딩스, 아시아경제, 애니플러스 등 |

# 참고문헌 및 자료

- 인포스탁 데이터
- KB증권 리서치자료 환율 데이터
- 블룸버그 환율 데이터
- 교보증권 HTS
- NH투자증권 MTS
- 신한금융투자 기준금리, 10년 국채금리 데이터
- 금융투자협회 회사채 및 CD금리 데이터

- 『금리만 알아도 경제가 보인다』(김의경, 위너스북, 2009)
- 『지금 당장 환율공부 시작하라』(윤채현, 한빛비즈, 2013)
- 『기업자금의 조달과 관리』(윤정문, 새로운제안, 2010)
- 『기업금융과 M&A』(최상우 공저, 삼일인포마인, 2016)
- 『차트의 맥 2.0』(민세현, 혜지원, 2010)

- 원자재 가격정보(www.koimaindex.com)
- 금감원 전자공시시스템(dart.fss.or.kr)
- 지식백과, 영화조세통람, 한경 경제용어사전, 위키백과, 매일경제, 시사상식사전, 두산백과(www.naver.com)
- 에프엔가이드(comp.fnguide.com/SVO2/asp/SVD_Main.asp)
- 뚝심TV 블로그(blog.naver.com/ttukssim_tv)

**딱 한 번 읽고
평생 써먹는
주식 공부**

**초판 1쇄 발행** 2021년 8월 26일

**지은이** 이재준
**펴낸곳** 원앤원북스
**펴낸이** 오운영
**경영총괄** 박종명
**편집** 최윤정 이광민 김상화
**디자인** 윤지예
**마케팅** 송만석 문준영 이지은
**등록번호** 제2018-000146호(2018년 1월 23일)
**주소** 04091 서울시 마포구 토정로 222 한국출판콘텐츠센터 319호 (신수동)
**전화** (02)719-7735 | 팩스 (02)719-7736
**이메일** onobooks2018@naver.com | **블로그** blog.naver.com/onobooks2018

**값** 18,000원
**ISBN** 979-11-7043-240-1 03320